高等学校财会类专业核心课程系列教材

初级财务管理

主　编　赵文平
副主编　王燕妮　赵　江

西安电子科技大学出版社

内 容 简 介

本书以公司制企业的财务管理为主线,讲述现代企业财务管理的理论和方法。其内容体系安排的特点是:以价值最大化为企业财务目标,以资金时间价值和风险价值为基础理财观念,围绕财务管理活动的四个方面,即筹资活动、投资活动、资金运营活动和分配管理为主要内容,来讨论企业财务管理的具体内容和决策方法。

本书可作为经济管理类专业的财务管理课教材,特别适合网络教育、高职高专、成人函授等的财务管理课程使用,也可用作企业管理人员、金融机构及投资部门工作人员的培训教材。

图书在版编目(CIP)数据

初级财务管理/赵文平主编. —西安:西安电子科技大学出版社,2011.8(2021.12 重印)
ISBN 978–7–5606–2646–8

Ⅰ. ①初…　　Ⅱ. ①赵…　　Ⅲ. ①财务管理—远程教育—教材　　Ⅳ. ①F275

中国版本图书馆 CIP 数据核字(2011)第 153588 号

策　　划　李惠萍
责任编辑　李惠萍　石　星
出版发行　西安电子科技大学出版社(西安市太白南路 2 号)
电　　话　(029)88202421　88201467　邮　编　710071
网　　址　www.xduph.com　　　电子邮箱　xdupfxb001@163.com
经　　销　新华书店
印刷单位　西安日报社印务中心
版　　次　2011 年 8 月第 1 版　　2021 年 12 月第 3 次印刷
开　　本　787 毫米×1092 毫米　1/16　印张 13.5
字　　数　312 千字
定　　价　33.00 元
ISBN 978 – 7 – 5606 – 2646 – 8 / F
XDUP 2938001–3

＊＊＊ 如有印装问题可调换 ＊＊＊

高等学校财会类专业核心课程系列教材

编审委员会名单

主　任：史小卫　丁振国

副主任：辛　庄

委　员：（按姓氏笔画排序）

王晓华　宁艳丽　冯育长　周　涛

周　源　范永武　赵文平　夏永林

黄锁成　康晓玲　詹海生　滕　昕

出 版 说 明

  教学质量是远程教育可持续发展的根本，教学资源是远程教育质量保证的核心内容。相对于普通高等教育，远程教育的教与学有其特有的模式和需求，而教材作为远程教育资源建设的重要内容，其有效性和应用性是实现远程有效教学的必要条件，也是学生开展自主学习的重要工具。

  为了保证远程教育教学质量，西安电子科技大学网络与继续教育学院根据远程教育自身的特点及学生的实际需要，组织有丰富教学经验的一线教师编写了这套教材——现代远程教育规划教材。期望这套教材的出版能为远程教育及其他类型的教育教学活动提供有力的教学支持服务。

西安电子科技大学

网络与继续教育学院

2011 年 6 月

前　言

　　随着现代企业制度的建立，企业财务管理工作日益重要，企业财务管理不仅在理论上不断发展，其内容也不断丰富和系统化。作为一本"初级"财务管理教材，本书强调了财务管理知识的原理性和基础性，并围绕财务管理的基础知识和基本决策展开讨论；同时作为财务管理课程的入门教材，本书更是体现了财务管理知识的实用性和操作性，内容上深入浅出，方法上定性分析与定量分析相结合，力求理论联系实际。

　　本书在编写过程中力求突出以下特点：

　　一是着重对财务管理基础性概念和原理的介绍与阐述，为学生进一步学习财务管理理论和决策打下扎实的基础。全书以资金时间价值和风险价值为基础理财观念，以筹资活动、投资活动、资金运营活动和分配管理为基本内容，全面介绍了财务管理的内容、方法和体系。

　　二是理论与实践相结合。本书在进行理论阐述的同时，注意基本理论与基本方法和基本技能的有机融合，目的在于使学生在学习财务管理理论的同时，提高对财务管理理论与方法的综合运用能力。

　　三是增加了企业伦理观念和职业道德的内容，让学生树立正确的职业观念，引起他们对企业伦理的关注。

　　本书可作为经济管理类专业的本专科财务管理教材，特别适合网络教育、高职高专、成人函授等的财务管理课程使用，对企业管理人员、金融机构及投资部门工作人员掌握财务管理基本知识以及提高财务管理理论水平也具有较高参考价值。

　　本书是赵文平主编与王燕妮、赵江副主编共同合作的成果。由赵文平负责全书的大纲拟定和定稿工作。具体的分工情况为：赵文平编写第1、2章和第9～12章；赵江编写第3～5章；王燕妮编写第6～8章。西安电子科技大学研究生杨青翠、张元凯、秦丽、张殿锐和李爽参加了部分书稿的写作和资料整理工作。在编写过程中，作者学习、借鉴和参考了国内外专家学者的教材、论著，在此谨向他们表示诚挚的谢意！

　　感谢西安电子科技大学出版社的大力支持和编辑同志为本书付出的辛勤劳动。

　　受编者水平与时间的限制，书中难免存在不妥之处，真诚希望专家、同行和读者不吝指正。

编　者

2011 年 6 月

目　　录

第1章 财务管理导论

✦ 学习目标：

　　(1) 了解财务管理的概念，财务活动及财务关系；

　　(2) 了解财务管理的方法；

　　(3) 掌握财务管理的目标及其具体体现；

　　(4) 理解财务管理的原则。

✦ 学习重点：

　　财务管理的含义；财务活动与财务关系的主要内容；财务管理的目标。

1.1　财务管理的概念和特点

1.1.1　财务管理的概念

　　"财务"一词是19世纪从西方引入的概念，原词为finance，也译为"金融"。按照财务活动的不同层面可以把财务分成三人领域。一是宏观层面上通过政府财政和金融市场进行的现金资源的配置。现金资源的财政配置属于财政学的范畴，现金资源的市场配置通过金融市场和金融中介来完成。二是中观层面的现金资源再配置，表现为现金资源的所有者的投资行为，属于投资学的范畴。三是微观层面的现金资源的配置，主要是指企业筹集、使用现金资源开展经济活动，为企业创造价值并对创造的价值进行合理分配的过程。本书所讨论的是微观层面的企业财务管理。

　　在市场经济条件下，企业产品是使用价值和价值的统一体，企业生产经营过程也表现为使用价值的生产及交换过程与价值的形成和实现过程的统一。企业的生产经营过程，一方面表现为实物形态的物质运动，依次经过供应、生产和销售过程，表现为原材料、在产品和产成品；另一方面表现为价值形态的资金运动，从货币形态出发，分别表现为储备资金、生产资金、产品资金等不同形态，最后回到货币形态，周而复始，不断循环。资金运动以价值形式综合地反映着企业的生产经营过程，它构成企业生产经营活动的一个独立方面，具有自己的运动规律，这就是企业的财务活动。企业的资金运动和财务活动离不开人与人之间的经济利益关系。

　　企业财务简单地讲就是理财的事务，是企业再生产过程中的资金运动及其所体现的企业与各方面经济利益关系的总称，前者称为财务活动，表明了企业财务的内容和形式特征；后者称为财务关系，揭示了企业财务的实质。所谓财务管理，其基本特征是价值管理，它是按照国家法律法规和企业经营要求，遵循资本运营规律，对企业资金的筹集、投资、运用和分配等方面管理工作的总称。

1.1.2　财务管理的对象

1．企业的财务活动

如前所述，企业的再生产过程表现为资金的运动过程，资金运动过程的各阶段总是与一定的财务活动相对应的。或者说，资金运动形式是通过一定的财务活动内容来实现的。所谓财务活动，是指资金的筹集、投放、运用及收益分配等活动。从整体上讲，财务活动包括以下四个方面。

1）企业筹资引起的财务活动

所谓筹资活动，是指企业根据其一定时期内资金投放和资金运用的需要，运用各种筹资方式，从金融市场和其他渠道筹措、集中所需要的资金的活动。筹资活动是企业财务活动的起点，也是企业进行其他一切经营活动的基础。企业无论是新建、扩建，还是组织正常的生产经营活动，都必须以占有和能够支配一定数量的资金为前提。

企业通过筹资可以形成两种不同性质的资金来源：一是权益性质的资金，它是企业通过吸收直接投资、发行股票和以内部留存收益等方式从国家、法人、个人等投资者那里取得而形成的自有资金，包括实收资本(或股本)、资本公积、盈余公积和未分配利润；二是负债性质的资金，企业通过银行借款、发行债券、利用商业信用和租赁等方式，从金融机构、其他企业、个人等各种债权人那里取得而形成的借入资金，包括流动负债和长期负债。企业通过发行股票、借款、发行债券等方式筹集资金，表现为企业资金的收入；企业偿还借款、支付利息、股利以及付出各种筹资费用等，则表现为企业资金的支出。这种因为资金筹集而产生的资金收支，便是由企业筹资而引起的财务活动。

企业以各种筹资方式从各种筹资渠道筹集资金，是资金运动的首要环节。在筹资过程中，企业一方面要按照适当的资金需要量确定筹资规模，另一方面要在充分考虑筹资成本和风险的基础上，通过对筹资渠道、筹资方式和工具的选择，来确定合理的筹资结构。

2）企业投资引起的财务活动

企业筹集资金的目的是为了把资金用于生产经营活动以便取得盈利，不断增加企业价值。企业投资可分为广义的投资和狭义的投资。广义的投资是指企业将筹集的资金投入使用的过程，包括企业将资金投入到企业内部使用的过程(如购置流动资产、固定资产、无形资产等)和对外投放资金的过程(如投资购买其他企业的股票、债券或与其他企业联营)；而狭义的投资仅指对外投资。无论企业是购买内部所需各种资产，还是购买各种证券和直接投资，都需要支出资金。而当企业变卖其对内投资的各种资产或收回其对外投资时，则会产生资金的收入。这种因企业投资而产生的资金收支，便是由投资而引起的财务活动。

企业投资活动的结果是形成各种具体形态的资产及一定的资产结构。企业在投资过程中，必须考虑投资规模，以提高投资效益和降低投资风险为原则，选择合理的投资方向和投资方式。所有这些投资活动的过程和结果都是财务管理的内容。

3) 企业经营引起的财务活动

企业在正常的经营过程中，会发生一系列的资金收支。首先，企业要采购材料或商品，以便从事生产和销售活动，同时还要支付工资和其他营业费用；其次，当企业把产品或商品售出后，便可取得收入，收回资金；最后，如果企业现有资金不能满足企业经营的需要，还要采取短期借款方式来筹集所需资金。这种因企业生产经营而产生的资金收支，即属于企业经营引起的财务活动。

企业的经济效益不仅来源于重大投资活动，也来自于资金的有效使用，来自资金日常运作的效率。当企业投资活动完成之后，资金的有效运营是决定企业收益的重要因素。在企业日常经营活动中，首先，要合理安排流动资金与流动负债的比例关系，确保企业具有较强的短期偿债能力；其次，要加强流动资产管理，提高流动资产周转效率，改善企业财务状况；最后，要优化流动资产以及流动负债的内部结构，以使企业短期资金周转得以顺利进行和短期信用能力得以维持。因此，提高企业资金的运营效果是企业财务管理的一项重要任务。

4) 企业收益分配引起的财务活动

企业收益分配活动是指对企业资本运用成果的分配。企业资本运用的成果表现为企业取得的各种收入在扣除各种成本费用后所实现的税后利润。企业在经营过程中会产生利润，也可能会因对外投资而分得利润，这表明企业取得了投资报酬。企业的利润要按规定的程序进行分配。首先，要依法缴纳所得税；其次，税后利润要用来弥补以前年度的亏损，并提取公积金和公益金；最后，剩余利润要向投资者分配或者留存企业。这种因利润分配而产生的资金收支便属于由收益分配而引起的财务活动。

在利润分配中，要正确协调好企业近期利益和长远发展的关系，研究市场环境和股东意见，使利润分配贯彻利益各方兼顾的原则，同时确定股利政策和股利支付方式，使利润分配有利于增强企业的发展能力。

上述财务活动的四个方面不是相互割裂、互不相关的，而是相互联系、相互依存的，共同构成了完整的企业财务活动。这四个方面也就构成了企业财务管理的基本内容：企业筹资管理、企业投资管理、营运资金管理、利润及其分配管理。

2．企业的财务关系

财务关系是指企业在资金筹集、投资、营运和资金的分配活动中发生的经济关系。主要包括以下几个方面：

1) 企业与投资者、被投资者之间的财务关系

企业与投资者的财务关系主要是指企业的所有者向企业投入资金，企业向其所有者支付投资报酬，并对其投入的资本进行保值和增值的过程。企业的投资者即所有者，要按照投资合同、协议、章程的约定履行出资义务，如期交足资本金，不得以任何方式抽走资本金。企业投资者主要有四类，即国家、法人单位、个体以及外商。投资者作为财产所有者代表，履行出资义务。他除了拥有参与企业经营管理，参与企业剩余收益分配，对剩余财产享有分配权等权利之外，还承担着一定的风险；作为接受投资的企业，对投资者有承担资本保值增值的责任。企业自主经营，自主吸收投资，投资者不得侵犯企业的合法权益。

企业一方面可接受投资者投入的资金，另一方面可将闲置资金以购买股票、债券或直接投资的形式向其他单位投资，从而形成企业与被投资者之间的关系。企业向其他单位的投资，应按约定的条件履行出资义务，参与被投资者的利润分配，被投资者也必须按规定向投资者分配利润。

企业与其投资者、被投资者之间的财务关系，体现着所有权的性质，反映了经营权和所有权分离的经济关系，是以产权为纽带而形成的财务关系。

2) 企业与债权人、债务人之间的财务关系

企业除利用投资者投入的资本进行经营活动外，还要借入一定数量的资金，来扩大经营规模，降低资金成本。企业的债权人是借给企业资金的金融机构、公司债券的持有人、在经济往来中赊欠货款或预付货款给企业的单位或个人，以及其他出借资金给企业的单位和个人。企业同债权人的财务关系是指企业向债权人借入资金，并按借款合同的规定按时支付利息和归还本金所形成的关系。与投资者的地位不同，债权人获得的是固定的利息收益，不能像投资者那样参与企业的经营管理和享有剩余收益再分配的权利。但是，债权人有按预约期限收回借款本金和取得借款利息等报酬的权利；在企业破产清算时拥有与其地位相对应的优先求偿权。企业利用债权人的资金后，要按约定的利息率，及时向债权人支付利息，债务到期时，要合理调度资金，按时向债权人归还本金。企业同债权人的财务关系体现的是债务与债权的关系。

企业同债务人的财务关系主要是指企业将其资金以购买债券、提供商业信用或借款等形式出借给其他单位所形成的经济关系。企业将资金出借后，有权要求其债务人按约定的条件支付利息和归还本金。企业同债务人的关系体现的是债权与债务的关系。

3) 企业与国家行政管理部门之间的财务关系

这主要是指企业与国家税务、审计、物价、金融、工商管理部门之间的财务关系。这些部门代表国家运用经济的、法律的和行政的手段进行宏观调控，行使检查、监督的职能。企业应按照国家税法规定及时足额交纳税金，遵守物价纪律和金融管理制度，积极配合物价、审计部门的检查、监督，使企业的生产经营活动健康进行。

4) 企业内部各经济责任单位之间的财务关系

企业内部各经济责任主体，既是执行特定经营、生产和管理等不同职能的组织，又是以权、责、利相结合原则为基础的企业内部经济责任单位。企业内部各经济责任主体既分工又合作，共同形成一个企业系统。只有这些子系统功能的协调，才能实现企业预期的经济效益。企业内部各经济责任单位之间的财务关系主要是指企业内部各经济责任单位之间在生产经营各环节中相互提供产品或劳务所形成的经济关系。企业在实行内部经济核算制的条件下，其内部各单位有相对独立的资金定额或独立支配的费用限额，企业供、产、销各部门以及各生产部门之间，相互提供的产品和劳务要进行计价结算。企业内部各经济责任单位之间的财务关系体现了企业内部各单位之间的利益关系。

5) 企业与职工之间的财务关系

企业职工是企业的经营管理者和劳动者，他们以自身提供的劳动作为参与企业收益分配的依据。企业根据职工的职务、能力和经营业绩的优劣，用其收益向职工支付劳动报酬，并提供必要的福利和保险待遇等。为调动职工的劳动积极性，企业必须贯彻以按劳分配为

主兼有其他适宜分配方式的原则，合理分配劳动所得。企业与职工之间的财务关系，体现了以权、责、劳、绩为依据的收益分配关系。

综上所述，企业财务是企业财务活动和企业财务关系的统一，前者表明了企业财务的内容和形式特征，后者揭示了企业财务的实质，只有不同主体的不同经济利益得到保证，企业财务活动才能顺利进行。

1.1.3　财务管理的特点

企业生产经营活动的复杂性，决定了企业管理必须包括多方面的内容。与其他企业管理工作相比，财务管理的特点主要有如下几个方面：

(1) 财务管理是一项综合性管理工作。企业管理在实行分工、分权的过程中形成了一系列专业管理，有的侧重于使用价值的管理，有的侧重于价值的管理，有的侧重于劳动要素的管理，有的侧重于信息的管理。社会经济的发展，要求财务管理主要采用价值形式对经营活动实施管理。通过价值形式，把企业的一切物质条件、经营过程和经营成果都合理地加以规划和控制，达到企业效益不断提高、财富不断增加的目的。因此，财务管理既是企业管理的一个独立方面，又是一项综合性的管理工作。

(2) 财务管理是一项与企业内部各方面具有广泛联系的管理工作。在企业中，一切涉及资金的收支活动，都与财务管理有关。事实上，企业内部各部门在从事管理和业务活动中，总是与资金发生各种联系。因此，财务管理的触角，常常伸向企业经营的各个角落。每一个部门都会通过资金的使用与财务部门发生联系；每一个部门也都要在合理使用资金、节约资金支出等方面接受财务部门的指导，受到财务制度的约束，以此来保证企业经济效益的提高。

(3) 财务管理是一项能迅速反映企业生产经营状况的管理工作。在企业管理中，决策是否得当，经营是否合理，技术是否先进，产销是否顺畅，都可迅速地在企业财务指标中得到反映。例如，如果企业生产的产品适销对路，质量优良可靠，则可带动生产发展，实现产销两旺，资金周转加快，盈利能力增强，这一切都可以通过各种财务指标迅速地反映出来。这也说明，财务管理工作既有其独立性，又受整个企业管理工作的制约。财务部门应通过自己的工作，向企业领导及时通报有关财务指标的变化情况，以便把各部门的工作都纳入到提高经济效益的轨道上来，努力实现财务管理的目标。

1.2　财务管理的方法

财务管理方法是指为了实现财务管理目标，完成财务管理任务，在进行理财活动时所采用的各种技术和手段。企业要做好财务管理工作，除了明确财务管理的目标，遵循财务管理的原则，熟悉财务管理的内容之外，还要掌握财务管理的方法。

财务管理的方法很多，可按不同标准进行分类：根据财务管理的具体内容，可分为筹资管理方法、投资管理方法、营运资金管理方法和收益管理方法；根据财务管理的主要环节，可分为财务预测方法、财务决策方法、财务计划方法、财务控制方法和财务分析方法；根据财务管理方法的特点，可分为定性管理方法和定量管理方法，等等。一般而言，财务管理的方法，是以财务管理环节为基础来展开和研究的。这些环节相互配合、紧密联系、环环相扣，形成周而复始的财务管理工作的循环过程，构成了完整的财务管理工作体系。在财务管理的每个环节都有许多具体方法。

1.2.1　财务预测

财务预测是指根据企业财务活动的历史资料，结合企业的现实情况和今后要求，运用科学的方法，对企业未来的财务状况作出预计和测算。它是财务管理的基础，是财务决策的依据，是编制财务计划的前提，也是提高企业经济效益的手段。

财务预测按其预测的内容可分为筹资预测、投资预测、成本预测、销售收入预测、利润预测等；按其时间的长短可分为短期财务预测、中期财务预测和长期财务预测。

财务预测的基本程序主要有：

(1) 确立财务预测的目标。预测目标不同，预测资料的收集、预测方法的选择以及预测结果的表现形式也有所不同。为了达到预期的效果，必须根据管理决策的需要，明确预测的具体对象和目的，从而确定预测的范围。

(2) 收集和分析财务预测的资料，并加以分类和整理。财务预测涉及的资料包括内部和外部资料、财务和生产技术资料、计划和统计资料等。对所收集的资料除进行可靠性、完整性和典型性的检查外，还必须进行归类、汇总、调整等加工处理，使资料符合预测的需要。

(3) 建立预测模型，选择合适的预测方法，有效地进行预测工作。根据影响预测对象的各个因素之间的相互关系，建立相应的财务预测模型。一般常用的财务预测模型包括因果关系预测模型、时间序列预测模型以及回归分析预测模型等。

(4) 检查和修正预测的结果，分析产生误差及其原因，以保证目标的完成。

财务预测的主要方法有定性预测法和定量预测法。定性预测主要是依靠熟悉业务的内行和专家，凭借经验和判断能力，对企业财务活动的未来发展趋势做出预计和推测。定性方法在实际工作中又可分为经验判断预测法和调查研究预测法两种。定性预测方法比较灵活，且简便易行。其缺点是主要依靠个人的经验和判断分析能力，容易受主观因素影响。定量预测方法是在已掌握了比较完备的历史资料的基础上，运用一定的数学方法(或模型)来预计和推测未来财务活动的发展变化趋势。常用的方法有：经验估计法、指标估算法、加权平均法、趋势预测法和因果预测法等。

1.2.2　财务决策

财务决策是指在企业财务管理目标的总体要求下，运用专门的方法从各种备选方案中选择最优方案的过程。财务管理的核心是财务决策，财务预测是为财务决策服务的，财务计划是财务决策的具体化，财务决策关系到企业的生存与发展。

财务决策包括筹资决策、投资决策、成本费用决策、收入决策和利润分配决策等。财务决策系统一般由决策者、决策对象、信息、决策的理论和方法以及决策的结果等五个要素组成。决策的五个要素相互联系、相互作用，组成了一个决策系统。

财务决策的一般步骤：

(1) 确定决策目标。为了进行决策，首先必须确定决策目标，以便根据决策目标有针对性地做好各个阶段的决策分析工作。目标的确定应尽可能具体，如果目标太一般化或含糊不清，就不利于做出真正最优的决策。

(2) 提出解决问题的备选方案。提出备选方案的过程是发挥创造性、开拓思路的过程，通过调查研究，集思广益，务必不要遗漏先进的方案。

(3) 分析、评价、对比各种方案。提出的方案可能很多，如果对这些方案一一进行精确的评价，往往要花费管理人员很多的精力和时间，所以，首先对各备选方案进行粗选，对于明显能看出其不适用、成本过高等不足之处的方案，可以将其淘汰，最后只对留下的几个少数方案进行精确评价。

(4) 选择最优方案，并加以实施和监控。最优方案的选择应当是最有利于实现决策目标的方案，在选择过程中，既要有定量分析，也要考虑那些不能用数量表示的因素对决策的影响。最优方案选出之后，在实施过程中要对方案实施的情况进行监控，以便了解方案实施的结果是否符合预定的目标。原来在评价、选择方案时的疏忽，或者实施方案过程中企业的环境发生了变化，都可能使方案实施的结果偏离原来的目标，这就需要对选出的方案随时进行调整。

1.2.3　财务计划

财务计划也可称为财务预算，是指在一定时期内以货币形式，运用科学的手段和方法，对企业未来财务的内容和指标进行的具体规划。它是财务预测和财务决策所确定的经营目标的系统化、具体化，也是进行财务控制和财务分析的主要依据。

财务计划可以分为项目计划和期间计划。项目计划是针对企业个别问题的计划或预算，而期间计划是针对企业一定时期的财务活动制定的计划。企业的财务计划主要包括：资金筹集计划、固定资产投资和折旧计划、流动资产占用和周转计划、对外投资计划、销售计划、利润和利润分配计划等。如果财务计划是以现金收支计划为核心，则可分为现金预算、资本预算、预计利润表和预计资产负债表等。

财务计划的编制程序：

(1) 收集和整理资料，并根据上期指标实际执行情况和财务决策的要求，全面合理地提出财务计划指标；

(2) 紧密结合企业各项计划，对各项指标进行协调，实现计划的综合平衡；

(3) 在先进、合理的技术经济定额的基础上，调整各种指标，编制财务计划；

(4) 组织讨论，提出措施，实施计划。

财务计划的编制方法通常有固定计划法、弹性计划法、零基计划法和滚动计划法等。

1.2.4　财务控制

财务控制是指在企业生产经营中，对实际发生的各项经济活动，按照财务制度和财务计划的要求进行严格的监督，发现偏差，及时进行纠正，保证实现计划规定的财务目标。财务控制是落实计划任务、保证计划实现的有效措施。

财务控制是贯彻财务制度，实现财务预算的关键环节。其基本步骤如下：

(1) 制定控制标准，分解落实责任。按照责权利相结合的原则，将预算任务以标准和指标的形式分解落实到各单位、科室乃至个人，使企业内部各个单位、每位职工都有明确的工作要求，便于落实责任，检查考核。

(2) 执行控制标准，实施追踪调查，及时调整差异。在日常财务活动中，对所发生的各项财务事项，严格按照标准和预算进行检查监督。在预算执行过程中还应对实际结果与预算(目标)数进行对比，考察可能出现的变动趋势，确定差异的程度和性质，明确造成差异的责任归属，顺利实现预算指标。

(3) 分析预算执行的差异，搞好考核奖惩。企业在一定时期终了，应对各责任单位的预算执行情况进行分析、评价和考核，运用激励机制，实行奖优罚劣。

财务控制的具体方法主要有计划控制法、制度控制法和定额控制法等。从系统论角度看，财务控制的方法主要有事前控制法、事中控制法、事后控制法。

1.2.5　财务分析

财务分析是指以会计核算资料为主要依据，运用特定方法，对企业财务活动过程及其结果进行分析和评价的一项工作。通过财务分析可以掌握各项财务计划指标的完成情况，评价财务状况，研究和掌握企业财务活动的规律性，为以后进行财务预测和制定财务预算提供资料，以提高财务管理水平。财务分析的内容主要有偿债能力分析、营运能力分析、获利能力分析和发展能力分析等。

企业财务分析的一般程序是：

① 确立题目，明确目标；

② 收集资料，掌握信息；

③ 进行对比，作出评价；

④ 分析原因，明确责任；

⑤ 提出措施，改进工作。

财务分析的具体方法主要有：对比分析法、比率分析法、因素分析法和综合分析法等。在进行综合分析时，可采用综合比率分析法、因素综合分析法和杜邦体系分析法等。

1.3　财务管理的目标

财务管理目标又称理财目标，是企业进行财务管理活动所要达到的目的，是企业财务管理工作的根本出发点和归宿，也是评价企业财务活动是否合理的标准。财务管理是企业管理的一部分，从根本上说，企业财务管理的目标取决于企业生存目的或企业目标。

1.3.1　企业目标及对财务管理的要求

企业是依法设立的以营利为目的、从事生产经营活动、独立核算、自负盈亏的社会经济组织。企业必须有自己的经营目标。企业财务管理的目标离不开企业的总目标。

企业总目标是指企业想达成的未来的一种状态或结果。企业总目标可以简化成简单而重要的企业任务。具体包括：

1) 生存

企业只有生存，才可能获利。企业生存的"土壤"是市场，包括商品市场、金融市场、人力资源市场、技术市场等，企业在市场中生存下去的基本条件是以收抵支。企业一方面付出货币，从市场上取得所需的资源；另一方面提供市场需要的商品或服务，从市场上换回货币。企业从市场获得的货币至少要等于付出的货币，以便维持继续经营，这是企业长期得以生存的基本条件。如果出现相反的情况，企业就没有足够的货币从市场换取必要的资源，企业就会亏损，直到无法维持最低的运营条件而终止。如果企业长期亏损，扭亏无望，就失去了存在的意义，为避免进一步扩大损失，股东会主动决定终止企业。

企业生存的另一个基本条件是到期偿债。企业为扩大业务规模或满足经营周转的临时需要可以向其他个人或法人借债。国家为维持市场经济秩序，通过立法规定债务人必须"偿还到期债务"，必要时"破产偿债"。企业如果不能偿还到期债务，就可能被债权人接管或被法院判定破产。

因此，企业生存的危机主要来自两个方面：一个是长期亏损，它是企业终止的内在原因；另一个是不能偿还到期债务，它是企业终止的直接原因。力求保持以收抵支和偿还到期债务的能力，减少破产的风险，使企业能够长期、稳定地生存下去，是财务管理的第一个要求。

2) 发展

企业是在发展中求生存的。企业的生产经营如"逆水行舟"，不进则退。在科技不断进步的现代经济中，产品不断更新换代，企业必须不断推出更好、更新、更受顾客欢迎的产品，才能在市场中立足。企业的发展表现在各个方面，集中表现为扩大收入。扩大收入的根本途径是提高产品的质量、扩大销售的数量，这就要求企业要不断更新设备、技术和工艺，并不断提高各种人员的素质，即投入更多、更好的物质资源、人力资源，并改进技术和管理。在市场经济中，各种资源的取得，都需要付出货币。企业的发展离不开资金。

因此，筹集企业发展所需的资金，是财务管理的第二个要求。

3) 获利

企业必须能够获利，才有存在的价值。建立企业的目的是盈利。盈利不但体现了企业的出发点和归宿点，而且可以概括其他目标的实现程度，并有助于其他目标的实现。从财务上看，盈利就是使资产获得超过其投资的回报。企业在生产经营中占用了大量的生产要素，并付出相应的代价。企业的全部收入在抵扣所有生产要素的成本和费用后，如有剩余才是企业的利润。企业只有获得利润，实现利润最大化，才能生存和发展。这就要求企业有效使用资金，降低成本费用，努力提高经济效益。因此，合理、有效地使用资金并使企业获利，是财务管理的第三个要求。

1.3.2 企业财务管理目标的特点

财务管理目标就是企业财务管理具体实施的目标，是财务管理活动的指针，也是评价企业理财活动是否合理有效的标准。因此，把握财务管理目标的特殊性，对科学地设置财务管理目标，搞好企业财务管理工作有着重要意义。

一般地，财务管理目标具有以下特点：

1）稳定性

财务目标作为对财务工作内在的客观规律性的一种要求，应当是相对稳定的。同时，财务管理也是企业管理的一个组成部分，应当接受企业管理目标的引导和制约。企业管理目标是在一定的宏观经济体制和经营环境下，根据企业经营方式和要求确立的。财务管理目标的稳定性，并不意味着一成不变，当企业经营组织形式和要求、企业财务管理环境和内部财务活动等发生较显著的变化时，企业财务行为的重心和方向也会随之变化，这就要求财务管理目标要能够及时得到调整，保持对财务管理工作的指导性和目的性。

2）利益相关性

企业是一个多元利益者的组合体，所有者、经营者、劳动者之间逐级构建委托代理层次，构成了现代企业的法人治理结构。财务管理目标作为财务行为的准绳，会对财务行为产生制约作用，同时又必须考虑和满足各种利益主体的利益要求，因为财务行为是各个层次利益主体所进行的。经营者、劳动者是行使资本使用权的利益主体，因此财务目标应当服从于企业管理目标的要求。股东、债权人是行使资本所有权的利益主体，因此财务目标又应当服从于外部利益集团的资本产权要求。

3）层次性

财务活动是分环节和分层次进行的，同一层次财务活动也由于资金运动过程而依次递进，同时财务关系的处理也基于受托责任的内容和程度不同而具有层次性，使得财务管理目标在不同层次上的要求也不尽相同。

财务管理目标按涉及的范围和管理对象及其要求不同，划分为三个层次：总目标、分项目标和具体目标。财务管理总目标是指全部财务活动和财务关系处理所要实现的最终目的，它决定着企业财务管理的基本方向。财务管理分项目标是指进行某类财务活动所要达到的目的和要求，体现了某类财务活动的特点。从财务管理的内容来看，资金筹集、资金使用和收益分配组成了理财的基本内容，财务分项目标一般也分为筹资管理目标、投资管理目标和分配管理目标。财务管理具体目标是指进行某种具体财务活动所要达到的目的和要求，一般以指标形式体现，例如目标资金占用量、目标资本成本、目标利润等。

4）可分解性和可操作性

对财务管理总体目标，可按不同部门、不同单位、不同岗位、甚至直到每个人分解为具体指标。这样，不仅总体目标便于落实，而且评价和考核也有了明确的依据。企业制定的财务管理具体目标不仅是一个奋斗的目标，而且也是一个通过各方面的努力，可以实现的目标。

财务管理目标的可操作性意味着财务管理目标首先要具有可计量性，这样才便于实施，在实践中不能以切实可行的量化指标来表示的理财目标，起不到有效的激励作用，企业的员工也不易接受。其次，要求这些指标涵义必须明确，计算方法必须口径一致，内容必须同质。第三，目标应具有可追溯性，即理财目标可以追溯到有关部门和人员，这样才便于落实指标，检查责任履行情况，制定整改措施。最后要求应具有可控制性，企业财务管理目标要分解到各部门各单位，应该使企业和各部门、各单位自身能够控制或施加影响，若超出他们的控制范围，这种目标将等同于虚设。

1.3.3　财务管理的基本目标

财务管理的基本目标，亦称财务管理的总体目标，是企业全部财务活动需要实现的最终目标，也是企业开展一切财务活动的基础和归宿。财务管理的基本目标既要服从于企业目标，又要服务于企业目标。西方企业目标理论经历了从利润最大化、每股盈余最大化、股东财富最大化到企业价值最大化的演变历程。

1)　利润最大化(Profit Maximization)

利润是企业在一定期间内全部收入和全部成本费用的差额，它反映了企业当期经营活动中投入与产出对比的结果，在一定程度上体现了企业经济效益的高低。以利润最大化作为企业财务管理基本目标的观点认为：利润代表了企业新创造的财富，是股东投资回报以及企业对国家和员工利益的贡献，也是企业扩大经营规模的源泉。企业追求利润最大化，就必须讲求经济核算，加强管理，改进技术，提高劳动生产率，降低产品成本。这些措施都有利于资源的合理配置，有利于经济效益的提高。

然而随着商品经济的发展，企业的组织形式和经营管理方式发生了深刻的变化，业主经营逐渐被职业经理经营代替，企业利益主体呈现多元化，在这种情况下，利润最大化作为企业财务管理目标的缺点就逐渐显现出来。以利润最大化作为理财目标在实践中存在以下问题：

(1) 这里的利润额是指企业在一定时期内实现的利润总额，没有考虑利润发生的时间，即没有考虑货币的时间价值。显然，今年获利 100 万元和明年获利 100 万元对企业的影响是不同的。

(2) 利润额是一个绝对数，没有考虑企业的投入和产出之间的关系，无法在不同时期、不同规模企业之间以利润额大小来比较、评价企业的经济效益。比如，同样获得 100 万元的利润，一个企业投入资本 1000 万元，另一个企业投入 900 万元，哪一个更符合企业的目标？如果不与投入的资本额相联系，就难以做出正确的判断。

(3) 没有考虑到获取利润和所承担的风险的大小。在复杂的市场经济条件下，忽视获利与风险并存，可能会导致企业管理当局不顾风险大小而盲目追求利润最大化。一般而言，报酬越高，风险越大。显然，如果不考虑风险大小，就难以正确地判断哪一个更符合企业的目标。

(4) 利润是按照会计期间计算出的短期阶段性指标。追求利润最大化会导致企业财务决策者的短期行为，只顾实现企业当前的最大利润，而忽视了企业长远的战略发展。例如忽视产品开发、人才开发、生产安全、设备更新等事关企业长远发展的开支项目，这种急功近利的做法最终只能使企业在市场竞争中处于劣势。

因此，将利润最大化作为企业的理财目标存在一定的片面性。

2)　每股盈余最大化(Maximization of Earnings Per Share)

20 世纪 60 年代，随着资本市场的逐渐完善，股份制企业的不断发展，每股盈余最大化逐渐成为西方企业的财务管理目标。每股盈余或称每股收益是企业一定时期税后利润与普通股股数的比率。每股盈余最大化亦称资本利润率最大化。资本利润率是企业在一定时期的税后净利润与资本额的比率。

以每股盈余最大化作为财务管理基本目标的观点认为：把企业的利润与股东投入的资本额联系起来考察，充分体现了资本投入与资本增值之间的比例关系，可以揭示其盈利水平的差异。但是这种观点仍然存在两个问题：一是没有考虑资金的时间价值；二是没有考虑风险问题。

3) 股东财富最大化(Maximization of Shareholder Wealth)

股东财富最大化，或称企业所有者权益最大化。它是指企业通过合理经营，采用最优的财务政策，以未来一段时期归属于股东权益的现金流量，按考虑了风险报酬率的资本成本折现为现值而得到的股东投资报酬现值。在股份有限公司中，股东财富可以用股票市场价值总额来表示。股东的财富由其所拥有的股票数量和股票市场价格两方面决定。

以股东财富最大化作为财务管理的基本目标有以下优点：

① 考虑了取得报酬的时间因素，并运用了货币时间价值原理进行科学的计量；

② 考虑了风险与报酬之间的关系，克服了不顾风险片面追求利润的短期行为；

③ 考虑了资本投入与资本增值之间的比例关系，可以揭示其盈利水平的差异。

但是，以股东财富最大化为目标，也存在以下不足：

① 股东财富最大化目标只适用于上市公司，对非上市公司由于没有衡量的标准，很难适应。

② 股东财富最大化强调了股东利益最大，对企业其他利益相关者的利益重视不够。企业管理人员可能会使用财务杠杆来增加股东财富，导致企业过度举债，增加企业财务风险。

③ 股票价格受多种因素影响，并非都是公司所能控制的，将不可控制因素纳入财务管理目标存在一定的不合理性。

尽管股东财富最大化存在上述缺点，但如果一个国家证券市场高度发达，市场效率极高，上市公司可以把股东财富最大化作为财务管理的目标。

4) 企业价值最大化(Maximization of Firm Value)

企业价值最大化是指通过企业的合理经营，采用最优的财务政策，充分考虑资金的时间价值和风险与报酬的关系，在协调和满足各方利益的前提下，使企业总价值达到最大。这一观点强调将企业长期稳定的发展和持续的获利能力放在首位，强调在企业价值增长中满足各方利益。企业价值不是账面资产的总价值，而是企业全部资产的市场价值，它反映了企业潜在或预期的获利能力。可见，企业价值最大化考虑了资金的时间价值和风险问题，兼顾了其他利益相关者的利益，反映了企业整体和长期的发展。

1.4　财务管理的原则

财务管理的原则是指企业组织财务活动、处理财务关系的基本准则。它是对企业财务管理实践经验的高度概括，是企业理财活动的行为规范，体现了财务管理的基本要求。在市场经济情况下，企业财务管理的共性决定了现代企业财务管理应遵循以下原则。

1.4.1　资金合理配置原则

企业财务管理是对企业全部资金的管理。而资金运用的结果则形成企业各种各样的资源。各种资源总是要有一定的比例关系的，所谓资金合理配置，就是要通过资金活动的组织和调节来保证各项资源具有最优化的结构比例关系。

企业物质资源的配置情况是资金运用的结果，同时它又是通过资金结构表现出来的。从一定时点的静态来看，企业有各种各样的资金结构。在资金占用方面，有对外投资和对内投资的构成比例；有固定资产和流动资产的构成比例；有材料、在产品、产成品的构成比例等等。在资金来源方面，有负债资金和权益资金的构成比例；有长期负债和短期负债的构成比例等等。在财务管理活动中，资金配置合理，资源构成比例适当，就能保证生产经营活动顺畅运行，并因此取得最佳的经济效益；否则就会危及供、产、销活动的协调，甚至影响企业的兴衰。因此，资金合理配置是企业持续、高效经营所必不可少的条件。

只有把企业的资金按合理的比例配置在生产经营的各个阶段上，才能保证资金活动的继续和各种形态资金占用的适度，才能保证生产经营活动的顺畅运行。因此，通过合理运用资金实现企业资源的优化配置，是企业财务管理的一项基本原则。

1.4.2　成本效益原则

在企业财务管理中，既要关心资金的存量和流量，更要关心资金的增量。企业资金的增量即资金的增值额，是由营业利润或投资收益形成的。因此，对于形成资金增量的成本与收益这两方面的因素必须认真进行分析和权衡。成本效益原则，就是要对经济活动中的所费与所得进行分析比较，对经济行为的得失进行衡量，使成本与收益得到最优的结合，以求获取最多的盈利。

我们知道，讲求经济效益，要求以尽可能少的劳动垫支和劳动消耗，创造出尽可能多和尽可能好的劳动成果，以满足社会不断增长的物质和文化生活需要。这种劳动占用、劳动消耗和劳动成果的计算和比较，是通过以货币表现的财务指标来进行的。从总体上来看，劳动占用和劳动消耗的货币表现是资金占用和成本费用。劳动成果的货币表现是营业收入和利润。所以，实行成本效益原则，能够提高企业的经济效益，使投资者权益最大化，它是由企业的理财目标决定的。

企业在筹资活动中，有资金成本率和息税前资金利润率的对比分析问题；在投资决策中，有投资额与各期投资报酬率的对比分析问题；在日常经营活动中，有营业成本与营业收入的对比分析问题；其他如劳务供应、设备修理、材料采购、人员培训等等，无不有投入与产出的对比分析问题。企业的一切成本、费用的发生，最终都是为了取得收益。都可以联系相应的收益进行比较。进行各方面的财务决策，都应当按成本效益的原则做出周密的分析。因此，成本效益原则在各种财务活动中广为运用。

1.4.3　收益风险均衡原则

在市场经济的激烈竞争中，进行财务活动不可避免地要遇到风险。财务活动中的风险是指获得预期财务成果的不确定性。风险收益均衡原则，要求企业不能只顾追求收益，不考虑发生损失的可能，要求企业对每一项具体的财务活动，全面分析其收益性和安全性，按照风险和收益适当均衡的要求来决定采取何种行动方案。

在财务活动中，低风险只能获得低收益。高风险则往往可能得到高收益。例如，在流动资产管理方面，持有较多的现金，可以提高企业偿债能力，减少债务风险. 但是银行存款的利息很低，而库存现金则完全没有收益；在筹资方面，发行债券与发行股票相比，由于利息率固定且利息可在成本费用中列支，对企业留用利润影响较小，可以提高自有资金的利润率，但是企业要按期还本付息，需承担较大的风险。无论是对投资者还是对受资者来说，都要求收益与风险相适应，风险越大，则要求的收益也越高。应当对决策项目的风险和收益作出全面的分析和权衡，以便选择最有利的方案，使风险与收益平衡，做到既降低风险，又能得到较高的收益。

1.4.4　利益关系协调原则

企业财务管理要组织资金的活动，必然同各方面发生广泛的经济关系。在财务管理中，应当协调国家、投资者、债权人、经营者、劳动者的经济利益，维护有关各方的合法权益。还要处理好企业内部各部门、各单位之间的经济利益关系，以调动他们的积极性。

企业内部和外部经济利益的调整在很大程度上是通过财务活动来实现的。企业对投资者要做到资本保全，并合理安排红利分配与盈余公积的提取；对债权人要按期还本付息；企业与企业之间要实行等价交换，促使各方认真履行经济合同，维护各方的物质利益；在企业内部，要运用各种结算手段划清各单位的经济责任和经济利益；在企业同职工之间，实行按劳分配，多劳多得，把职工的收入和劳动成果联系起来，所有这些都要通过财务管理来实现。在财务管理中，应当正确运用价格、股利、利息、奖金、罚款等经济手段，启动激励机制和约束机制，处理好各方面的经济利益关系，以保障企业生产经营顺利、高效地运行。处理各种经济利益关系，要遵守国家法律，认真执行政策，保障有关各方应得的利益。

案例　雷曼兄弟破产对企业财务管理目标选择的启示

雷曼兄弟公司正式成立于 1850 年，在成立初期，公司主要从事利润比较丰厚的棉花等商品的贸易，公司性质为家族企业，且规模相对较小，其财务管理目标自然是利润最大化。在利润最大化的财务管理目标指引之下，雷曼兄弟公司开始转型经营美国当时最有利可图的大宗商品期货交易，其后，公司又开始涉足股票承销、证券交易、金融投资等业务。然而，由于公司在过度追求利润的同时忽视了对经营风险的控制，最终为其破产埋下了伏笔。

在雷曼兄弟公司逐渐转型为金融投资公司的同时，公司的性质也从一个地道的家族企业逐渐成长为在美国乃至世界都名声显赫的上市公司。由于公司性质的变化，其财务管理目标也随之由利润最大化转变为股东财富最大化。其原因有：

(1) 美国是一个市场经济比较成熟的国家，建立了完善的市场经济制度和资本市场体系，因此，以股东财富最大化为财务管理目标能够获得更好的企业外部环境支持；

(2) 与利润最大化的财务管理目标相比，股东财富最大化考虑了不确定性、时间价值和股东资金的成本，无疑更为科学和合理；

(3) 与企业价值最大化的财务管理目标相比，股东财富最大化可以直接通过资本市场的的股价来确定，比较容易量化，操作上显得更为便捷。

因此，从某种意义上讲，股东财富最大化是雷曼兄弟公司财务管理目标的现实选择。

在股份制经济条件下，股东财富由其所拥有的股票数量和股票市场价格两方面决定，而在股票数量一定的前提下，股东财富最大化就表现为股票价格最高化。为了使本公司的股票在一个比较高的价位上运行，雷曼兄弟公司自 2000 年始连续七年将公司税后利润的 92%用于购买自己的股票，此举虽然对抬高公司的股价有所帮助，但同时也减少了公司的现金持有量，降低了其应对风险的能力。另外，将税后利润的 92%全部用于购买自己公司而不是其他公司的股票，无疑是选择了"把鸡蛋放在同一个篮子里"的投资决策，不利于分散公司的投资风险；过多关注公司股价短期的涨和跌，也必将使公司在实务经营上的精力投入不足，经营重心发生偏移，使股价失去高位运行的经济基础。

雷曼兄弟公司自 1984 年上市以来，公司的所有权和经营权实现了分离，在公司中形成了股东阶层(所有者)与职业经理阶层(经营者)。股东委托职业经理人代为经营企业，其财务管理目标是为达到股东财富最大化，并通过会计报表获取相关信息，了解受托者的受托责任履行情况以及理财目标的实现程度。上市之后的雷曼兄弟公司，实现了 14 年连续盈利的显著经营业绩和 10 年间高达 1103%的股东回报率。然而，现代企业是多种契约关系的集合体，不仅包括股东，还包括债权人、经理层、职工、顾客、政府等利益主体。股东财富最大化片面强调了股东利益的至上性，而忽视了其他利益相关者的利益，导致雷曼兄弟公司内部各利益主体的矛盾冲突频繁爆发，公司员工的积极性不高，虽然其员工持股比例高达 37%，但主人翁意识淡薄。另外，雷曼兄弟公司过多关注股东利益，而忽视了一些公司应该承担的社会责任，加剧了其与社会之间的矛盾。

思考题：

1. 股东财富最大化目标对企业会产生怎样的影响？
2. 结合案例，你认为企业财务管理目标制定时应考虑哪些因素？

习　题

1. 什么是财务管理？财务管理的特点有哪些？
2. 什么是财务活动？它包含哪些基本内容？
3. 什么是企业财务关系？它包含哪些基本内容？
4. 简述财务管理的方法。
5. 财务管理的基本目标有哪些？简要评价各种目标的优缺点。
6. 简述财务管理的原则。

第2章　财务管理的环境与组织

✦ **学习目标：**

　　(1) 掌握企业的组织形式；

　　(2) 理解财务管理环境的分类及具体内容；

　　(3) 掌握企业财务管理的组织与财务管理人员的职能和素质；

　　(4) 理解企业伦理的概念与内容。

✦ **学习重点：**

　　企业的组织形式；财务管理的组织；企业伦理的概念与内容。

2.1　企业的组织形式

　　企业是市场经济的主体，财务管理组织的基础是企业组织形式，企业组织的性质和特点决定企业的目标及其相应的财务目标。不同类型的企业，其资本来源结构不同，企业所适用的法律也有所不同，财务管理活动开展的空间范围也不同。

　　企业的组织形式主要有独资企业、合伙企业和公司制企业。

2.1.1　独资企业及财务管理

　　独资企业(sole proprietorship)是指依法设立，由一个自然人投资，财产为投资人个人所有，投资人以其个人财产对公司债务承担无限责任的经营实体。独资企业结构简单，开办容易，企业所得利润归业主享有，生产经营积极性高，决策灵活。另外，独资企业受政府的法规管束较少，无需向社会公布财务报表，易于保密，只需交纳个人所得税，无需缴纳公司所得税。

　　独资企业的财务优势是：

　　① 由于企业主个人对企业的债务承担无限责任，法律对这类企业的管理就比较宽松，设立企业的条件不高，程序简单、方便。

　　② 企业所有权和经营权一致，经营方式灵活，财务管理决策迅速。

　　独资企业的财务劣势则是：

　　① 筹资较困难。独资企业规模小，企业主个人由于财力有限，并由于受到还债能力的限制，对债权人缺少吸引力，取得贷款的能力也比较差，因而难于投资经营一些资金密集的行业。

② 企业存续期短，一旦企业主死亡、丧失民事行为能力或不愿意继续经营，企业的生产经营活动就只能中止。

③ 企业所有权不容易转让。

④ 由于受到业主数量、人员素质、资金规模的影响，独资企业抵御财务经营风险的能力低下。

2.1.2 合伙企业及财务管理

合伙企业(partnership)是依法设立，由两个或两个以上的自然人订立合伙协议，共同出资，合伙经营，共享收益，共担风险，并对合伙企业债务承担无限连带责任的营利组织。合伙企业各合伙人实际缴付的出资，可以是货币、实物、土地使用权、知识产权或者其他属于合伙人的合法财产及财产权利。经全体合伙人协商形成一致意见，合伙人也可以用劳务出资，其评估作价由全体合伙人协商确定。

许多律师事务所、会计师事务所或联合诊所都是合伙企业。

与独资企业相比，合伙企业的主要财务优势是：

① 由于每个合伙人既是合伙企业的所有者，又是合伙企业的经营者，可以发挥每个合伙人的专长，提高合伙企业的决策水平和管理水平；

② 由众多的合伙人共同筹措资金，提高了筹资能力并扩大了企业规模，同时，也由于各合伙人共同负责偿还债务，降低了向合伙企业提供贷款的机构风险；

③ 由于合伙人对合伙企业的债务承担无限连带责任，因而有助于增强合伙人的责任心，提高合伙企业的信誉。

合伙企业的主要财务劣势是：

① 合伙企业财务不稳定性比较大。由于合伙企业以人身相互信任为基础，合伙企业中任何一个合伙人发生变化(如原合伙人丧失民事行为能力、死亡、退出合伙或者新合伙人加入等)都将改变原合伙关系。因此，合伙企业的存续期限很不稳定。

② 合伙企业投资风险大。由于各合伙人对合伙企业债务负连带责任，因此，合伙人承担的经营风险极大。

③ 合伙企业由于在重大财务决策问题上必须要经过全体合伙人一致同意后才能行动，因此，合伙企业的财务管理机制不能适应快速多变的社会要求。

2.1.3 公司制企业及财务管理

1. 公司制企业的概念和特征

公司制企业(company)是依照公司法登记设立，以其全部法人财产，依法自主经营、自负盈亏的企业法人。公司制企业的主要特征是：

(1) 公司设立手续较为复杂。公司的组成必须有公司组织章程，且组织章程必须符合公司法以及其他相关法律规范。

(2) 公司实行有限责任制，即股东对公司的债务只负有限责任，在公司破产时，股东所承受的损失以其在该公司的出资额为限。

(3) 公司经营活动实行所有权和经营权分离，公司的经营者往往不是公司的所有者，二者的目标并不一致，由此产生了委托人(出资者)和代理人(经营者)之间复杂的委托代理问题。

2．公司制企业的类型

我国公司法将公司分为有限责任公司和股份有限公司。

有限责任公司是指由两个以上股东共同出资，每个股东以其所认缴的出资额为限对公司承担有限责任，公司以其全部资产对其债务承担责任的企业法人。有限公司不公开发行股票。有限责任公司的股东虽然也有各自的份额以及股份的权利证书，但它只是一种证券证明，而不像股票那样属于有价证券。而且，各股东的股份由股东协商确定，并不要求等额，因此，有限公司的股份不能上市自由买卖，这种股权证书只能在股东之间相互转让。股东向股东以外的人转让股权，应当经其他股东过半数同意。经股东同意转让的股权，在同等条件下，其他股东有优先购买权。

股份有限公司是指全部注册资本由等额股份构成并通过发行股票筹集资本的企业法人。股份有限公司一般简称为股份公司，在英国和美国称为公开(上市)公司，在日本称为株式会社。股份公司将其资本总额分为等额股份，每股金额相等，同股同权、同股同价是股份公司的一个突出特点。股份公司设立程序复杂，法律要求严格，我国《公司法》规定，股份公司的设立要经过国务院授权的部门或者省级人民政府批准，不得自行设立。股份公司的重要文件，如公司章程、股东名录、股东大会会议记录和财务会计报告必须公开，以供股东和债权人查询。股份公司每年还必须公布公司的财务报表。

3．公司制企业的财务特点

公司制企业具有的主要财务优势是：

(1) 易于筹资。就筹集资本的角度而言，公司是最有效的企业组织形式。因其永续存在以及举债和增股的空间大，公司具有更大的筹资能力和弹性。

(2) 易于转让。由于股票可以在市场上自由流动，所以股东流动性极大。因此，在企业经营不善、面临亏损或破产危险时，股东可以迅速出售股票，转而投资到有利的企业中去。同时，这也能对企业经理人员形成压力，迫使其提高经营管理水平。

(3) 有限责任。股东对公司的债务承担有限责任，倘若公司破产清算，股东的损失以其对公司的投资额为限。

股份有限公司的主要财务劣势是：

(1) 股东的流动性大，股东对于公司缺乏责任感。因为股东购买股票的目的就是为了取得红利或为在股市上获得资本利得收益，而不是为了办好企业，往往公司经营业绩一欠佳，股东就转让、出售股票。

(2) 公司的财务管理是最有挑战性的，几乎所有的财务管理理论都是源于公司财务管理的需求。

公司这一组织形式，已经成为西方大企业所采用的普遍形式，也是我国建立现代企业制度过程中选择的企业组织形式之一。本书所讲的财务管理，主要是针对公司的财务管理。

2.1.4　财务的分层管理

企业组织形式的差异导致财务管理组织形式的差异，对企业理财有重要影响。在独资和合伙的企业组织形式下，企业的所有权和经营权合二为一，企业的所有者同时也是企业的经营者，他们享有财务管理的所有权利，并与其所享有的财务管理权利相适应，这两种企业的所有者必须承担一切财务风险或责任。

企业采取公司制组织形式，其所有权主体和经营权主体就发生分离，这时，所有者不像独资和合伙那样承担无限责任，他们只以自己的出资额为限承担有限责任。公司引起的财务问题最多，企业不仅要争取获得最大利润，而且要争取使企业价值增加；公司的资金来源有多种多样，筹资方式也很多，需要进行认真的分析和选择；盈余分配也不像独资企业和合伙企业那样简单，要考虑企业内部和外部的许多因素。

所谓财务的分层管理是针对公司制企业而言的。在公司制下，企业财务权分属于不同的财务主体，每一个财务主体为维护其自身利益，必然要行使其自身的管理权利，这就是财务的分层管理。具体为：

(1) 出资者财务：所有者作为企业的出资者，主要行使一种监控权力，其主要职责就是约束经营者的财务行为，以保证资本安全和增值。

(2) 经营者财务：作为企业法人财产权的理财主体，其对象是全部法人财产，是对企业全部财务责任的综合考察。其主要着眼点是财务决策、组织和财务协调。

(3) 财务经理财务：是经营者财务的操作性财务，注重日常财务管理。其主要对象是短期资产的效率和短期债务的清偿。

2.2 企业财务管理的环境

财务管理环境是企业财务管理赖以生存的土壤，是企业开展财务活动的舞台。企业进行财务决策、制定财务策略都离不开财务环境。

2.2.1 财务管理环境概述

1．财务管理环境的概念

如果把财务管理作为一个系统，那么财务管理以外的、对财务管理系统有影响作用的一切要素的总和，便构成了财务管理的环境，如国家的政治、经济形势，国家经济法规的完善程度，企业面临的市场状况，企业的生产条件等都会对企业财务活动产生重要影响。在一定的时间和空间范围内，财务管理环境是企业财务决策难以改变的约束条件，企业财务决策更多的是适应其要求和变化。这就要求财务管理人员要善于研究财务管理环境，科学地预测财务管理环境的变化与趋势，以及其对企业财务活动可能造成的影响，并据此采取相应的财务决策。

2．财务管理环境的分类

财务管理环境一般可以分为宏观环境和微观环境。

宏观财务管理环境是指在宏观范围内普遍作用于各个部门、地区的各类企业的财务管理的各种条件，通常存在于企业的外部。企业是整个社会经济体系的一个基层系统，整个社会是企业赖以运行的土壤。无论社会经济状况的变化、市场的变幻，还是经济政策的调整、国际经济形势的变化等，都会对企业财务活动产生直接或间接的影响。财务管理的宏观环境十分广阔，包括经济、政治、社会、自然条件等各种因素。从经济角度来看，主要包括国家经济发展水平、产业政策、金融市场状况等。

微观财务管理环境是指在某一特定范围内对某种财务活动产生重要影响的各种条件。这种微观环境通常与某些企业的内部条件直接或间接有关，主要包括企业组织形式、生产状况、企业产品销售市场状况、企业资源供应情况等。

就企业财务管理活动而言，财务管理环境是客观的、不可控制的，企业很难改变它。但是，只要加强对财务管理环境的研究分析，因势利导，就一定能够做好企业财务管理工作。

影响企业财务管理的环境非常广泛，本节只就影响企业财务管理的宏观环境进行分析，具体包括货币政策、法律环境和金融市场。

2.2.2　货币政策

货币政策是指国家为实现一定的宏观经济目标所制定和实施的有关货币供应和流通方面的方针、措施的总和。在市场经济体制下，货币政策是调节国民经济的重要杠杆。

货币政策的目标是通过运用货币政策工具来实现的。一般有三大货币政策工具：法定准备金率、公开市场操作业务和再贴现率。

法定准备金率就是商业银行吸收存款后，必须按照法定比例保留准备金并存入中央银行。这是因为商业银行具有创造派生存款的功能。商业银行在吸收存款后，将存款贷出，这些贷款由借款人用于支付、购买，转移到出售者手中，再由出售者存入银行，这就形成了与贷款额大致相当的存款，这就是派生存款。中央银行可以利用存款准备金有效控制派生存款的数量，从而控制货币供应量。提高法定准备金率，银行派生存款减少；在法定准备金率较低时，银行派生存款较多。因此，中央银行就可以通过变更存款准备金率来影响货币供应量和利息率。

公开市场操作业务是指中央银行在金融市场上买进或卖出政府债券，从而调节货币供应量的一种做法。中央银行在金融市场买进政府债券，可以增加货币供应量，并推动债券价格上升，银行利率相对下降，带来投资预期增加，投资规模扩大，刺激经济增长。反之，则会产生相反的效果。

再贴现率实际上是商业银行向中央银行借款时支付的利率。中央银行通过变动再贴现率以调节货币供应量与利息率。在经济衰退时，中央银行降低再贴现率，商业银行由于借款的利息率下降，就会增加向中央银行的借款。商业银行借款的增加，不仅可以直接增加贷款数量，而且通过派生存款的作用，进一步增加了市场上的货币供应量。与此同时，利息率的降低，也会增加投资预期收益，促进投资增长，扩大社会需求。

2.2.3　法律环境

市场经济是以法律规范和市场规则为特征的经济制度。财务管理的法律环境是指影响财务活动和财务关系的各种法律规范因素。这里的法律是广义的，包括各种法律、规定和制度。财务管理作为一种社会经济行为，必然要受到国家法律规范的约束。同时，法律也为企业生产经营活动提供了有利的政府行政保护。

1. 企业组织法规

企业组织法规是关于企业组建和终止的法规。企业是一种社会经济组织，它的成立、存在和消亡，都要由法律规范来确立相应的标准。典型的企业组织形式有独资企业、合伙企业和公司制企业，这些企业的创立、合并、清算、破产等组织形式和结构的变化，都由一系列的法律法规予以规范，包括《中华人民共和国公司法》、《中华人民共和国合伙企业法》、《中华人民共和国独资企业法》、《企业破产法》等等。

公司制企业是企业组织的主要形式。在企业组织法规中，公司法是与企业财务管理最为相关的组织法规。公司法对公司制企业的设立条件、设立程序、组织机构、组织变更、终止的条件和程序等都做了明确的规定。特别是公司法中对股东人数、法定资本最低限额、出资方式、股票发行与交易、利润分配程序等的规定，是企业财务必须执行的最重要的强制性规范。

2. 税务法规

税务法规是规定国家税收征纳关系的法律规范。税收既有调节社会总供给与总需求、经济结构，维护国家主权利益等宏观经济作用，又有保护企业经济实体地位、促进公平竞争、改善经营管理和提高经济效益等微观作用。国家税种的设置、税率的高低、征收范围、减免规定、优惠政策等都会影响企业活动。

税收对企业资本供给和税收负担有着重要影响，税种的设置、税率的调整对企业生产经营活动具有调节作用，因此，企业财务决策应当适应税收政策的导向，合理安排资本投放，以追求更大的经济效益。

税收对财务管理的影响具体表现在下述三个方面。

(1) 影响企业融资决策。如所得税制度规定，企业借款利息不高于金融机构同类同期贷款利息的部分，可在所得税前予以扣除。债券利息也可记入财务费用，作为利润总额的扣减项，这样就减少了企业的应纳税所得额。

(2) 影响企业投资决策。企业投资建立不同形式和规模的企业，投资于不同的行业和经营业务等，都会面临着不同的税收政策。例如，我国所得税制度规定了对于投资于特定地区(如经济特区、技术经济开发区、老少边穷地区等)和特定产业或企业(如高新技术产业、"三废"综合治理企业等)的所得税优惠政策。又如，税收政策对企业分支机构的设立形式也有影响，分公司不具有独立法人资格，只就增值税和营业税等流转税在其所在地区或业务发生地自行缴纳，所得税则与总公司合并缴纳；而子公司因为具有独立的法人资格，其各项税收的计算、缴纳均独立于母公司，并可单独享受税收的减免、退税等权利。

(3) 影响企业现金流量和利润。由于各类税种、税率、纳税标准和范围的差别，使得合理筹划税负、纳税递延等税收筹划事项成为企业财务的重要内容。

3. 证券法规

对于上市公司来说，通过所发行的股票债券等证券，联结着企业与社会资本所有者。为了保护广大投资者的利益，特别是中小投资者的利益，国家以证券法规的形式规范了上市公司的经济行为和财务行为，以维护证券市场的交易秩序，防止内幕交易、操纵市场、欺诈客户、虚假陈述等证券欺诈行为的发生。

证券法规由法律、行政法规、部门规章等三大部分组成。相关法律有公司法和证券法；

行政法规由国务院发布，主要有股票发行与交易管理暂行条例、公司登记管理条例等；部门规章由国务院证券监督管理委员会、证券交易所等发布，主要有禁止证券欺诈行为暂行办法、上市公司治理准则、公开发行股票公司信息披露实施细则、股票上市规则等。

4．财务法规

财务法规是规范企业财务活动，协调企业财务关系的专门性行为准则。财务法规既有法律规范，也有行业规范和自律规范。我国目前企业财务管理法规体系由企业财务通则和企业内部财务制度两个层次构成。

1) 企业财务通则

企业财务通则是设立在我国境内的各类企业进行财务活动必须遵循的基本原则和规范，是财务规范体系中的基本法规，在财务法规体系中起主导作用。《企业财务通则》由财政部制定，于 1993 年 7 月 1 日开始实施，2006 年进行了修订，并于 2007 年 1 月 1 日起施行。

财务通则是制定企业财务制度的根据，反映了国家对各类企业进行财务活动的一般要求。企业内部财务制度都是在财务通则确定的共同原则与规范的基础上，结合行业与企业特点而制定的，从而保证了财务制度的科学性和逻辑性。其主要内容包括企业资本金制度、固定资产折旧、成本开支范围和利润分配等。

2) 企业内部财务制度

企业内部财务制度是由企业管理当局制定，用以规范企业内部财务行为、处理企业内部财务关系的具体规则。

企业内部财务制度的制定要符合以下原则：

① 符合企业财务通则和其他相关法规的原则和规定；

② 体现本企业的生产技术和经营管理特点；

③ 考虑企业内部财务管理体制的方式和内容。

企业内部财务制度的制定要体现以下要求：

(1) 明确财务主体的具体范围。即明确企业内部财务管理的级次，明确企业内部各经营单位之间及其与企业财务部门的关系，明确企业与联营单位、投资与被投资单位、内部承包单位的财务管理关系。

(2) 划分内部财务管理的岗位，明确相应的责任。具体包括财务管理体制的确立、财务机构的设置、财务管理岗位的设立、内部分工、各岗位责权利及其相互衔接关系。

(3) 明确财务管理的内容和方法。具体包括货币资本、存货、固定资产、销货与收款、工资、筹资、投资、收益分配等的管理与牵制办法、程序以及折旧方法、存货计价方法、费用提取标准等的选择。

(4) 规定财务管理与内部责任单位的相互衔接关系。包括责任单位的划分、责任核算、责任控制、责任奖惩等。

(5) 规定财务规划与财务评价的方法与程序。包括企业进行财务规划和财务评价的程序、方法、时间，各经营单位在规划和评价中的职责。

根据上述这些原则和要求，企业内部财务管理制度的内容一般包括：资本金管理制度、资本管理制度、资产管理制度、成本费用管理制度、利润分配管理制度、财务分析和考核制度等。

2.2.4　金融市场

企业生产经营中面临的市场类型很多，财务管理环境中所指的市场环境主要是金融市场环境，这是因为理财的对象是资本及其价值，而金融市场是资本筹集与配置的场所。

1. 金融市场的种类

对金融市场可以按不同的标准进行分类，在企业财务中金融市场一般可分为货币市场和资本市场。货币市场又称为短期资本市场，是指融资期限在一年以内的资本市场；资本市场又称为长期资本市场，是指融资期限在 1 年以上的资本市场，包括股票市场和债券市场。货币市场和资本市场是最重要的理财市场环境。

1) 货币市场

货币市场是融资期限在 1 年之内的资本交易市场的总称，其主要功能是调节短期资金融通，主要特点是：

① 期限短，一般为 3～6 个月，最长不超过 1 年；

② 交易目的是解决短期资金的周转，它的来源主要是资本所有者暂时闲置的资本，用途一般是弥补流动资金的临时不足；

③ 金融工具有较强的货币性，流动性强，价格平稳，风险较小。货币市场主要有拆借市场、票据市场、大额定期存单市场和短期债券市场等。

拆借市场指银行以及非银行金融机构同业之间短期性资金的借贷活动。这种交易一般没有固定的场所，主要通过通讯手段成交，期限按日计算，一般不超过 1 个月。其目的是银行同业之间相互支持对方业务，实现多余资本的短期收益。

票据市场的业务包括票据承兑和票据贴现。票据承兑是票据流通转让的基础，票据贴现是以转让和抵押的方式对未到期票据进行提前变现，为客户提供短期资金融通。贴现是指客户持未到期票据向商业银行或其他金融机构兑取现款以获得短期融资的融资行为，通过贴现，企业之间发生的商业信用变成了商业银行向企业提供的信用。

大额定期存单市场是一种买卖商业银行发行的可转让大额定期存单的场所，大额定期存单通过买卖、转让，集中了活期存款和定期存款的优点。对银行而言，它是定期存款；对投资者而言，既有较高的利息收入，又能及时变现。

短期债券市场主要买卖一年期以内的政府债券和短期企业债券，尤其是国库券的交易。短期债券的转让可以通过贴现或买卖的方式进行。短期债券以其信誉好、期限短、利率优惠等优点，成为货币市场中的重要金融工具。

2) 资本市场

资本市场是指融资期限在一年以上的资本交易的总和，其主要功能是引导长期性的资本投资。其主要特点是：

① 融资期限长，至少 1 年以上；

② 融资目的是解决投资性的资本需求，用于补充固定资金，扩大生产能力；

③ 资本借贷量大；

④ 资本收益较高但风险也较大。

资本市场上的交易活动在发行市场和流通市场上进行。

发行市场(一级市场)的参加者主要是发行人和认购人，中介人作为包销者或受托人参与活动。有价证券的发行是一项复杂的金融活动，一般要经过以下几个重要环节：

① 证券种类的选择。对发行人而言，要从适用范围、融资性质、筹资成本、提供的权利等方面选择发行证券的种类；对认购人而言，要从安全性、流动性和盈利性等方面选择认购证券的种类。

② 偿还期限的确定。对债券来说，发行人要依据资本投向、未来利率、发行的难易程度确定债券的偿还期。

③ 发售方式的选择。发行人要做两种选择，一是选择认购人，以决定是私募还是公募；二是选择销售人，以决定是自销还是代销。

流通市场(二级市场)各种证券的转让流通，仅仅是为投资人和筹资人提供融资便利，并不能直接为筹资人筹集新的资本。在流通市场中，专门从事证券买卖业务的证券商是流通市场中最主要的参与者，他们从事证券的买卖，从贱买贵卖中赚取差价，作为经营证券的利润。除了买卖双方外，证券经纪人作为中介人也非常活跃。证券经纪人是指在证券交易所充当交易中介而收取佣金的商人。经纪人受证券买卖者的委托，进入交易所为其委托者进行证券交易，他们只为顾客代理买卖证券，不承担任何风险，以佣金形式向顾客收取报酬。

2．金融市场与企业财务

金融市场是商品经济发展和信用方式与形式多样化的必然产物，它对于企业财务管理具有重要的作用。

(1) 金融市场是企业筹资和投资的重要场所。金融市场能够为资本所有者提供多种投资渠道，为资本筹集者提供多种可供选择的筹资方式。在现实经济生活中，资本所有者在为闲置资本寻找出路时，要求兼顾其安全性、流动性和盈利性；而资本需求者在筹资时，也要求在降低资本成本的同时，满足在数量和时间上的需要。通过金融市场，资本供应者能够灵活地调整其闲置资本，实现其投资目的；资本需求者也能够从众多筹资方式中选择最有利的方式，实现其筹资目的。

(2) 金融市场促进了资本的灵活转换。金融市场各种形式的金融交易，形成了纵横交错的融资活动。通过融资活动可以实现资本的相互转换，包括时间上长短期资本的相互转换，空间上不同区域间资本的相互转换，数量上大额资本和小额资本的相互转换。例如，股票、债券的发行能够将民间储蓄资金转换为生产资本，将流动的短期资金转换为相对固定的长期资本，将不同地区的资本集中到某一地区。

(3) 金融市场引导资本流向和流量，提高资本效率。一般而言，金融交易活动的推动力来自两个方面：一是参与者对利润的追求，二是参与者之间的相互竞争。资本供应者提供资本，是为了获取利息或股利；资本需求者筹措资本，是为了获取超过筹资成本的利润；中介机构提供服务，是为了获取手续费或赚取差价。参与者对利润的追求推动着资本的不断流动。

资本需求者与资本供应者之间存在相互竞争的关系，资本需求者试图以最小的代价取得资本，资本供应者试图以最高的收益转让资本。参与者之间的这种互相竞争导致了市场平均利率的产生和上下波动，引导着资本的流向和流量，从而使资本从利润率低的部门流向利润率高的部门，实现资本在各地区、各部门、各单位的合理流动，实现社会资源的优化配置。

(4) 金融市场为企业理财提供有用信息。金融市场的利率波动，反映了资本的供求状况；有价证券的市场价格行情，在宏观上反映了国家的总体经济状况和政策情况，在微观上反映了投资者对企业的经营状况、盈利水平和发展前景的评价。同时，金融市场也是企业树立财务形象的最好场所。当企业有良好的经营业绩和财务状况，能够为投资者分派各种形式的资本收益时，其有价证券的价格就会稳定增长，新的有价证券也能顺利发行。因此，金融市场的相关信息，是企业进行筹资、投资决策的重要依据。

2.3　企业财务管理的组织

企业财务管理组织是企业内部专门从事财务管理工作的专业机构，是企业整体组织结构的一部分，不同企业组织制度有着不同的财务管理模式。公司制是当代世界范围内企业主流的组织形式，受公司规模大小、所在行业特点等因素的影响，公司内部各个管理部门的结构设计可能有所不同，不同企业机构设置的层次也有不同。但公司制企业要求承担的组织管理职能是相同的。

2.3.1　公司制企业典型的组织结构

在公司制企业组织形式下，公司是企业法人，拥有独立的法人财产，公司以其全部财产对其债务承担有限责任。公司法人治理结构是公司制的核心。公司法人治理结构是由不同职能的组织机构组成，主要包括：股东大会、董事会、监事会、总经理等机构。图 2-1 展示了一种典型的公司制企业的组织结构和财务管理组织结构。

1) 股东大会

公司股东大会由全体股东组成，是公司的最高权力机构，决定企业重大经营决策，依法行使下列权力：决定公司的经营方针和投资计划；选举和更换非由职工代表担任的董事、监事，决定有关董事、监事的报酬事项；审议批准董事会的报告；审议批准监事会或监事的报告；审议批准公司的年度财务预算方案、决算方案；审议批准公司的利润分配方案和弥补亏损方案；对公司合并、分立、变更公司形式、解散和清算等事项做出决议；修改公司章程；审议公司章程规定的其他职权。

2) 董事会

董事会维护出资人权益，贯彻股东意图，对股东大会负责。董事会行使下列职权：召集股东会，并向股东报告工作；执行股东会的决议；决定公司的经营计划和投资方案；制定公司的年度财务预算方案、决算方案；制定公司的利润分配方案和弥补亏损方案；制定公司增加或减少注册资本以及发行公司债券的方案；制定公司合并、分立、变更公司形式、解散和清算的方案；决定公司内部管理机构的设置；决定聘请或者解聘公司经理及其报酬事项，并根据总经理的提名决定聘任或解聘公司副总经理、财务负责人及其报酬事项；制定公司的基本管理制度；确定公司章程规定的其他职权。

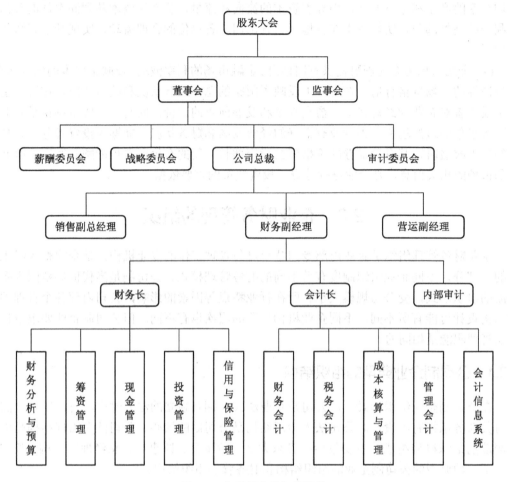

图 2-1　公司制企业组织结构

3) 监事会

监事会对公司财务和董事、经营者行为进行监督。监事由两部分组成：一是由股东大会选出的监事，在代表公司整体利益的同时，也代表股东利益，监督企业在经营过程中不得侵犯股东利益；二是由职工代表大会选出的监事，在代表公司整体利益的同时，也代表职工利益。监事会行使下列职权：检查公司财务；对董事、高级管理人员执行公司职务的行为进行监督，对违反法律、行政法规、公司章程或者股东大会决议的董事、高级管理人员提出罢免的建议；当董事、高级管理人员的行为损害公司的利益时，要求董事、高级管理人员予以纠正；提议召开临时股东大会，在董事会不履行规定的召集和主持股东会会议时，召集和主持股东会会议；向股东会会议提出提案；依法对董事、管理人员提起诉讼；行使公司章程规定的其他职权。

4) 公司经理层

公司经理层由一名总经理和若干副总经理组成。公司总经理由董事会聘任、解聘或者委派，直接向董事会负责。董事会依据公司章程，授予总经理职权。公司总经理主要行使下列职权：组织经理层执行董事会决议，实施董事会的决策；主持和制定公司的发展战略；

建立公司的基本管理制度，设置管理机构方案；提请董事会聘任或解聘下属人员；按董事会规定的权力，代表董事会聘任或者解聘企业高层管理人员等。

5) 财务副总经理

财务副总经理在董事会和总经理的领导下，监督公司遵守国家财经法律、纪律，以及董事会决议；负责制定公司资本投资计划、财务规划与预算编制；建立健全的公司内部核算组织，以及会计和财务管理的规章制度；组织公司有关部门开展经济活动分析，组织编制公司财务计划，努力降低成本，增收节支，提高效益；支持公司财务会计信息、财务报告工作，等等。

6) 财务与会计部门

公司制企业由财务副总经理负责整个公司的财务工作，其下有财务主管(西方称财务长，treasurer)和会计主管(西方称会计长，controller)。财务主管负责资金筹集和使用以及股利分配等工作。风险管理、保险、兼并与收购活动，以及制定财务制度等工作也是财务部门的职责。财务主管主要负责的财务部门一般下设财务分析与预算、筹资管理、投资管理、现金管理和信用与风险管理等分部。会计主管主要负责会计和税务方面的活动。会计部门一般下设财务会计、成本会计、管理会计和税务会计等分部。

2.3.2 财务管理人员的职能

概括地说，财务管理人员的职能是为股东、企业和相关利益者创造价值。财务管理人员的职能贯穿于企业价值创造活动的全过程。

从企业价值创造活动的不同层次出发，可以将财务管理人员的职能分为基本职能和高级职能；从与财务管理工作的相关度考虑，可以将财务管理人员的职能分为核心职能和相关职能。

与企业战略层次相关的财务职能为高级职能，包括：业绩管理、投资与资本预算以及重大决策参与等。与企业核心经营流程以及资源管理流程相关的职能为基本职能，包括：财务核算与控制、财务分析、财务信息管理以及资产管理等。

财务管理人员的基本职能和高级职能均可包括核心职能和相关职能。财务管理人员的核心职能可以概括为以下八种：

(1) 决策支持，为企业战略决策提供财务分析、分析模型和工具，以及动态和实时的财务与经营信息；

(2) 业绩管理，为公司战略目标确定评价体系及其相关激励措施；

(3) 财务战略，为公司实现其战略目标提供最优的财务手段；

(4) 财务服务供应，财务部门作为后勤部门为业务部门提供融资、资金调度、税务、收付商业账款、客户信用评估等服务；

(5) 会计核算与控制，主要是内部控制、预算管理、成本控制以及交易和事项的会计处理；

(6) 财务信息提供，为企业外部及内部财务信息使用者提供财务信息；

(7) 相关关系维护，包括股东、债权人、客户、供应商、审计师和税务部门等关系的维护；

(8) 资产管理，履行财产的经营责任，以保证公司财产的完整性，同时又要促进资产的有效运营。资产管理包括流动资产、固定资产、长期投资、无形资产等的管理。

除核心职能外，财务管理人员还广泛参与其他管理活动，如企业的战略推广、产品开发、产品定价、信息统计、财务培训等工作。

2.3.3　财务管理人员的素质

企业财务管理人员掌握着企业的财务信息和现金资源，影响着企业的安全和健康发展。因此提高财务管理人员的素质不仅关系着财务管理人员自身的成长和发展，还影响着企业的财务管理水平。要成为一名优秀的财务管理人员，既要自觉培养崇高的职业道德，又要掌握财务管理必要的知识，同时还要具备优秀的专业能力。

1．财务管理人员的专业知识

财务管理人员必须拥有的，与财务管理工作联系十分密切的核心知识有：战略管理、公司治理、财务战略、财务报告、成本管理、风险管理、购并与重组、税收筹划、价值管理与全面预算、审计与内部控制、财务分析与预测、财务信息系统与 ERP、经营责任与资产管理等。此外，还包括下列相关知识：经济学、经济法、统计学、领导学、行业知识、信息技术等。一名称职的财务管理人员需要经过正规的院校学习和工作实践，并不断接受后续教育来获取和更新专业知识。

2．财务管理人员的职业技能

职业技能是财务管理人员感知环境、综合运用专业知识，形成财务管理职业能力的特长。职业技能不仅仅从课程中获得，更是教育和职业经验共同作用的结果。财务管理人员最重要的职业技能包括：

(1) 自主学习能力。丰富的创新意识和创新能力来源于自主的学习。较强的自主学习能力能够使财务管理人员不断更新自身的专业知识，提高自身的专业技术水平，从而保持与从事财务管理工作相适应的职业技能和创新能力。

(2) 协调和沟通能力。财务管理工作要与企业内外相关部门不断协调与沟通，才能很好地运作，财务管理人员要具有较好的心理素质和较强的语言、文字沟通能力，才能有效地与企业内外部相关部门有效沟通，协调处理好各方经济利益关系。

(3) 职业判断能力。财务管理人员要紧跟经济形势的变化，具有较高的全球视野，保持清晰的思路，应对各种新的经济现象，识别、判断和有效规避企业财务活动中的各种风险。

(4) 经营管理能力。财务管理是企业管理的核心工作，要求财务管理人员掌握现代企业管理理论，具备较强的经营决策能力，团队建设和管理能力，增强财务管理工作的灵活性和适应性。

3．财务管理人员的职业道德

IFAC(国际会计师联合会)认为企业价值观是职业会计师作为一名专业人士的态度，它包括与职业行为相关的行为原则。IFAC 认为职业会计师最重要的职业价值观在于职业道德。IFAC 发布的《职业会计道德准则》认为，职业会计师应遵循如下原则：① 诚信；② 客观；

③ 具备职业能力和尽职；④ 保密；⑤ 职业行为规范。

我们认为对一名财务管理人员来说，最重要的职业道德包括：

(1) 诚信与公正。财务管理人员要坚持实事求是、客观公正、诚信为本的原则，展示言行一致、自律诚实的职业形象，自觉规范职业行为，只有这样才能取信于企业，取信于同事，才能获得人们的支持，做好财务管理工作。

(2) 责任与义务。财务管理人员承担着企业资金管理的特殊使命和义务，因此要求他们要爱岗敬业，认同企业文化，恪守职业道德，保守企业机密，为企业经营决策和外部公众提供正确的财务信息。

(3) 进取与创新。企业财务管理活动面临着瞬息万变的经济环境，要求财务管理人员要有敏锐的洞察能力，开拓创新，勇于面对挑战，积极主动地完成财务管理工作。

(4) 守法廉洁。财务管理工作岗位面临着许多的利益诱惑，在利益面前，财务管理者要保持清醒的头脑，严格遵守国家法律，洁身自爱，拒腐防变，保持气节。

2.4　企　业　伦　理

2001 年 11 月，安然向美国证券交易委员会递交文件，承认做了假账，并于 12 月正式向法院申请破产保护，成为美国历史上最大的破产企业；2002 年，安达信倒闭、世通公司财务丑闻等一系列恶劣事件震撼了美国与全球业界。曾屡次创造利润神话，一度号称"中国第一蓝筹股"的 ST 银广夏，因伪造经营业绩、虚报财务报表而受到中国证监会的处罚。由此可以看出，企业伦理已成为全球企业面临的共同问题。

2.4.1　企业伦理的含义

企业伦理是企业在处理企业内部员工之间，企业与社会、企业与顾客之间关系的行为规范的总和。不少企业经营者把伦理道德看作是游离于经济建设之外的可有可无的东西，甚至以为这是外部强加的一种精神文明建设，这就导致了对企业伦理的漠视。其实，企业伦理道德是企业一种极为宝贵的无形资产，会对人的经济行为发生作用，从而促进企业经济目标的实现。

企业伦理应渗透于企业全部经济活动的各方面，它包括企业道德意识、道德准则和道德活动。

企业道德意识包含道德心理、道德观念和道德评价等三个不同层次。

第一，道德心理层次包括道德情感和道德意志。道德情感是指员工在企业生活中关于自己的思想意图和行为是否符合道德准则的情绪体验。道德意志是指企业员工在企业生活中自觉使自己的思想意图和行为符合道德准则要求的力量。

第二，道德观念层次是指员工对企业目标、企业管理以及个人行为符合道德准则的深刻理解和信任。

第三，道德评价层次是员工依据道德准则对企业行为和个人行为所进行的善恶评价。

企业道德准则由企业需要处理的四种关系的准则组成：企业与自然环境关系的准则、企业与社会关系的准则、企业与其他社会组织关系的准则、企业与个人关系的准则。

企业道德活动是指企业生活中企业员工个人的道德行为与企业总体的道德行为。

2.4.2　企业的伦理责任

企业的伦理责任可以分为外部伦理责任和内部伦理责任,外部伦理责任包括企业对环境的伦理责任以及企业的社会责任。内部伦理责任包括工作伦理责任和分配伦理责任。

1. 企业对环境的伦理责任

企业在从事经济活动过程中,必然要与周围的环境发生联系。一个企业只有与环境构成良性的相互作用系统,实现与环境的协调发展,才能取得良好的经济效益和社会效益,实现可持续发展。

企业对环境所承担的责任包括三方面:

① 有效保护和利用资源。提高资源的有效利用率是解决环境问题的一个重要途径。为提高资源的有效利用率,企业要节约原材料及能源,改进工艺,降低成本,降低消耗,更新设备。

② 控制污染。企业要改进技术控制生产过程的污染排放,大力发展绿色技术,对生产过程所产生的污染物进行处理,减少对环境的损害。

③ 保护环境。企业不仅要在生产过程中做好环境保护工作,还要设计和生产环保产品,使用环保材料,积极参与社会性的环保公益活动,促进和带动整个社会的环境保护运动。

2. 企业的社会责任

企业是社会的一个组成部分,社会的经济环境、技术环境、政府环境、社会环境及文化环境对企业产生着重要的影响。同时,企业也对社会环境产生影响,企业不仅是一种经济组织,同时也是一个富有社会责任的社会组织。

根据企业承担的社会责任的对象,企业的社会责任包括四个方面:

(1) 企业对投资者的责任。企业存在的基本目的是为投资者提供回报和创造财富。因此,追求盈利和创造价值是企业首要和基本的经营目标,但不是唯一目标。企业在追求经济利益的同时,必须兼顾社会利益,才能增进社会总福利。

(2) 企业对客户的责任。企业在提供产品和服务中要确保客户的选择权受到保护,确保客户的安全权利受到保护,确保客户的知情权利受到保护,确保客户的投诉权利受到保护。

(3) 企业对员工的责任。企业要确保员工有安全的工作环境,确保员工就业机会平等,防止工作场合的各种歧视,确保员工的福利保障以及提供充分的就业培训与职业发展机会。

(4) 企业对社区的责任。企业要关心社区的公共问题,保护社区的环境,支持社区的慈善事业并鼓励员工参与社区的公益活动等。

3. 企业的内部伦理责任

企业的内部社会伦理责任中的工作伦理主要体现在工作的职业道德上,它要求员工要有:

① 敬业意识,即对职业社会定位的认同;

② 乐业意识,即确立正确的职业目标理想;

③ 职业规范意识,即对职业规则的信奉;

④ 勤业精业意识，即对企业价值的追求。

企业内部伦理责任中的分配伦理要求企业管理过程中对员工的分配必须坚持公正、公平和效率的原则。

2.4.3　企业伦理的建设

企业可以从以下四个方面入手，推动企业伦理的建立。

1．制定并执行企业伦理守则

伦理守则所规范的主要内容是企业与其利益相关者、员工、顾客、股东、政府、社区、社会大众等的责任关系，它同时包含公司的经营理念与道德理想，可以反映公司的文化与行为、生存的基本意义和行为的基本方向。企业信奉的伦理守则应贯彻到经营决策的制定以及重要的企业行为中。在建立伦理守则的同时，通过一系列的奖励、审核以及控制系统加以强化，并对破坏伦理规范的行为予以惩罚，企业必须让大家都明白，组织里决不容许违反伦理的行为。管理人员对违规者的默许，将会严重破坏组织走向更具伦理气候的环境。

2．设定伦理目标

企业伦理目标强调企业行为不仅具有经济价值，还必须具有伦理价值。企业在追求经济目标的时候，往往不由自主地将获利作为衡量行为价值的唯一尺度，于是为了实现利润最大化不惜损害他人利益的行为现实生活中时有发生，这说明企业的经济目标需要伦理目标的调节和制约。企业目标制约下的行为不仅不能违背以法规形式体现出来的经济活动的游戏规则，而且要进一步以伦理准则来约束自己，主动实现道德自律。

3．加强员工企业伦理教育

企业在员工的教育培训中，要帮助员工在道德思想和行为中注入强大的个人意志，防止破坏性的道德沦丧。企业也可参与一些有意义的社会活动，协助推动社会良性改革，这样不仅可以提高公司的向心力，激励员工士气，同时也可提升个人的品质，满足员工更高层次的精神需求。这种需求的满足会进一步激发员工的积极性、创造性和敬业精神，从而更有利于企业经济目标的实现。这样，道德伦理风范不再是企业必须维持的一个负担，而是统治一个企业的精神风貌。

4．由上层开始推动伦理建设

企业高层领导的重要职责之一是赋予企业价值观以生命，建立一个支持各种道德行为的环境，并在员工中灌输一种共同承担的责任感，让员工体会到遵守伦理是企业积极生活的一面，而不是权威强加的限制条件。领导要敢于承诺，敢于为自己所倡导的价值观念而采取行动，同时当道德义务存在冲突时，敢于以身作则。

案例　　安然事件及其启示

进入 21 世纪，美国资本市场出现了一系列财务丑闻，安然、环球电讯、世界通信、施乐等一批企业巨擘纷纷承认存在财务舞弊。这些企业的造假行为不仅欺骗了投资者，使自己付出了沉重的代价，同时也损害了资本市场的秩序。这些企业的舞弊行为目的不同，手段各异，其中安然公司的财务舞弊事件比较典型，影响也比较大。这是因为，一是安然事件是这次美国资本市场舞弊风波的发端，二是安然公司从成长到破产，一直吸引美国媒体的关注和公众的视线，三是安然事件的发生导致世界著名的会计公司——安达信公司解体。因此，研究安然事件，不仅可以了解美国上市公司如何造假，美国资本市场存在哪些缺陷，对我国企业也有一定的借鉴作用。

安然公司成立于 1985 年，是由美国休斯敦天然气公司和北方内陆天然气(Inter North)公司合并而成，公司总部设在美国得克萨斯州的休斯敦，首任董事长兼首席执行官为肯尼斯·雷，他既是安然公司的主要创立者，也是安然公司创造神话并在后来导致危机的关键人物。安然公司在肯尼斯·雷的领导下，从名不见经传的一家普通天然气经销商，逐步发展成为世界上最大的天然气采购商和出售商，世界最大的电力交易商，世界领先的能源批发做市商，世界最大的电子商务交易平台，一步一个高潮，步步走向辉煌。

然而，这一切是如此的短暂，当安然公司发表 2001 年第三季度亏损的财务报表后，安然帝国的崩塌就开始了。2001 年 10 月 16 日，安然公司公布第三季度的财务状况，宣布公司亏损总计达到 6.18 亿美元，从安然公司走向毁灭的整个事件看，这次财务报表是整个事件的"导火索"。2001 年 10 月 22 日，The Street.com 网站发表文章进一步披露出安然与另外两个关联企业 Marlin 信托基金和 Osprey 信托基金的复杂交易，安然通过这两个基金举债 34 亿美元，但这些债务从未在安然季报和年报中披露。也就在这一天，美国证券交易委员会盯上了安然，要求安然公司主动提交某些交易的细节内容，并于 10 月 31 日开始对安然公司进行正式调查，至此，安然事件终于爆发。

在政府监管部门、媒体和市场的强大压力下，2001 年 11 月 8 日，安然向美国证监会递交文件，承认做了假帐：从 1997 年到 2001 年间共虚报利润 5.86 亿美元，并且未将巨额债务入账。安然采取的方式是：利用资本重组，形成庞大而复杂的企业组织，通过错综复杂的关联交易虚构利润，利用财务制度上的漏洞隐藏债务。这一切都是经过精心策划，看上去似乎无懈可击，环环相扣，从法律上和财务准则上很难找出毛病，但一旦某一个环节出现问题，造假链条就会中断，问题就会彻底暴露。

习　题

1. 企业的组织形式主要有哪几种？各有何特点？
2. 影响企业财务管理的法律有哪些？
3. 金融市场对企业财务管理有何作用？
4. 企业财务管理人员应具备哪些素质？
5. 什么是企业伦理？如何在企业中进行企业伦理的建设？

第3章 财务管理的价值观念

✦ **学习目标：**
  (1) 掌握资金时间价值的概念与计算方法；
  (2) 掌握风险的概念与计算方法；
  (3) 了解投资组合的概念。

✦ **学习重点：**
  资金时间价值的计算；风险的衡量。

  财务管理的价值观念包括时间价值观念和风险价值观念。现代企业财务管理的目标是实现企业价值最大化，要实现企业价值最大化，必须首先明确企业价值的内涵，树立正确的价值观念，并正确地度量价值。

3.1 资金的时间价值

3.1.1 资金时间价值的概念

  资金的时间价值(time value of money)是指资金随着时间的推移而发生的增值，是一定量资金在不同时点上的价值量差额，又称为货币的时间价值。

  资金的时间价值是现代金融和经济领域中最重要的原则之一。在一个商品经济社会，目前拥有的货币比未来收到的同样金额的货币具有更大的价值，今天你手中的 100 元钱肯定比一年后的 100 元钱更值钱，即便不存在通货膨胀也是如此。最简单的情况下(不考虑通胀因素和风险报酬)，假设存款的年利率是 5%，如果现在将 100 元钱存入银行，一年后将能得到 105 元的货币。这就意味着，现在的 100 元钱在一年后的价值是 105 元。由此可见，资金在不同的时点上，其价值是不同的。

  资金的时间价值来源于资金进入经济活动通过再生产过程后的价值增值。通常情况下，它应该与没有风险也没有通货膨胀情况下的社会平均利润率处于同一个水平，是利润平均化规律的结果。由于市场经济下竞争的普遍存在，长期而言各种投资的利润率将趋于平均化，否则资金会不断投资于高利润率的项目，致使其利润率降低到社会平均利润率。因此，资金的时间价值也就成为评价投资项目的基本标准。

  资金的时间价值可以有两种衡量方式。一是资金时间价值的绝对数值，即资金在一定时间内周转使用中产生的真实增值金额。上文中 100 元经过一年后增值到 105 元，其中的 5 元即这 100 元资金的时间价值。第二是相对表现方式，即资金的时间价值率。一般来说就是社会平均资本利润率。社会平均资本利润率与银行的利率是有区别的，当不考虑风险报酬和通货膨胀的时候，资金的时间价值率等同于利率。本章以此假定为前提，用利率代表货币的时间价值率，并介绍资金时间价值的相关理论知识。

3.1.2　资金时间价值的计算

由于资金时间价值的存在，不同时点的资金不能直接进行比较。因此当我们想评价企业的盈亏或投资的成败时，必须把不同时点的资金数额换算到相同时点上，才能正确地进行比较或计算比率。

1. 资金时间价值计算的基本术语

计算资金的时间价值，首先引入"现值"和"终值"两个表示不同时点的资金值，其差额即为资金的时间价值。

现值(Present Value，PV)，指资金现在的价值，又称本金或期初金额。

终值(Future Value，FV)，指资金经过一定时期后包括本金和时间价值在内的未来价值，又称本利和、将来值。通常有单利终值、复利终值及年金终值等几种形式。

利率(Interest rate，I)，一般是指年利率。会计和财务上一般按一年 360 天或 365 天来换算成日利率。月利率、半年利率等按同样的方式可以得到。由本金和利率可计算出利息，计息方法有单利(simple interest)和复利(compound interest)两种。

计息期数(n)，是指相邻两次计息的时间间隔，如年、月、日等。如非特别说明，计息期一般为一年。

2. 单利终值与现值

单利是指只对本金计算利息的方法。按照这种计算方法，不管计息期有多长，只有本金才能带来利息，利息不再加入到本金中再计利息。

1) 单利终值的计算

单利终值即按单利计算的本利和。如果现在将 100 元存入银行，利率为 10%，在单利的条件下，从第一年到第三年各年末的终值如下：

第一年末的终值：$100 \times (1 + 10\%) = 110$ (元)

第二年末的终值：$100 \times (1 + 10\% \times 2) = 120$ (元)

第三年末的终值：$100 \times (1 + 10\% \times 3) = 130$ (元)

因此，单利终值就是本金与按单利计算的未来利息之和。其计算公式为

$$F = P \times (1 + i \times n)$$

其中，$(1 + i \times n)$被称为单利终值系数。

例 3-1　某企业获得一笔 50 000 元的贷款，贷款期限为 2 年，年利率为 8%，到期一次还本付息，则该企业到期应偿还本利和为多少？

解　　　　　　$F = P \times (1 + i \times n) = 50\ 000 \times (1 + 8\% \times 2) = 58\ 000$ (元)

2) 单利现值的计算

现值一般是指未来一定数额的资金按给定的利率换算成现在的价值。由终值求现值的过程叫贴现或折现。

单利现值的计算公式为

$$P = \frac{F}{1+i \times n}$$

其中，$\dfrac{1}{1+i \times n}$ 被称为单利现值系数。

例 3-2 某人需要在 5 年后能从银行取出 5000 元，在年利率为 2% 的情况下，现在应存入多少金额才能达成目标？

解
$$P = \frac{F}{1+i \times n} = \frac{5000}{1+2\% \times 5} \approx 4545.45 \,(元)$$

由上可以看出，单利终值和单利现值互为逆运算，单利终值系数和单利现值系数互为倒数。

3．复利的终值和现值

在复利计息方式下，不仅本金要计算利息，本金在本期所产生的利息，在下一个计息期也要加入本金一起计息，即通常所说的"利滚利"。

1）复利终值的计算

复利终值是指一定量的本金在一定利率下按复利方式计算出的一定时期后的本利和。例如某公司将一笔资金 P 存入银行，如果每年计息一次，则

一年后的终值：$F_1 = P + P \times i = P \times (1+i)$

两年后的终值：$F_2 = F_1 + F_1 \times i = F_1 \times (1+i) = P \times (1+i)^2$

……

由此可推出 n 年后复利终值的计算公式为

$$F = P \times (1+i)^n$$

式中的 $(1+i)^n$ 被称为复利终值系数，也被称为一元的复利终值。复利终值系数一般用符号 $(F/P，i，n)$ 表示，如 $(F/P，10\%，4)$ 表示利率为 10%，期数为 4 期的复利终值系数。在实际工作中，可利用"复利终值系数表"(见附录 A)查阅不同时期和不同利率下的复利终值系数。

例 3-3 某人将 1000 元存入银行，年利率为 5%，4 年后的本利和为多少？

解 $F = 1000 \times (1+5\%)^4 = 1000 \times (F/P，5\%，4) = 1215.51 \,(元)$

例 3-3 的计算中，我们可以直接计算，也可以在"复利终值系数"表中查到系数为 1.2155，其实质为一元钱在利率为 5% 的条件下 4 年后的复利终值。据此可计算出 1000 元的复利终值为 1215.51 元。

通过复利终值系数表，还可以在已知 F、i 的情况下查出 n，或在已知 F、n 的情况下查出 i。

2）复利现值的计算

复利现值是指未来一定时间的一定金额的资金按复利计算的现在价值，亦即为取得未来一定金额的本利和现在需要的本金。复利现值的计算公式为

$$P = \frac{F}{(1+i)^n} = F \times (1+i)^{-n}$$

式中的 $(1+i)^{-n}$ 被称为复利现值系数或一元的复利现值，用符号 $(P/F，i，n)$ 表示。如

(P/F，10%，5)表示利率为 10%，期数为 5 的复利现值系数。在实际工作中，可查阅"复利现值系数表"(见附录 B)进行折算，使用方法与"复利终值系数表"相同。

例 3-4　某公司计划 4 年后进行技术改造，预计需要资金 100 万元，当前银行存款利率为 5%，则公司现在应存入银行多少资金？

解　$P = F \times (1+i)^{-n} = 1\,000\,000 \times (1+5\%)^{-4} = 1\,000\,000 \times 0.8227 = 822\,700$ (元)

与复利终值系数表相同，通过复利现值系数表在已知 i、n 的情况下可以查出 P，或在已知 P、i 的情况下查出 n，或在已知 P、n 的情况下查出 i。

与单利情况相似，复利终值和复利现值互为逆运算，复利终值系数和复利现值系数互为倒数。

4．年金终值和年金现值

年金(annuity)是指在一定时期内每期有相等金额的收付款项，如分期付款赊购，分期偿还贷款，发放养老金，提取折旧，支付租金等都属于年金收付形式。按照收付的次数和支付时间的不同，年金一般可分为：

① 普通年金(后付年金)：每期末等额收款或付款的年金；

② 即付年金(先付年金)：每期初等额收款或付款的年金；

③ 递延年金：距今若干期后发生的每期期末等额收款或付款的年金；

④ 永续年金：无限期连续收款或付款的年金。

虽然被称为年金，但系列等额收付的间隔期间可以不是一年，只需相等即可称为年金，例如每季度末等额支付的债券利息也是年金的一种形式。

在年金的相关计算中，设定以下符号：

A—每年收付的金额；i—利率；F—年金终值；P—年金现值；n—期数。

1) 普通年金的终值和现值

普通年金(ordinary annuity)的基本内涵如图 3-1 所示，普通年金在每期末都有一系列等额的收付款项。图 3-1 中，横轴代表时间，用数字标出各期；竖线代表年金支付的时间，竖线下的数字表示收付的金额。

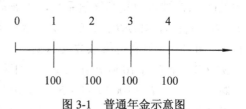

图 3-1　普通年金示意图

根据图 3-1 的数据，假设 $i = 6\%$，则第 4 期期末普通年金终值的计算如图 3-2。

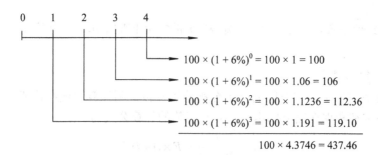

$100 \times (1+6\%)^0 = 100 \times 1 = 100$

$100 \times (1+6\%)^1 = 100 \times 1.06 = 106$

$100 \times (1+6\%)^2 = 100 \times 1.1236 = 112.36$

$100 \times (1+6\%)^3 = 100 \times 1.191 = 119.10$

$100 \times 4.3746 = 437.46$

图 3-2　普通年金终值的计算

从图 3-2 的计算中可以看出，通过复利终值计算年金终值比较复杂，但仍有其规律性，由此可以推导出普通年金的计算公式，其过程如下：

$$F = A + A \times (1+i) + A \times (1+i)^2 + A \times (1+i)^3 + \cdots + A \times (1+i)^{n-1} \tag{1}$$

等式两边同时乘以 $(1+i)$，则有

$$F \times (1+i) = A \times (1+i) + A \times (1+i)^2 + A \times (1+i)^3 + \cdots + A \times (1+i)^n \tag{2}$$

令式(2) – 式(1)，得到

$$F \times i = A \times [(1+i)^n - 1]$$

最终得到

$$F = \frac{A \times [(1+i)^n - 1]}{i}$$

式中的 $\dfrac{(1+i)^n - 1}{i}$ 通常被称为"年金终值系数"，用符号 $(F/A, i, n)$ 表示。年金终值系数可以通过查"年金终值系数表"(见附录 C)获得。

例 3-5 某公司每年在银行存入 40 000 元，计划在 10 年后换置大型设备。银行存款利率为 5%，则第 10 年末公司可利用的资金总额有多少？

解 $F = \dfrac{A \times [(1+i)^n - 1]}{i} = \dfrac{40000 \times [(1+5\%)^{10} - 1]}{5\%} = 40000 \times 12.578 = 503120\,(元)$

例 3-6 某人计划在 3 年后偿还一笔 10 000 元的债务，假设年利率为 5%，那么每年年末应等额存入多少款项？

解 由 $F = \dfrac{A \times [(1+i)^n - 1]}{i}$，经变形可得

$$A = \frac{F \times i}{(1+i)^n - 1} = \frac{10000 \times 1}{(F/A, 5\%, 3)} = \frac{10000 \times 1}{3.1525} = 3172.09\,(元)$$

例 3-6 是根据年金终值 F 求年金 A，变形后的 $\dfrac{i}{(1+i)^n - 1}$ 被称为偿债基金系数，用符号 $(A/F, i, n)$ 表示，它是年金终值系数的倒数。偿债基金是为了在约定的未来某一时刻清偿某笔债务而计划分次等额形成的存款准备金，计算出来的 A 被称为偿债基金。偿债基金系数和普通年金终值系数互为倒数。

普通年金的现值是指为了在未来一定时期内每期期末取得相等金额的款项现在需要投入的金额。根据图 3-1 的数据，假定 $i = 6\%$，其普通年金的现值计算如图 3-3 所示。

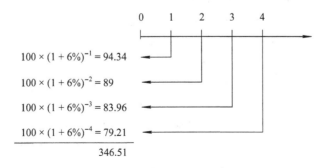

图 3-3　普通年金现值的计算

根据图 3-3，可推出年金现值 P 的计算公式，其过程如下：

$$P = \frac{A}{(1+i)} + \frac{A}{(1+i)^2} + \frac{A}{(1+i)^3} + \cdots + \frac{A}{(1+i)^n} \tag{3}$$

等式两边同时乘以 $(1+i)$，则有

$$P(1+i) = A + \frac{A}{(1+i)} + \frac{A}{(1+i)^2} + \frac{A}{(1+i)^3} + \cdots + \frac{A}{(1+i)^{n-1}} \tag{4}$$

式(4) − 式(3)可得

$$P \times i = A[1 - \frac{1}{(1+i)^n}]$$

最终可得

$$P = \frac{A \times [1 - 1/(1+i)^n]}{i}$$

式中的 $\dfrac{1 - 1/(1+i)^n}{i}$ 被称为"年金现值系数"，用符号 $(P/A, i, n)$ 表示。年金现值系数可以通过查"年金现值系数表"(见附录 D)获得。

例 3-7　某汽车 4S 店预计在 8 年中，每年从一位消费者手中收取 10 000 元的汽车贷款还款，贷款利率为 6%，则该贷款的现值是多少？

解　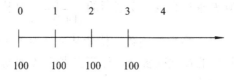
$$P = \frac{A \cdot [1 - 1/(1+i)^n]}{i} = \frac{10000 \times [1 - 1/(1+6\%)^8]}{6\%} = 10000 \times 6.2098 = 62098 \text{（元）}$$

2) 先付年金终值和现值的计算

先付年金(annuity due)是指一定时期内每期期初等额的系列收付款项，又称预付年金，如图 3-4 所示。

```
    0    1    2    3    4
    |────|────|────|────────▶
    100  100  100  100
```

图 3-4　先付年金示意图

先付年金的终值是指每期期初收付款项的复利终值之和。例如，按照图 3-4 的数据，假定 $i = 6\%$，第 4 期期末的年金终值的计算过程如图 3-5 所示。

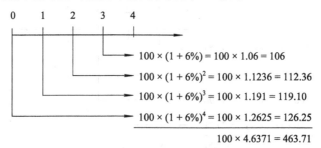

$100 \times (1 + 6\%) = 100 \times 1.06 = 106$

$100 \times (1 + 6\%)^2 = 100 \times 1.1236 = 112.36$

$100 \times (1 + 6\%)^3 = 100 \times 1.191 = 119.10$

$100 \times (1 + 6\%)^4 = 100 \times 1.2625 = 126.25$

$100 \times 4.6371 = 463.71$

图 3-5　先付年金终值的计算

从图 3-5 所示的计算中可以看出，先付年金与普通年金的付款期数相同，但由于其付款时间在期初，因此先付年金终值比普通年金终值多计算一期利息。故而在普通年金终值的基础上乘以 $(1 + i)$ 就是先付年金的终值。

先付年金的终值 F 的计算公式为

$$F = A \cdot \frac{(1+i)^n - 1}{i} \cdot (1+i) = A \cdot \frac{(1+i)^{n+1} - (1+i)}{i} = A \cdot [\frac{(1+i)^{n+1} - 1}{i} - 1]$$

$$= A \cdot [(F/A, \ i, \ n + 1) - 1]$$

"先付年金终值系数" $[(F/A, i, n + 1) - 1]$，是在普通年金终值系数的基础上，期数 n 加 1，系数减 1 得到的。利用年金终值系数表查到 $(n + 1)$ 期的系数值后减去 1，就得到了先付年金终值的系数。

例 3-8 赵先生为给儿子准备教育资金，计划连续 10 年于每年年初存入银行 5000 元，若银行存款年利率为 5%，则王先生在第 10 年末一次能取出本利和有多少钱？

解
$$F = A \cdot [\frac{(1+i)^{n+1} - 1}{i} - 1] = 5000 \times [(F/A, \ 5\%, \ (10 + 1) - 1]$$

$$= 5000 \times (14.207 - 1)$$

$$= 66 \ 035 \ (元)$$

先付年金现值，相当于将普通年金的第一期年金扣除，看成是 $(n - 1)$ 期普通年金，然后再加上第一期年金，就得到了先付年金现值计算公式：

$$P = A \cdot \frac{1 - (1+i)^{-n}}{i} \cdot (1+i) = A \cdot [\frac{(1+i) - (1+i)^{-(n-1)}}{i}] = A \cdot [\frac{1 - (1+i)^{-(n-1)}}{i} + 1]$$

式中 $[\frac{1 - (1+i)^{-(n-1)}}{i} + 1]$ 被称为 "先付年金现值系数"，该系数是在普通年金现值系数的基础上，期数减 1，系数加 1 得到的，通常用符号 $[(P/A, i, n - 1) + 1]$ 表示。先付年金现值系数可通过 "年金现值系数表" 查到利率为 i 时 $(n - 1)$ 期的值，然后加上 1 就可得到。

例 3-9 王先生采用分期付款方式购入商品房一套，每年年初付款 20 000 元，分 10 年付清。如银行利率为 8%，该项分期付款相当于一次付现支付多少钱？

解
$$P = A \cdot [\frac{1 - (1+i)^{-(n-1)}}{i} + 1] = 20 \ 000 \times [(P/A, \ 8\%, \ (10 - 1) + 1]$$

$$= 20 \ 000 \times (6.2469 + 1)$$

$$= 144 \ 938 \ (元)$$

3) 递延年金的计算

递延年金(deferred annuity)是指第一次收付款项发生的时间是在第二期后的某一时刻的年金，形式如图 3-6。

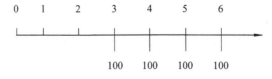

图 3-6　递延年金示意图

递延年金是普通年金的一种特殊形式。一般用 m 表示递延期数，图 3-6 中 $m = 2$。从第三期开始连续 4 期发生等额收付款项，$n = 4$。

递延年金的终值大小与递延期数 m 无关，所以递延年金终值的计算方法与普通年金终值计算方法相同。即 $F = A \times \dfrac{(1+i)^n - 1}{i}$。

递延年金的现值有两种计算方法：

方法一：首先把递延年金看作是 n 期普通年金，计算出递延期 m 期末的现值，然后再将该现值进一步折现到第一期期初。其计算公式为

$$P = A \cdot (P/A,\ i,\ n) \cdot (P/F,\ i,\ m)$$

方法二：假设递延期内也发生年金，先求得 $(m + n)$ 期普通年金的现值，然后计算出 m 期的年金现值，最后从 $(m + n)$ 期现值中扣除 m 期的年金现值。即：

$$P_n = P_{(m+n)} - P_{(m)}$$

例 3-10　某种保险要求一次性支付保费，第 11 年至第 20 年每年末可领取保险金 600 元。若银行利率为 8%，那么现值一次支付多少保险费才有利？

解　方法一：

$$\begin{aligned} P &= 600 \times (P/A,\ 8\%,\ 10) \times (P/F,\ 8\%,\ 10) \\ &= 600 \times 6.7101 \times 0.4632 \\ &= 1864.87\ (元) \end{aligned}$$

方法二：

$$\begin{aligned} P &= 600 \times [(P/A,\ 8\%,\ 20) - (P/A,\ 8\%,\ 10)] \\ &= 600 \times (9.8181 - 6.7101) \\ &= 1864.8\ (元) \end{aligned}$$

4) 永续年金的计算

永续年金是指无限期支付的年金，典型的代表是优先股股利。因为年金支付是无限期的，所以永续年金无终值。永续年金的现值即当 $n \to \infty$ 时普通年金现值的取值。根据普通年金现值计算公式

$$P = A \cdot \frac{1 - 1/(1+i)^n}{i}$$

当 $n \to \infty$ 时，

$$\frac{1}{(1+i)^n} \to 0$$

所以

$$P = \frac{A \cdot 1}{i} = \frac{A}{i}$$

例 3-11　某公司在大学设置奖学金基金。计划奖学金每年发放一次，每次发出奖学金 20 000 元。该奖学金的基金保存在银行，银行一年定期利率为 4%。公司需出资多少设置该基金？

解

$$P = \frac{A}{i} = \frac{20000}{4\%} = 500\,000\ (元)$$

3.2 风 险 价 值

风险与报酬贯穿于整个财务管理过程，是影响企业价值的基本因素。妥善处理风险与报酬之间的关系是增加企业价值的需要，也是企业财务管理工作的基本内容。

3.2.1 风险概述

1．风险的概念

风险是现代企业财务管理环境的一个重要特征，在企业财务管理的每一个环节都不可避免地要面对风险。

风险是指当企业采取某一行动时，在一定条件和一定时期内，可能发生的各种结果的变动性，即预期结果的不确定性。风险不仅包括负面效应的不确定性，还包括正面效应的不确定性。从财务管理的角度看，风险就是企业在各项财务活动过程中，由于各种难以预料或无法控制的因素的作用，使企业的实际收益与预计收益发生背离，从而蒙受经济损失的可能性。

2．风险的分类

投资者面临的风险多种多样，可以从不同角度对风险进行分类。

(1) 按投资的全部风险是否可以分散，可分为系统性风险和非系统性风险。

系统性风险又称为市场风险或不可分散风险，是通过所有资产、市场的事件引起，不可能通过投资分散化而分散、降低的风险。影响这些风险的因素主要包括宏观经济形势的走向、国家经济政策的改变、政治因素和世界能源供给状况等。这类事件影响到所有的被投资对象，投资风险不可能通过多样化投资予以分散。

非系统风险又被称为企业特有风险或可分散风险，是由那些只影响个别投资对象的事件引起的，可以通过资产组合分散并降低的风险。非系统风险与特定企业或行业相关，与政治、宏观经济和其他能影响所有资产的市场因素无关。如新产品开发失败、企业的法律纠纷、生产停顿等。这类事件只与个别企业个别投资对象有关。

(2) 按非系统性风险的来源划分，包括经营风险和财务风险。

经营风险是指企业因生产经营方面的原因给企业盈利带来的不确定性。企业在供、产、销各环节都存在各种不确定性，都会引起企业经营风险。如原材料供应中因政治经济情况变动，运输方式改变，价格变动等造成供应方面的风险；由于生产产品质量不合格，事故等因素造成的生产方面的风险；由于消费者偏好发生改变，销售失误，推销不利等造成的销售方面的风险。产生经营风险的因素既可以是企业内部的，也可以是企业外部的。

财务风险是指由于举债而给企业财务成果带来的不确定性。企业举债经营，意味着企业全部资金中有一部分借入资金，这会对企业股权资金的盈利能力产生影响，同时借入资金需要还本付息，一旦企业无力偿付到期债务，企业便会陷入财务困境，甚至破产。财务风险是由企业总体决定的，而不是由企业单项资产决定的，这一点与经营风险不同。财务风险的主要影响因素有：财务杠杆、债务利率的高低、债务到期日的长短、息税前利润的高低、资产的流动性及企业筹资能力等。

3. 风险收益

资金时间价值说明了企业在无风险情况下得到的投资收益。但企业投资往往是在有风险的情况下进行的，冒风险，就会得到相应的报酬。风险越大，期望得到的收益就会越多，风险与收益之间是相辅相成的。根据收益的不同含义，投资收益可分为期望收益率、必要收益率和实际收益率。

(1) 期望收益率。由于风险的存在，投资项目的未来收益率是不确定的。这种情况下，可以计算该项目的期望收益率。期望收益率就是未来各可能报酬率的均值，是各种不同收益率的平均数。显然，期望报酬率与实际报酬率不一定相等。但是，投资决策必须在知道实际报酬以前做出。期望收益率可以反映未来实际收益率变动的集中趋势。

(2) 必要收益率。它是投资者对一项投资所要求的最低收益率。只有当一个项目的期望收益率大于必要收益率时，该方案才是可行的。必要收益率的确定有以下几种思路：

① 以资本成本率作为必要收益率。资本成本率是企业所使用资金的成本，是企业筹集资金所花费的代价。投资项目的收益必须能够弥补资本成本，否则方案不可行。

② 以机会成本作为必要收益率。由于资金的稀缺性，选定一个项目意味着必须放弃其他项目。被放弃的投资项目所能获得的收益率，就是被选定项目的机会成本。

③ 以无风险收益率加风险收益率作为必要收益率。无风险收益率即资金的时间价值，通常以中长期国债的利率作为无风险收益率。风险收益率是投资者因为冒风险而期望获得的超过时间价值的额外收益率。

(3) 实际报酬率。它是投资项目结束后或实际运行中实际挣得的收益率。实际收益率与期望收益率、必要收益率之间没有必然联系，实际收益率的高低，取决于实际收益大小、投资额和收益期。

3.2.2　风险的衡量

资产风险的大小可以用资产收益率的离散程度来衡量，离散程度是指资产收益率的各种可能结果与预期收益率的偏差。衡量风险的主要指标有收益率的方差、标准差和标准离差率等。

1. 期望收益率

期望收益率(expected return)是指各种可能收益率的加权平均值。权重为事件发生的概率(p_i)，计算公式为

$$期望收益率(\overline{K}) = \sum_{i=1}^{n}(p_i \cdot k_i)$$

公式中，$\overline{K}$ 是期望收益率，n 表示各种可能事件的个数，k_i 表示第 i 个可能事件的收益率，p_i 表示第 i 个可能事件发生的概率。大量的实证研究表明，收益率多是符合概率的正态分布的。

例3-12　A公司和B公司某经济活动在各种可能情况下的概率和收益率如表3-1所示。计算两个公司的期望收益率。

表 3-1 两公司的概率和收益率

公司	事件	发生概率 p_i	相关收益率 k_i
A 公司	良好	30%	60%
	一般	40%	20%
	失败	30%	−20%
B 公司	良好	30%	25%
	一般	40%	15%
	失败	30%	5%

解 A 公司的期望收益率

$$(\overline{K}) = \sum_{i=1}^{n}(p_i \cdot k_i) = 60\% \times 30\% + 20\% \times 40\% - 20\% \times 30\% = 18\% + 8\% - 6\% = 20\%$$

B 公司的期望收益率

$$(\overline{K}) = \sum_{i=1}^{n}(p_i \cdot k_i) = 25\% \times 30\% + 15\% \times 40\% + 5\% \times 30\% = 7.5\% + 6\% + 1.5\% = 15\%$$

2. 收益率的方差(σ^2)

收益率的方差是用来表示某资产收益率的各种可能结果与其期望值之间的离散程度的一个指标。其计算公式为：

$$\sigma^2 = \sum_{i=1}^{n}|[R_i - E(R)]^2 \times p_i|$$

式中 $E(R)$ 即资产的期望收益率，p_i 是第 i 种可能情况发生的概率；R_i 是在第 i 中可能情况下该资产的收益率。财务管理中，方差使用的相对较少，更常用的是收益的标准差。

3. 收益率的标准差

收益率标准差是反映某资产收益率的各种可能结果对其期望值的偏离程度的一个指标。它是方差的开方。其计算公式为

$$\sigma = \sqrt{\sum_{i=1}^{n}|[R_i - E(R)]^2 \times p_i|}$$

标准差和方差都是以绝对数来衡量某资产的全部风险，在期望收益率相同的情况下，标准差或方差越大，风险越大；反之，则风险越小。由于标准差或方差指标衡量的是风险的绝对值大小，因而不适合比较具有不同的预期收益率的资产的风险。

4. 收益率的标准离差率(V)

标准离差率是收益率的标准差与期望值之比，也称为变异系数。其计算公式为

$$V = \frac{\sigma}{E(R)}$$

标准离差率以相对数来衡量资产的全部风险的大小，表示每单位期望收益所包含的风险，即每一元期望收益所要承担的风险的大小。一般情况下，标准离差率越大，项目的相

对风险越大；反之，相对风险越小。标准离差率可以用来比较具有不同预期收益率的资产的风险。

例3-13 假定 A、B 两项资产的历史收益率如表 3-2 所示。计算：(1) 两项资产的期望收益率；(2) 两项资产的标准差；(3) 两项资产的标准离差率。

表3-2　两项资产的历史收益率

年度	A 资产的收益率(%)	B 资产的收益率(%)
2005	−10	15
2006	5	10
2007	10	0
2008	15	−10
2009	20	30

解：(1)　　　　A 资产的期望收益率 $= (-10\% + 5\% + 10\% + 15\% + 20\%) \div 5$

$$= 8\%$$

B 资产的期望收益率 $= (15\% + 10\% + 0 - 10\% + 30\%) \div 5$

$$= 9\%$$

(2) A 资产的标准差 $= \sqrt{\dfrac{(-10\% - 8\%)^2 + (5\% - 8\%)^2 + (10\% - 8\%)^2 + (15\% - 8\%)^2 + (20\% - 8\%)^2}{4}}$

$$= 11.51\%$$

A 资产的标准差 $= \sqrt{\dfrac{(15\% - 9\%)^2 + (10\% - 9\%)^2 + (0\% - 9\%)^2 + (-10\% - 9\%)^2 + (30\% - 9\%)^2}{4}}$

$$= 15.17\%$$

(3)　　　　　　A 资产标准离差率 $= 11.51\% \div 8\% = 1.44$

B 资产标准离差率 $= 15.17\% \div 9\% = 1.69$

资产的风险可以用历史数据去估算，但由于不同资产的风险受其特性影响较大，加之外界环境因素的变化、预测期望利润率的艰难，均造成了对风险估计的不够可靠、不够准确。因此，在估计某项资产风险大小时，通常采用各种定量方法与管理人员的经验判断相验证来进行综合判断。

3.3　投资组合的风险和报酬

一般情况下，财务风险和报酬之间存在着相匹配的关系，即高风险、高收益，低风险、低收益；但是，在某些情况下财务风险和报酬相匹配的关系将发生矛盾，即高风险、低收益。因此，投资者应根据财务风险与报酬之间的不同关系以及财务风险的不同性质，通过合理的投资组合和风险管理策略来实现预期的投资收益。

投资组合理论认为：若干种证券组成的投资组合，其总收益是这些证券收益的加权平均数，但是总的风险并不是这些证券风险的加权平均风险，故投资组合往往能降低风险。

1. 资产组合及其期望收益率

两个或两个以上的资产所构成的集合就成为资产组合。如果资产组合中的资产均为有价证券，则往往被称为证券组合。

资产组合的期望收益率是组成资产组合的各种资产的期望收益率的加权平均数，其中权数是各种资产在组合中所占的价值比重。其计算公式为

$$K_p = W_A k_A + W_B k_B + \cdots + W_Z k_Z$$

式中，$W_A \cdots W_Z$ 表示证券 $A \cdots Z$ 在该组合中所占的权数；$k_A \cdots k_Z$ 表示证券 $A \cdots Z$ 各自的预期收益率。

2. 资产组合风险的衡量

资产组合风险的衡量不能像计算期望收益率那样，用各个证券标准差的加权平均值计算。我们以两种证券组成的资产组合来分析其风险。两种证券间存在相关性。相关系数一般是从 −1.0 到 +1.0 之间变化的数值，正负号表示两种证券收益变动的方向。若股票 A 和股票 B 的相关系数是 +0.5，则说明股票 A 和股票 B 正相关，即股票 A 的收益增长或降低，股票 B 的收益也增长或降低；若相关系数为 −0.4，则说明两者负相关，即股票 A 的收益增长，股票 B 的收益却降低；若相关系数等于 0，则说明两者不相关。相关系数的绝对值大小表明股票间的相关程度的大小。A、B 两种证券的相关性如图 3-7 所示。

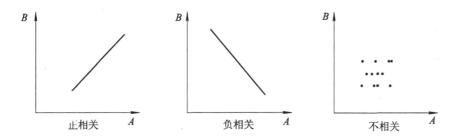

图 3-7 两种证券相关性的三种可能情况

两项资产组合的风险，一般通过组合的标准差 σ_p 进行衡量。其计算公式为

$$\sigma_p = \sqrt{(A_1\sigma_1)^2 + (A_2\sigma_2)^2 + 2 \cdot r \cdot (A_1\sigma_1)(A_2\sigma_2)}$$

式中，σ_p 表示证券组合的标准差，A_i 表示第 i 种证券在组合中所占的价值比重，γ 表示两种证券的相关系数。

由证券组合的标准差计算公式可知，当两种证券完全正相关时，即相关系数等于 +1 的时候，组合的风险完全不能互相抵消，所以这样的组合不能降低任何风险。当两种证券完全负相关时，即相关系数等于 −1 的时候，组合的风险可以充分地相互抵消，甚至完全消除。这样的资产组合可以最大程度地抵消风险。

在实际经济活动中，两项资产具有完全正相关或完全负相关的情况几乎不存在。绝大多数资产两两之间都存在着不完全相关关系，即相关系数在(−1，+1)的区间里，且多数情况下都是大于零的数值。因此，资产组合收益率的标准差小于组合中各资产收益率的标准差的加权平均，也即资产组合的风险小于组合中各资产风险的加权平均值。由于几乎不存在完全负相关的债权组合，所以通过资产组合只能尽可能分散风险，但无法完全消除风险。

当资产组合中资产个数逐渐增加的时候，资产组合的风险也会逐渐降低。但是当个数增加到一定程度时，组合的风险降低就十分有限了。这时资产组合的风险程度趋于平稳，不再发生大的变化。

习　题

1．什么是资金的时间价值？

2．后付年金和先付年金的区别和联系是什么？

3．什么是风险？风险和报酬的关系是怎样的？

4．为什么资产组合一般能降低投资的风险？

5．某公司需要使用一台设备，购价为 9 万元，可用 8 年。如果租用，需每年支付租金 1.5 万元。若利率为 8%，试判断公司应买入还是租用该设备。

6．某矿业公司就一处矿产开采权公开拍卖，有甲、乙两公司竞标。甲公司标书显示，若获得开采权，从第 1 年起每年末向矿业公司交付 10 亿元开采费，直到 10 年后开采期结束。乙公司标书表示，公司在获得开采权时将直接支付矿业公司 40 亿元，在 8 年后结束开采，同时再支付 60 亿元。假设矿业公司的年平均投资回报率为 15%，问应该接受哪个公司的投标？

7．某企业以 16% 的年利率向银行贷款 5000 万元，全部用于某工程项目的建设。该项目当年完工投产。

(1) 投产后若计划分 8 年等额归还借款及利息，则每年年末应还款多少？

(2) 若投产后每年可获得 1500 万元的净利润，全部用于归还借款本息，则需多少年才能还清？

8．某公司准备投资开发新产品，现有三个方案可供选择。根据市场预测，三种不同市场状况的预计年报酬率如下表：

市场状况	发生概率	预计年报酬率(%)		
		A 产品	B 产品	C 产品
繁荣	0.30	30	40	50
一般	0.50	15	15	15
衰退	0.20	0	−15	−30

试计算投资开发各种新产品的风险大小。

第4章　财务报表与财务信息

✦ **学习目标：**

　　(1) 掌握资产负债表的概念、结构和提供的财务信息；

　　(2) 掌握利润表的概念、内容和提供的财务信息；

　　(3) 掌握现金流量表的内容和提供的信息。

✦ **学习重点：**

　　资产负债表；利润表。

4.1　资产负债表

4.1.1　资产负债表的内容

　　资产负债表(The Balance Sheet)亦称财务状况表，表示企业在某一时点(通常为各会计期末)所拥有的全部资产、负债和所有者权益存量及其结构的报表，是反映企业财务状况的主要会计报表。财务状况(Financial Situation)是指一定时期的企业经营活动体现在财务上的资金筹集与资金运用状况，它是企业一定期间内经济活动过程及其结果的综合反映。

　　资产负债表是一个静态报表。

　　1) 资产

　　资产(Asset)是指企业过去的交易或者事项形成的、由企业拥有或控制的、预期会给企业带来经济利益的资源。中国《企业会计准则——基本准则》将资产定义为："企业拥有或控制的能以货币计量的经济资源，包括各种财产、债权和其他权利。"这一定义，忽略了企业资产应当具有的最基本的性质，即"预期会给企业带来未来经济利益"这个本质特征。但是，从另一个角度来看，我国对资产的定义回避了未来经济利益过于抽象、无法计量的矛盾，又具有一定的合理性。

　　资产按照不同的标准，可以分为不同的类别。按耗用期限的长短，可分为流动资产和长期资产；按是否有实体形态，可分为有形资产和无形资产。目前，我国会计实务中，主要将资产分为流动资产、长期投资、固定资产、无形资产、递延资产等类别。

　　流动资产：指可以在一年或者超过一年的一个营业周期内变现或耗用的资产，一般包括现金及银行存款、短期投资、应收及预付款项、存货等。

　　长期投资：指不准备在一年内变现的投资，包括股票投资、债券投资和其他投资。

固定资产：指使用年限在一年以上，单位价值在规定标准以上，并在使用过程中保持原来物质形态的资产，包括房屋及建筑物、机器设备、运输设备、工具器具等。

无形资产：指企业长期使用而没有实物形态的资产，包括专利权、非专利技术、商标权、著作权、土地使用权、商誉等。

递延资产：指不能全部计入当期损益，应当在以后年度内分期摊销的各项费用，包括开办费、租入固定资产的改良支出等。

2) 负债

负债(Liability)是指企业过去的交易或事项形成的、预期会导致经济利益流出企业的现时义务。负债是企业承担的、以货币计量的在将来需要以资产或劳务偿还的债务。它代表着企业偿债责任和债权人对资产的求索权。负债一般按其偿还速度或偿还时间长短划分为流动负债和长期负债两类。

流动负债：指将在 1 年或超过 1 年的一个营业周期内偿还的债务，主要包括短期借款、应付票据、应付账款、预收货款、应付工资、应交税金、应付利润、其他应付款等。

长期负债：指偿还期在 1 年或超过 1 年的一个营业周期以上的债务，包括长期借款、应付债券、长期应付款等。

3) 所有者权益

所有者权益(Owner's Equities)是指资产扣除负债后由所有者应享的剩余利益。即一个会计主体在一定时期所拥有或可控制的具有未来经济利益资源的净额。公司的所有者权益又称为股东权益。

我国《企业会计制度》对所有者权益的定义为企业投资人对企业净资产的所有权。净资产是指企业的资产总额减去负债总额后的余额。所有者权益由实收资本、资本公积、盈余公积和未分配利润四部分构成。

实收资本：企业的实收资本是指投资者按照企业章程，或合同、协议的约定，实际投入企业的资本。

资本公积：资本本身升值或其他原因而产生的投资者的共同的权益。包括资本(或股本)溢价、接受捐赠资产、外币资本折算差额等。

盈余公积：企业从实现的利润中提取或形成的留存于企业内部的积累。

未分配利润：企业留于以后年度分配的利润或待分配利润。

4.1.2　资产负债表的基本结构

资产负债表一般有两种结构：账户式和报告式。账户式又称为水平式，依据"资产=负债+所有者权益"的会计恒等式编制，其资产项目按一定顺序列示于报表的左方，负债和股东权益项目列示于报表的右方，报表左右两方总额相等，资产、负债和权益的恒等关系一目了然。表 4-1 给出了账户式资产负债表的基本内容和形态。我国采用账户式资产负债表。

报告式资产负债表又称垂直式，依据"资产 – 负债 ＝ 所有者权益"的原理，把资产、负债、股东权益三大要素自上而下排列，所有资产类项目按一定顺序列示报表上部，其次列为负债，最后列示股东权益。其简单格式如表 4-2 所示。

表 4-1 账户式资产负债表样表

××公司资产负债表

编制单位：××有限公司　　　　　　　　2010 年 12 月 31 日　　　　　　　　单位：万元

资　　产	期末余额	年初余额	负债和所有者权益 (或股东权益)	期末余额	年初余额
流动资产：			流动负债：		
货币资金			短期借款		
交易性金融资产			交易性金融负债		
应收票据			应付票据		
应收账款			应付账款		
预付款项			预收款项		
应收利息			应付职工薪酬		
应收股利			应交税费		
其他应收款			应付利息		
存货			应付股利		
一年内到期的非流动资产			其他应付款		
其他流动资产			一年内到期的非流动负债		
流动资产合计			其他流动负债		
非流动资产：			流动负债合计		
可供出售金融资产			非流动负债：		
持有至到期投资			长期借款		
长期应收款			应付债券		
长期股权投资			长期应付款		
投资性房地产			专项应付款		
固定资产			预计负债		
在建工程			递延所得税负债		
工程物资			其他非流动负债		
固定资产清理			非流动负债合计		
生产性生物资产			负债合计		
油气资产			所有者权益(或股东权益)：		
无形资产			实收资本(或股本)		
开发支出			资本公积		
商誉			减：库存股		
长期待摊费用			盈余公积		
递延所得税资产			未分配利润		
其他非流动资产			所有者权益(或股东权益)合计		
非流动资产合计					
资产总计			负债和所有者权益(或股东权益)总计		

表 4-2　报告式资产负债表样表

××公司资产负债表

编制单位：××公司　　　　　　2010 年 12 月 31 日　　　　　　单位：万元

项目	金额		
	2008 年	2008 年	2010 年
资产			
流动资产			
长期投资			
固定资产原值			
减：固定资产折旧			
固定资产净值			
无形资产			
长期待摊费用			
其他资产			
资产总计			
负债			
流动负债			
长期负债			
其他负债			
负债合计			
所有者权益			
实收资本			
资本公积			
盈余公积			
未分配利润			
所有者权益合计			

资产负债表必须定期对外公布和报送外部与企业有经济利害关系的各个单位和个人(包括股票持有者，长、短期债权人，政府有关机构)。当资产负债表列有上期期末数或前几期期末数时，称为"比较资产负债表"，如表 4-2 中列出了某企业前后 3 年的财务数据，通过前后期资产负债的比较，可以反映出企业财务变动状况。

4.1.3　资产负债表提供的财务信息

资产负债表主要提供有关企业财务状况方面的信息。通过资产负债表，利益相关者首先可以了解企业在某一日期资产的总额及其结构，了解企业拥有或控制的资源及其分布情况；其次可以了解企业某一日期的负债总额及债务结构，表明企业未来需要用多少资产或劳务清偿债务以及清偿时间；第三可以了解所有者所拥有的权益，据以判断资本保值、增值的情况以及对负债的保障程度。

资产负债表给投资者及财务人员等提供了进行财务分析的基本资料，根据资产负债表的相关数据，可以计算出流动比率、速动比率等，进而判断出在企业某个时间企业的变现能力、偿还短期债务的能力、资金周转能力和公司经营的稳健性，为会计报表使用者进行经济决策提供依据。

1. 资产负债表的水平分析

水平分析是指将各分析期的资产负债表各项目数值与基期(上年或计划、预算)数据进行比较，计算出各项目的变动额、变动率以及该项目对资产总额、负债总额和所有者权益总额的影响程度。以下从财务分析的角度对资产负债表的水平分析进行简单说明。

第一，从投资或资产角度进行分析评价。

① 分析总资产规模的变动状况以及各类、各项资产的变动状况；

② 分析资产变动的合理性与效率性；

③ 考察资产规模变动与所有者权益总额变动的适应程度，进而评价企业财务结构的稳定性和安全性。

第二，从筹资或权益角度进行分析评价。

① 分析权益总额的变动状况；

② 分析各类、各项借贷、筹资的变动状况。

第三，对以上资产负债表变动原因的分析评价。

2. 垂直分析

垂直分析是指通过计算资产负债表中各项目占总资产或权益总额的比重，分析和评价企业资产结构和权益结构变动的合理程度及稳健性。

第一，资产结构的分析评价。

资产结构的分析评价，既可以从静态角度观察企业资产的配置情况，通过与行业平均水平或可比企业的资产结构比较，评价其合理性；也可以从动态角度分析资产结构的变动情况，对资产的稳定性做出评价。评价方法主要是将指标值与同行业平均水平或财务计划确定的目标进行比较。具体包括：经营资产与非经营资产的比例关系；固定资产和流动资产的比例关系；流动资产的内部结构关系。

第二，资本结构的分析评价。

资本结构的分析评价同样可以从静态角度观察资本的构成，结合企业盈利能力和经营风险，评价其合理性；也可以从动态角度分析资本结构的变动情况，分析其对股东收益产生的影响。主要有负债结构分析和筹资方式分析等，前者对企业负债结构与负债规模、负债成本、债务偿还期限等关系进行客观评价；后者分析企业筹资方式与经济环境、筹资政策、融资成本比较等因素。

第三，权益结构的分析评价。

股东权益结构分析应考虑的因素有股东权益结构与股东权益总量、企业利润分配政策、股东权益结构与企业控制权等方面。

通过对企业资产结构和资本结构、权益结构的比较，对企业的资产负债表分析结果分为以下几种类型：

① 保守型结构。保守型结构指企业大部分资产的资金来源都是长期资本，即所有者权益和非流动负债。企业的财务风险较低，但相对来说资本成本较高；筹资结构弹性较弱，实际生活中很少被企业采用。

② 稳健型结构。稳健型结构指非流动资产依靠长期资金解决，流动资产需要长期资金和短期资金共同解决。企业的财务风险较小，负债资本相对较低，筹资结构具有一定的弹性，大部分企业属于这一类型。

③ 平衡型结构。平衡型结构指非流动资产用长期资金满足，流动资产用流动负债满足。当二者结构适度时，企业风险较小，且资本成本较低。当二者不适应时，有可能使企业陷入财务危机。

④ 风险型结构。风险型结构指流动负债不仅用于满足流动资产的资金需要，而且用于满足部分非流动资产的资金需要。对企业来说，资本成本最低，但财务风险较大，这类企业一般资产流动性很好且经营现金流量较充足。

4.2　利　润　表

利润表是反映企业在一定会计期间经营成果的报表，也称为损益表。由于它反映的是某一期间的情况，所以，又称为动态报表。通过利润表，可以评价企业一定会计期间的收入实现情况、费用支出情况，并通过两者的比较核算出企业生产经营活动的成果，即净利润的实现情况，用以判断一段经营时间后资本保值、增值情况。

4.2.1　利润表的内容

利润表主要反映以下几方面的内容：

(1) 构成主营业务利润的各项要素。从主营业务收入出发，减去为取得主营业务收入而发生的相关费用、税金后得出主营业务利润。

(2) 构成营业利润的各项要素。营业利润在主营业务利润的基础上，加上企业本期其他业务利润，减去营业费用、管理费用、财务费用后得出的金额。

(3) 构成利润总额(或亏损总额)的各项要素。利润总额(或亏损总额)是在营业利润的基础上加(减)投资收益(损失)、营业外收支等项目后得出的金额。

(4) 构成净利润(或净亏损)的各项要素。净利润(或净亏损)是在利润总额(或亏损总额)的基础上，减去计入本期损益的所得税费用后的余额，即企业的税后利润。

在利润表中，企业通常按各项收入、费用以及构成利润的各个项目分类分项列示。也就是说收入按其重要性进行列示，主要包括营业收入、投资收益、补贴收入、营业外收入；费用按其性质进行列示主要包括营业成本、费用营业税金及附加、销售费用、管理费用、财务费用、营业外支出、所得税费用等；利润按营业利润、利润总额和净利润等利润的构成分类分项列示。

4.2.2 利润表的格式

利润表根据"收入 – 费用 = 利润"这一公式，按一定标准和次序，把企业一定时期内的收入、费用和利润项目予以适当排列编制而成，反映了企业经营业绩的主要来源和构成。

利润表常见的格式有两种：单步式利润表和多步式利润表。我国《企业会计准则》规定，利润表采用报告式多步表格，利润表中的利润是通过多个步骤计算出来的。

1. 单步式利润表

单步式利润表(Single-step Income Statement)是将当期所有的收入列在一起然后将所有的费用列在一起两者相减得出当期净损益。因为只有一个相减的计算步骤，故称单步式。单步式利润表格式见表 4-3。

表 4-3 单步式利润表样表

利 润 表

编制单位：　　　　　　　2010 年 12 月 31 日　　　　　　单位：元

项目	行次	本月数	本年累计数
一、收入			
营业收入			
投资收益			
营业外收入			
收入合计			
二、费用			
营业成本			
营业税金及附加			
销售费用			
管理费用			
财务费用			
资产减值损失			
营业外支出			
所得税费用			
费用合计			
三、净利润			

如表 4-3 所示，单步式利润表分为收入、费用和净利润三部分。收入包括营业收入、营业外收入和投资收益等；费用包括营业成本、营业税金及附加、销售费用、管理费用、财务费用等；净利润是两者计算的结果。单步式利润表对于营业成本和一切费用支出一视同仁，不分彼此先后，不像多步式利润表中必须区分费用和支出与收入配比的先后层次。

2．多步式利润表

多步式利润表(Multiple-step Income Statement)是通过对当期的收入、费用、支出项目按性质加以归类，按利润形成的主要环节列示一些中间性利润指标，如主营业务利润、营业利润、利润总额、净利润，分步计算当期净损益。

多步式利润表的损益计算通常分为如下 4 个步骤(参照表 4-4)：

(1) 以营业收入为基础，减去营业成本、营业税金及附加、销售费用、管理费用、财务费用、资产减值损失，加上公允价值变动收益和投资收益，计算出营业利润；

(2) 以营业利润为基础，加上营业外收入，减去营业外支出，计算出利润总额；

(3) 以利润总额为基础，减去所得税费用，从而计算出净利润(或亏损)；

(4) 如果是股份公司，计算每股收益。

表 4-4　多步式利润表样表

编制单位：××公司　　　　　　　2010 年　　　　　　　　　单位：元

项　　目	本期金额	上期金额
一、营业收入		
减：营业成本		
营业税金及附加		
销售费用		
管理费用		
财务费用		
资产减值损失		
加：公允价值变动收益(损失以"－"号填列)		
投资收益(损失以"－"号填列)		
其中：对联营企业和合营企业的投资收益		
二、营业利润(亏损以"－"号填列)		
加：营业外收入		
减：营业外支出		
其中：非流动资产处置损失		
三、利润总额(亏损总额以"－"号填列)		
减：所得税费用		
四、净利润(净亏损以"－"号填列)		
五、每股收益		
(一) 基本每股收益		
(二) 稀释每股收益		

多步式利润表便于对企业生产经营情况进行分析，有利于不同企业之间进行比较。更重要的是，利用多步式利润表有利于预测企业今后的盈利能力。

4.2.3　利润表提供的基础财务信息

利润表反映了公司在一定时期内的经营成果，解释了公司财务状况发生变动的主要原因。对利润表总体上的分析，可直接了解公司的盈利状况和获利能力，并通过收入、成本费用的分析，较为具体地把握公司获利能力高低的原因。其次，通过企业利润构成的结构分析，可以在一定程度上把握企业持续产生盈利的能力，以及利润形成的合理性。

对利润表的分析，主要是针对各项利润的增减变动、结构增减变动及影响利润的收入与成本进行分析。

(1) 利润额增减变动分析。通过对利润表的水平分析，从利润的形成角度，反映利润额的变动情况，揭示企业利润形成过程及过程中可能存在的问题。

(2) 利润结构变动情况分析。利润结构变动分析，主要是在对利润表进行垂直分析的基础上，揭示与各项利润相关的成本费用与收入的配比关系，以反映企业各环节的利润构成、利润及成本费用水平。

(3) 企业收入分析。企业收入分析的内容包括：收入的确认与计量分析；影响收入的价格因素与销售量因素分析；企业收入的构成分析等。

(4) 成本费用分析。成本费用分析包括产品销售成本分析和期间费用分析两部分。产品销售成本分析包括销售总成本分析和单位销售成本分析；期间费用分析包括销售费用分析和管理费用分析。

利润表中的信息与资产负债表中的信息相结合，还可以提供进行财务分析的基本资料，如将净利润与资产总额进行比较，计算出资产收益率等，可以反映企业盈利能力和水平；分析企业偿债能力，也应结合利润表，因为一个企业的偿债能力同其获利能力密切相关。关于具体财务分析指标的说明和计算，详见本书第 5 章的相关内容。

4.3　现金流量表

现金流量表(Statement of Cash Flows)是反映企业一定时期内现金流入与流出及其平衡状况的动态报表。现金流量表是企业三个基本年度财务报表之一，是资产负债表和利润表的重要补充说明。

4.3.1　现金流量表的内容和格式

现金流量表是以现金及现金等价物为基础编制的，综合反映企业在一定时期内的现金收入和现金支出情况的会计报表，其组成内容与资产负债表和损益表一致。通过现金流量表，可以概括反映经营活动、投资活动和筹资活动对企业现金流入流出的影响。所谓现金等价物是指企业持有的期限短、流动性强、价值变动风险小、易于转换为确定金额的现金的投资。现金流量表样表如表 4-5 所示。

表 4-5 现金流量表样表

现 金 流 量 表

编制单位：　　　　　　　　　　　　年　　月　　　　　　　　　　　　单位：元

项　　　目	行次	金额	补 充 资 料	行次	金额
一、经营活动产生的现金流量：			1. 将净利润调节为经营活动现金流量：		
销售商品、提供劳务收到的现金	1		净利润	57	
收到的税费返还	3		加：计提的资产减值准备	58	
收到的其他与经营活动有关的现金	8		固定资产折旧	59	
现金流入小计	9		无形资产摊销	60	
购买商品、接受劳务支付的现金	10		长期待摊费用摊销	61	
支付给职工以及为职工支付的现金	12		待摊费用减少(减：增加)	64	
支付的各项税费	13		预提费用增加(减：减少)	65	
支付的其他与经营活动有关的现金	18		处置固定资产、无形资产和其他长期资产的损失(减：收益)	66	
现金流出小计	20		固定资产报废损失	67	
经营活动产生的现金流量净额	21		财务费用	68	
二、投资活动产生的现金流量：			投资损失(减：收益)	69	
收回投资所收到的现金	22		递延税款贷项(减：借项)	70	
取得投资收益所收到的现金	23		存货的减少(减：增加)	71	
处置固定资产、无形资产和其他长期资产所收回的现金净额	25		经营性应收项目的减少(减：增加)	72	
收到的其他与投资活动有关的现金	28		经营性应付项目的增加(减：减少)	73	
现金流入小计	29		其他	74	
购建固定资产、无形资产和其他长期资产所支付的现金	30		经营活动产生的现金流量净额	75	
投资所支付的现金	31				
支付的其他与投资活动有关的现金	35				
现金流出小计	36				
投资活动产生的现金流量净额	37		2. 不涉及现金收支的投资和筹资活动：		
三、筹资活动产生的现金流量：			债务转为资本	76	
吸收投资所收到的现金	38		一年内到期的可转换公司债券	77	
借款所收到的现金	40		融资租入固定资产	78	
收到的其他与筹资活动有关的现金	43				
现金流入小计	44				
偿还债务所支付的现金	45				
分配股利、利润或偿付利息所支付的现金	46		3. 现金及现金等价物净增加情况：		
支付的其他与筹资活动有关的现金	52		现金的期末余额	79	
现金流出小计	53		减：现金的期初余额	80	
筹资活动产生的现金流量净额	54		加：现金等价物的期末余额	81	
四、汇率变动对现金的影响	55		减：现金等价物的期初余额	82	
五、现金及现金等价物增加额	56		现金及现金等价物净增加额	83	

企业负责人：　　　　　　　　　　财务负责人：　　　　　　　　　　制表人：

现金流量表的编制比较复杂，详细内容参见相关财务会计教材。

4.3.2 现金流量表的分析

现金流量表是以收付实现制为基础编制的，反映企业在一定时期内现金收入和现金支出情况的报表。对现金流量表的分析，既要把握该表的结构及特点，又要结合利润表和资产负债表进行综合分析，以求全面、客观地评价企业的财务状况和经营业绩。

1．现金流量及其结构分析

企业的现金流量由经营活动产生的现金流量、投资活动产生的现金流量、筹资活动产生的现金流量三部分构成。

分析现金流量的规模及其结构，可以了解企业现金的来源和用途构成，评价企业经营状况、筹资能力和资金实力。

(1) 经营活动产生的现金流量分析。

通过将企业销售商品、提供劳务收到的现金与购进商品、接受劳务付出的现金进行比较，若其比值较大，一般可以认为企业的销售利润大，销售回款良好，吸纳现金的能力比较强。另外，将企业销售商品、提供劳务收到的现金与经营活动流入的现金总额比较，可计算企业产品销售现款占经营活动流入的现金的比值。若比值较大，说明企业主营业务突出，营销状况良好。而将企业本期经营活动现金净流量与上期进行比较，若有较高增长率，则说明企业具有良好的成长性。

(2) 投资活动产生的现金流量分析。

企业扩大生产规模或形成新的利润增长点时，往往需要大量的现金投入。这个时候企业筹资产生的现金流入量补偿不了流出量，投资活动现金净流量为负数。但如果企业投资决策正确，将会在未来产生更多的现金净流入，企业在将来不会有偿债困难。因此，分析投资活动现金流量，应结合企业当前的投资项目进行，不能简单地以现金净流入还是净流出来评价好坏。

(3) 筹资活动产生的现金流量分析。

一般来说，筹资活动产生的现金净流量越大，企业面临的偿债压力也越大。当然，如果现金净流入量主要来自于企业吸收的权益性资本，则不但没有偿债压力，反而会提高筹资能力。因此，若权益性资本筹集到的现金流入与筹资活动现金总流入比较，其所占比重越大，说明企业财务风险就越低。

(4) 现金流量构成分析。

一般来说，如果企业经营活动现金流入占现金总流入比重较大，则说明企业经营状况较好，财务风险较低，现金流入结构合理。

2．现金流量表与利润表的比较分析

利润是评价企业经营业绩及盈利能力的重要指标，但单纯使用利润表分析利润的取得过程还存在一定的缺陷。由于大多数企业收入费用的确认与计量是以权责发生制为基础的，以此计算的利润常常使一个企业的盈利水平与其真实的财务状况不符。同时由于会计工作中普遍运用配比原则、划分资本性支出和收益性支出等原则，造成利润表中存在相当数量的会计估计值。这就造成仅以利润来评价企业的经营业绩和获利能力往往有失偏颇。比如

有的企业账面利润很大，而现实经营活动中却存在现金入不敷出的问题；而有的企业虽然账面显示巨额亏损，却有可能具有充足的现金，企业经营周转自如。

实质上，利润和现金净流量是两个从不同角度反映企业经营业绩的指标，前者可称之为应计制利润，后者可称之为现金制利润。所以，必须在利润表的基础上结合现金流量表所提供的现金流量信息，特别是经营活动现金净流量的信息进行分析，才有可能客观全面地反映企业的真实财务状况。

(1) 经营活动现金净流量与净利润比较。

企业经营活动现金净流量在同期净利润中所占的比重，一般反映出企业利润的质量高低。比重越高，利润质量越高。一般情况下，企业创造出的利润要给企业带来足够的现金净流量时才是良好的经营。在比较时，一般将投资收益从净利润指标中剔除，以保持和经营活动现金净流量计算口径的一致。

(2) 销售商品、提供劳务收到的现金与主营业务收入比较。

这一比值可大致说明企业通过产品销售回收现金的情况，若其值较大，则说明当期实现的销售收入的较大部分或较快速度地转换成了现金，而不是停留在应收款项的状态。

(3) 投资活动带来的现金流入与投资收益比较，可大致反映企业帐面投资收益的质量。

3. 现金流量表与资产负债表的比较分析

使用现金流量表中的数据与资产负债表中的相关指标进行比较，可以较为客观地评价企业的偿债能力、盈利能力及支付能力。

(1) 偿债能力分析。

企业往往使用流动比率、速动比率等指标来分析企业的偿债能力。但是，不同企业的流动资产结构差异较大，资产质量各不相同，仅用这些指标得出的结论往往有失偏颇。因此，多数企业还使用经营活动现金净流量与资产负债表相关指标进行对比分析，作为流动比率等指标的补充。如：经营活动现金净流量与流动负债之比，用来反映企业经营活动获得现金偿还短期债务的能力，比率越大，说明企业在短期内的偿债能力越强。还可以计算经营活动现金净流量与全部债务之比，用以反映企业用经营活动中所获现金偿还全部债务的能力，这个比率越大，说明企业承担债务的能力越强。

(2) 盈利能力及支付能力分析。

企业运用现金净流量与资产负债表相关指标进行对比分析，作为每股收益、净资产收益率等盈利指标的补充。如：每股经营活动现金净流量与总股本之比，这一比率用来反映每股资本获取现金净流量的能力，比率越高，说明企业支付股利的能力越强。而计算经营活动现金净流量与净资产之比，则用来说明投资者投入资本创造现金的能力，比率越高，资本创造现金流入的能力就越强。

案例　　武商集团财务分析

武汉武商集团股份有限公司(以下简称"武商集团")的前身是武汉商场，创建于 1959年，是全国十大百货商店之一。1986 年改造为股份公司。1992 年 11 月 20 日公司股票在深交所上市。1999 年末公司总股本为 507 248 590 股。公司是一家集商业零售、房地产、物业管理及餐饮服务的大型集团公司。该集团公司 1999 年和 2000 年年报资料如下表：

武商集团 1999 年和 2000 年年报资料

分析内容		指标	1999 12 月 31 日	2000 年 6 月 30 日	指标	1999 年 12 月 31 日	2000 年 6 月 30 日
资金结构状况	资产结构	流动资产率	0.2820	0.2926	存货比率	0.3300	0.3370
		应收账款比率	0.4681	0.4386	长期投资率	0.0334	0.0313
		在建工程率	0.2715	0.1986			
	负债结构	资产负债率	0.5344	0.5554	产权比率	1.3331	1.4495
		流动负债率	0.4607	0.4649	负债经营率	0.0737	0.0906
资金平衡状况		固定比率	1.4993	1.1978	营运资本	−5.0 亿元	−5.2 亿元
		营运资金需求	4.6 亿元	5.1 亿元	现金支付能力	−9.6 亿元	−10.3 亿元
偿债状况		流动比率	0.6121	0.6295	速动比率	0.4064	0.4141
		资产负债率	0.5344	0.5554	负债经营	0.0737	0.0906
		利息保障倍数	3.838	5.353			
盈利状况		主营业务利润率	1.89%	16.7%	成本费用净利率	1.89%	3.52%
		内部投资收益率	2.97%	2.56%	对外投资收益率	−12.1%	−2.89%
		净资产收益率	2.77%	3.02%			
营运状况		存货周转天数	66 天	68 天	固定资产周转率	1.007	0.687
		总资产周转率	0.606	0.344	平均收账期	79 天	77 天
发展状况		(略)					

思考题:

1. 通过对武汉武商集团股份有限公司的偿债能力进行分析,结论如何?
2. 通过对武汉武商集团股份有限公司的营运能力进行分析,结论如何?
3. 通过对武汉武商集团股份有限公司的盈利能力进行分析,结论如何?
4. 通过对武汉武商集团股份有限公司的资金结构进行分析,结论如何?
5. 通过对武汉武商集团股份有限公司的资金平衡进行分析,结论如何?
6. 通过对武汉武商集团股份有限公司的企业发展能力进行分析,结论如何?

习　　题

1. 什么是资产负债表? 资产负债表主要提供哪些财务信息?
2. 您对资产负债率指标是如何看的? 请分别站在企业、投资人和债权人的角度谈谈您对资产负债率指标高低的认识。
3. 什么是利润表? 利润表主要提供哪些财务信息?
4. 利用现金流量表信息,可以进行哪些财务分析?

第5章 财务分析

✦ 学习目标：
   (1) 掌握财务分析的概念和目的；
   (2) 掌握比率分析法的主要指标及计算方法；
   (3) 掌握杜邦分析体系的概念和运用。
✦ 学习重点：
   财务比率；杜邦分析体系。

5.1 财务分析概述

财务分析是以会计核算和报表资料及其他相关资料为依据，采用一系列专门的分析技术和方法，对企业等经济组织过去和现在的财务状况进行分析与评价的经济管理活动。财务分析的目的是为企业的投资者、债权人、经营者及其他关心企业的组织或个人了解企业过去、评价企业现状、预测企业未来、做出正确决策提供准确的信息。

财务分析是评价企业财务状况、衡量企业经营业绩的重要依据，是企业挖掘潜力、改善经营、实现理财目标的重要手段，是企业进行正确投资决策的重要一环。

5.1.1 财务分析的主体和客体

1. 财务分析的主体

财务分析通过一系列方法和工具，挖掘繁杂和单调的会计数据中蕴含的经济涵义，把一个企业经营业绩和财务状况的真实面目提供给不同的分析主体使用。这些主体主要包括权益投资者、债权人、管理阶层、政府机构和其他与企业有利益关系的人士。他们出于不同目的使用财务报表，采用不同的程序和工具，分析不同的信息，为其决策提供支持。

(1) 权益投资者。投资者是指公司的普通股股东或企业的所有者。普通股股东所关心的财务指标，主要包括偿债能力、收益能力以及风险等，主要是了解企业当前和长期收益水平的高低，以及企业收益是否发生重大变动；公司目前的财务状况如何；公司资本结构决定的财务风险和报酬处在什么水平；公司的资产管理及使用情况等。

(2) 债权人。债权人主要关心企业是否具有偿还债务的能力。债权人的主要决策是决定是否给企业提供信用，以及是否需要提前收回债权。因此他们进行财务报表分析主要是为解决这几个方面的问题：公司为什么需要通过借贷筹集资金；公司还本付息所需资金的可能来源、主要来源是什么；公司资产变现能力的大小；公司对于以前的短期和长期借款是否按期偿还；公司将来在哪些方面还需要借款等。

(3) 企业管理层。以经理为代表的企业管理人员是指被企业所有者聘用的、对公司资产和负债进行管理、经营的团体，有时称之为"管理阶层"。企业管理阶层关心公司的财务状况、经营成果及盈利能力、持续发展的能力等。管理阶层通常可以获取外部使用人无法得到的内部信息。他们分析报表的主要目的是改善报表。

(4) 政府机构。税务部门、证券管理机构、会计监管机构等政府机构也是公司财务报表的使用人，他们使用财务报表进行分析主要是为了更好地履行监督管理职责。

(5) 其他相关人士。其他相关人士包括企业职工、审计人员、咨询专员等也积极对企业进行财务分析。

2．财务分析的客体

财务分析的客体就是企业的各种财务信息，主要是企业的财务报告，包括资产负债表、利润表和现金流量表及其附表。企业基本的经济活动分为筹资活动、投资活动和经营活动三大类。财务分析就是从报表中获取这三大类经济活动的相关信息，把握企业经营活动的现状，评价其业绩，发现可能存在的问题。财务分析的起点是阅读财务报表，终点是对企业做出评价和找出问题，中间的财务分析过程，一般由比较、分类、归纳、演绎、分析和综合等认识事物的步骤和方法组成。其中分析与综合是两种最基本的逻辑思维方法。因此，财务分析的过程也可以说是分析与综合的统一。

5.1.2　财务分析的目的

财务分析同时肩负双重任务：把握自身财务状况与财务实力和分析判断外部利益相关者的利益关注点，其目的一方面为企业管理层的规划、决策提供有价值的信息支持，另一方面也对其他相关利益方和政府部门提供决策依据。

财务分析的目的受财务分析主体的制约，不同的财务分析主体进行财务分析的目的是不同的。根据主体的不同，财务分析的一般目的可以概括为：

(1) 评价企业当前和过去的财务状况及经营成果，揭示企业经营活动中可能存在的矛盾和问题，为改善企业经营管理提供方向和线索；

(2) 预测企业未来的财务风险和投资报酬，为投资人、债权人和经营者的决策提供支持或帮助；

(3) 检查企业预算完成情况，考核经营管理人员的业绩，为完善合理的激励机制提供帮助。

5.1.3　财务分析的种类

(1) 依据财务分析主体的不同，财务分析可以分为外部分析和内部分析。外部分析是指企业投资者和债权人以及其他企业外部相关方面对企业进行的财务分析，他们一般不直接参与企业的经营管理，不能直接从企业的生产经营过程中获取所需要的经济信息，而只能依赖于企业的财务报表了解和掌握企业过去的经营业绩和目前的财务状况。内部财务分析是指企业管理者对企业财务状况和经营成果的分析。内部财务分析可以充分利用企业详尽、全面的财务信息，较全面地评价企业的经营绩效、分析影响企业财务状况变动的因素和预测企业未来发展趋势，是企业管理层进行决策的重要依据。

(2) 根据具体目的的不同，可将财务分析分为流动性分析、盈利性分析、财务风险分析、专题分析(如破产分析、审计人员的分析性检查程序)。

(3) 根据分析方法的不同，一般将财务分析分为比较分析法、比率分析法、趋势分析法和因素分析法四个大类。

① 比较分析法是通过将报表中的各项实际数据与计划指标、前期指标或其他企业同类指标进行比较以确定数量差异的一种方法。比较分析法主要分为三类：分析期实际数据与计划数据对比；分析期实际指标与前期指标的纵向对比；分析期本企业指标与特定企业或行业平均水平的横向对比。

② 比率分析法是指通过两个相互联系的财务指标的对比来确定比率，分析企业财务状况和经营成果的一种方法。具体有相关比率分析、构成比率分析、动态比率分析等。

③ 趋势分析法是通过分析同一企业连续若干年的财务指标的升降变化，以便发现问题，评价企业财务状况和经营成果的方法，又叫做水平分析法。具体包括财务比率的趋势分析、会计报表金额的趋势分析、会计报表构成的趋势分析等。这种方法可以分析引起企业变化的主要原因、变动的性质，并在一定程度上预测企业未来的发展前景。

④ 因素分析法是指从数值上测定各个相互联系的因素的变动对分析指标的影响方向和程度的一种方法。当有若干种因素对分析指标产生影响时，这种方法首先假定一个因素发生变化而其它因素均不变，然后按顺序确定每一个因素单独变化所产生的影响。因素分析法一般分为连环替代法和差额分析法两种。

财务分析存在一定的制约，主要表现在资料来源的制约、分析方法的局限和分析指标的局限性上。尤其是数据缺乏可比性、可靠性及存在滞后性等，是财务分析实际工作中最常见的问题。

5.2　比率分析法

财务比率分析的优点就是可以消除企业规模的影响，可以直接用来横向比较不同企业的收益与风险，从而帮助投资者和债权人做出正确的决策。它可以评价某项投资在各年之间收益的变化，也可以在某一时点比较某一行业的不同企业。由于不同的决策者信息需求不同，因此使用的分析技术也不同。

一般来说，财务分析使用三个方面的比率来衡量企业财务风险和收益的关系：

(1) 偿债能力，反映企业偿还到期债务的能力；

(2) 营运能力，反映企业利用资金的效率；

(3) 盈利能力，反映企业获取利润的能力。

上述这三个方面是相互联系、相互影响的。盈利能力会影响短期和长期的流动性，而资产运营的效率又会影响盈利能力。因此，财务分析上只有综合应用上述比率才能对企业进行客观的评价。

本章以 A 公司的资产负债表(表 5-1)和利润表(表 5-2)为例，具体说明各财务比率的计算方法和分析评价方法。

表 5-1　A 公司的资产负债表

资产负债表

编制单位：A 公司　　　　　　　　　　2010 年 12 月 31 日　　　　　　　　　　单位：万元

资　产	期末余额	年初余额	负债和所有者权益	期末余额	年初余额
流动资产：			流动负债：		
货币资金	1000	900	短期借款	2400	2100
交易性金融资产	600	1100	应付账款	1300	1100
应收账款	1400	1300	预收款项	500	400
预付款项	170	140	其他应付款	200	100
存货	5300	4100	流动负债合计	4400	3700
其他流动资产	180	160	非流动负债：		
流动资产合计	8650	7700	长期借款	2200	1800
非流动资产：			非流动负债合计	2200	1800
持有至到期投资	500	500	负债合计	6600	5500
固定资产	14 100	12 100	所有者权益		
无形资产	650	600	实收资本	12 500	12 500
非流动资产合计	15 250	13 200	盈余公积	1800	1800
			未分配利润	3000	1100
			所有者权益合计	17 300	15 400
资产总计	23 900	20 900	负债和所有者权益总计	23 900	20 900

表 5-2　A 公司的利润表

利　润　表

编制单位：A 公司　　　　　　　　　　2010 年度　　　　　　　　　　单位：万元

项　　目	本期金额	上期金额
一、营业收入	21 200	18 800
减：营业成本	12 400	10 900
营业税金及附加	1200	1080
销售费用	1900	1620
管理费用	1000	800
财务费用	300	200
加：投资收益(损失以"－"号填列)	300	300
二、营业利润(亏损以"－"号填列)	4700	4500
加：营业外收入	150	100
减：营业外支出	650	600
三、利润总额(亏损总额以"－"号填列)	4200	4000
减：所得税费用	1680	1600
四、净利润(净亏损以"－"号填列)	2520	2400

5.2.1 反映偿债能力的财务比率

偿债能力是指企业偿还到期债务的能力，即对债务清偿的承受能力或保证程度，它也指企业偿还全部到期债务的现金保证程度。按照债务偿付期限的不同，企业的偿债能力可分为短期偿债能力和长期偿债能力。

1. 短期偿债能力指标

短期偿债能力是指企业偿还短期债务的能力。短期偿债能力不足，不仅会影响企业的资信，增加今后筹集资金的成本与难度，还可能使企业陷入财务危机，甚至破产。一般来说，企业应该以流动资产偿还流动负债，而不应靠出售长期资产偿债，所以企业通常使用流动资产与流动负债的数量关系来衡量短期偿债能力。

1) 流动比率

流动比率表明企业每一元流动负债有多少流动资产，反映该企业可用在短期内变现的流动资产偿还到期流动负债的能力。其计算公式为

$$流动比率 = \frac{滚动资产}{流动负债} \times 100\%$$

一般情况下，流动比率越高，企业短期偿债能力越强，债权人的权益越有保障。国际上通常认为流动比率在200%的水平比较合适。在这个水平，企业财务状况稳定，除满足日常生产经营的流动资金需求以外，还有充足的资金用于偿付到期债务。但是，流动比率也不是越高越好。流动比率过高，反映企业流动资产有可能占用过多，说明企业在资金使用效率和获利能力上可能存在问题，筹资成本有进一步降低的空间。如果企业闲置现金的数量较大，流动比率固然较高，但也反映企业获利能力不足，造成机会成本大幅增加。

运用流动比率，还应该注意以下两个方面：

第一，企业流动比率较高，并不说明企业一定有足够的现金或存款用于偿债。流动比率高也有可能是存货积压、应收账款余额较大、甚至是待摊费用、待处理财产损益等增加的结果，企业真正能用来偿付债务的现金和银行存款却严重不足。所以，在利用流动比率指标时，要进一步结合企业的现金流量进行考察。

第二，不同行业的企业具有不同的经营特点，同一企业不同时期的评价标准也不尽相同，因此，企业适合的流动比率水平也不是固定统一的，应结合企业实际情况具体分析。

例 5-1 根据 A 公司的相关财务报表，计算 A 公司 2010 年的流动比率。

解
$$年初流动比率 = \frac{7700}{3700} \times 100\% = 208.11\%$$

$$年末流动比率 = \frac{8650}{4400} \times 100\% = 196.59\%$$

A 公司 2010 年的年初、年末流动比率指标均在一般公认标准左右，说明 A 公司具有较强的短期偿债能力。由于本年度短期借款和应付账款增幅较大，所以流动比率略有下降。

2) 速动比率

由于企业流动资产中现金、应收账款和存货等项目的变现能力不同，因此流动比率不能够很好地反映企业短期偿债能力。为此，可以用剔除了存货、预付账款和待摊费用等因素的速动比率来更加准确、可靠地评价企业偿还短期负债的能力。速动比率的计算公式为

$$速动比率 = \frac{速动资产}{流动负债} \times 100\%$$

其中：

$$\begin{aligned} 速动资产 &= 货币资金 + 交易性金融资产 + 应收账款 + 应收票据 \\ &= 流动资产 - 存货 - 预付账款 - 一年内到期的非流动资产 - 其他流动资产 \end{aligned}$$

一般情况下，速动比率越高，企业偿还流动负债的能力越强。国际上通常认为，速动比率在100%左右时比较合适。当然，和流动比率一样，速动比率也不是越高越好，过高也意味着企业有可能存在大量资金闲置或应收账款资金占用过多的问题。此外，计算速动比率时，如果企业报表中有应收利息、应收股利等项目，可视具体情况计入速动资产。

例 5-2 在 A 公司 2010 年的资产负债表中，假设该公司当年度和前一年度的其它流动资产均为待摊费用，计算该公司的速动比率。

解

$$年初速动比率 = \frac{900 + 1100 + 1300}{3700} \times 100\% = 89.19\%$$

$$年末速动比率 = \frac{1000 + 600 + 1400}{4400} \times 100\% = 68.18\%$$

计算结果说明 A 公司在 2010 年年末的速动比率较年初的比值有所下降。例 5-1 的计算结果虽然反映当期流动比率仍然较高，但结合资产负债表数据分析，发现存货增长较大，导致公司速动比率不良，说明公司实际短期偿债能力并不如流动比率反映的那么乐观，应着力改善。

3) 现金流动负债比率

现金流动负债比率，是企业一定时期的现金净流量同流动负债的比率，它从现金流量的角度反映企业当期偿付短期债务的能力。其计算公式为：

$$现金流动负债比率 = \frac{年经营现金净流量}{年末流动负债} \times 100\%$$

企业利用收付实现制为基础计量的现金流动负债比率指标，能充分体现企业当期经营活动产生的现金净流量在多大程度上保证当期流动负债的偿还，是更加谨慎的偿债指标。

需要注意的是在实际工作中，并没有一个确定、统一的标准来衡量企业的上述比率是否合理，应视不同的企业以及同一企业的不同时期，并结合债务人的信用状况(影响企业应收账款的收现率)及市场销售状况(影响企业存货的变现能力)等因素加以灵活调整。

2．长期偿债能力指标

长期偿债能力是指企业偿还长期利息与本金的能力。一般来说，企业借入长期负债主

要是用于长期投资，而企业通常应使用投资产生的收益来偿还借款利息与本金。企业长期偿债能力的分析指标主要有：已获利息倍数、资产负债率、产权比率、有形净值债务率。

1) 已获利息倍数(利息收入倍数)

已获利息倍数是指某一时期企业息税前利润与债务利息的比值，它从企业经营活动的获利能力方面分析其长期偿债能力，反映了企业获利能力对债务偿付的保证程度。一般来说，这个比率越大，长期偿债能力越强。其计算公式为

$$已获利息倍数 = \frac{息税前利润}{债务利息}$$

已获利息倍数越高，表明企业长期偿债能力越强。国际上通常认为，该指标在 3 的时候比较合适。当然，已获利息倍数具体是多少才算偿付能力强，必须根据多年经验结合行业特点来判断。

例 5-3 假设 A 公司 2010 年度及前年度的财务费用全部为利息支出，计算两个年度的已获利息倍数。

解
$$前一年度已获利息倍数 = \frac{4000+200}{200} = 21$$

$$本年度已获利息倍数 = \frac{4200+300}{300} = 15$$

如忽略公司往年指标值和所在行业特征，仅仅简单的从计算结果来看，A 公司有较强的偿债付息能力。

2) 资产负债率(负债比率)

资产负债率是负债总额与资产总额的比值，即资产总额中有多大比例是通过负债筹资形成的。其计算公式为

$$资产负债率 = \frac{负债总额}{资产总额} \times 100\%$$

一般情况下，资产负债率越小，企业长期偿债能力越强，对债权人越有利。通常认为企业资产负债率不应高于 50%～60%。但是，对企业所有者来说，该指标如果较大，说明企业利用较少的自有资本而形成了较多的总资产，获得了较高的盈利能力，而长期偿债能力与企业获利能力密切相关，因此企业的管理层应将偿债能力指标与获利能力指标结合起来进行分析。

在判断企业资产负债率是否合理时，还有若干相关问题需要考虑，比如：债务的账龄结构、资产的变现质量、债务的偿付期限、数额与资产变现期限、数额的对应结构。

例 5-4 根据 A 公司资产负债表，计算 2010 年度的资产负债率。

解
$$年初资产负债率 = \frac{5500}{20900} \times 100\% = 26.32\%$$

$$年末资产负债率 = \frac{6600}{23900} \times 100\% = 27.62\%$$

从计算结果可以看出，A 公司的资产负债率并不高，说明公司长期偿债能力较强。

3) 产权比率

产权比率是企业财务结构稳健与否的重要标准，也称资本负债率。其计算公式为

$$产权比率 = \frac{负债总额}{所有者权益总额} \times 100\%$$

一般情况下，产权比率越低，表明企业的长期偿债能力越强。但是，过高的产权比率也说明了企业充分发挥负债的财务杠杆效应。所以企业在评价产权比率是否合适时，要从提高获利能力和增强偿债能力两方面均衡分析。

4) 有形净值债务率

有形净值债务率是企业负债总额与有形净值的百分比。有形净值是所有者权益减去无形资产净值后的净值，即所有者具有所有权的有形资产净值。有形净值债务率用于揭示企业的长期偿债能力，表明债权人在企业破产时的被保护程度。其计算公式如下

$$有形净值债务率 = \frac{负债总额}{有形净值总额} \times 100\%$$

其中

$$有形净值 = 净资产(或所有者权益总额) - 无形资产$$

有形净值债务率揭示了负债总额与有形资产净值之间的关系，能够计量债权人在企业处于破产清算时能获得多少价值的有形财产保障。由于无形资产的计量缺乏可靠的基础，难以作为偿还债务的资源，故在企业用于偿还债务的净资产中扣除了无形资产。

5) 或有负债比率

或有负债比率是指企业或有负债总额对所有者权益总额的比率，反映企业所有者权益应对可能发生的或有负债的保障程度。其计算公式为

$$或有负债比率 = \frac{或有负债余额}{所有者权益总额} \times 100\%$$

其中或有负债总额为：

$$\begin{array}{c} 或有负 \\ 债总额 \end{array} = \begin{array}{c} 已贴现商业 \\ 承兑汇票金额 \end{array} + \begin{array}{c} 对外担保 \\ 金额 \end{array} + \begin{array}{c} 未决诉讼、未决仲裁金额 \\ (除贴现与担保引起的诉讼或仲裁) \end{array} + \begin{array}{c} 其他或有 \\ 负债金额 \end{array}$$

一般情况下，或有负债比率越低，企业的长期偿债能力越强。

6) 带息负债比率

带息负债比例是指企业某一时点的带息负债金额与负债总额的比率，在一定程度上反映了企业未来的偿债压力，尤其是利息压力。其计算公式为

$$带息负债比率 = \frac{短期借款 + 一年内到期的长期负债 + 长期借款 + 应付债券 + 应付利息}{负债总额} \times 100\%$$

一般情况下，带息负债率越低，企业偿债压力越小，尤其是偿还债务利息的压力越小。

上述指标中，资产负债率和产权比率是评价企业长期偿债能力的主要指标。二者的作用基本相同，主要区别是，资产负债率侧重于分析债务偿付安全性的物质保障程度，产权比率则侧重于揭示财务结构的稳健程度以及权益资本对偿债风险的承受能力。

5.2.2　反映营运能力的财务比率

营运能力是用来分析企业的资产利用水平的比率，反映了企业资产管理和运用的效率。营运能力是以企业各项资产的周转速度来衡量的。企业资产周转速度越快，表明企业的各项资产进入生产、销售等经营环节的速度越快，其形成收入和利润的周期就越短，经营效率自然就越高。一般来说，包括以下五个指标。

1) 应收账款周转率

应收账款周转率是企业一定时期主营业务收入(或销售收入，下同)与平均应收账款余额的比率。其计算公式为

$$应收账款周转次数 = \frac{赊销净额}{应收账款平均余额}$$

$$应收账款平均余额 = \frac{期初应收账款余额 + 期末应收账款余额}{2}$$

其中：

$$赊销净额 = 主营业务收入 - 现销收入 - 折扣与折让$$

$$应收账款周转天数 = \frac{365}{应收账款周转次数}$$

应收账款周转率表明了企业应收账款的变现速度及管理效率的高低。较高的应收账款周转率表明企业收账迅速，应收账款账龄较短，相应的还账损失的风险就较小，同时增强企业短期偿债能力。

2) 存货周转率

存货周转率是企业一定时期主营业务成本(或销售成本，下同)与平均存货余额的比率，是衡量企业存货运用效率的指标，其计算公式为

$$存货周转次数 = \frac{主营业务总成本}{存货平均余额}$$

$$存货平均余额 = \frac{期初存货 + 期末存货}{2}$$

$$存货周转天数 = \frac{365}{存货周转次数}$$

一般来说，存货周转率越高越好。但是，在计算存货周转率时应注意，存货的计量方法对存货周转率有重要影响。因此，在分析不同企业或企业不同时期的存货周转率时，应注意存货计价方法的口径是否一致，否则可比性较差。另外，存货周转率的高低，还反映出企业采购、储存、生产、销售等环节管理水平的高低。

3) 流动资产周转率

流动资产周转率是企业一定时期主营业务收入与平均流动资产总额的比率。其计算公式为

$$流动资产周转次数 = \frac{主营业务收入净额}{流动资产平均占用额}$$

其中：

$$主营业务收入净额 = 主营业务收入 - 折扣与折让$$

$$流动资产平均占用额 = \frac{期初流动资产总额 + 期末流动资产总额}{2}$$

$$流动资产周转天数 = \frac{计算期天数}{同期流动资产周转次数}$$

周转天数缩短，表明周转速度加快；反之，则表示周转速度减慢。

4) 固定资产周转率

固定资产周转率是企业一定时期主营业务收入与平均固定资产净值的比值。其计算公式为

$$固定资产周转率 = \frac{主营业务收入}{固定资产净值} \times 100\%$$

一般情况下，固定资产周转率越高，说明企业固定资产的利用率越高，在一定程度上表明企业固定资产投资决策正确、固定资产结构合理。由于指标使用固定资产的净值，因此折旧方法的不同会影响指标的可比性，在分析时应该注意。

5) 总资产周转率

总资产周转率是企业在一定时期主营业务收入与平均资产总额的比值。其计算公式为

$$总资产周转次数 = \frac{主营业务收入净额}{平均资产总额}$$

$$平均资产总额 = \frac{期初资产总额 + 期末资产总额}{2}$$

$$总资产周转天数 = \frac{计算期天数}{总资产周转次数}$$

上述指标的分子、分母分别来自资产负债表和利润表。由于资产负债表数据是某一时点的静态数据，利润表数据则是整个报告期的动态数据，因此为了使分子、分母所在指标具有可比较性，财务分析上将取自资产负债表上的数据折算成整个报告期的平均额。一般情况下，上述指标越高，说明企业的经营效率越好。但数量只是一个方面的问题，在进行分析时，还应注意各资产项目的组成结构，如各种类型存货的相互搭配、存货的质量、适用性等。

除上述指标外，有时还计算营业周期指标和不良资产比率。营业周期是指企业从购买原材料开始到销售产品收回现金为止的整个期间。营业周期的长短取决于存货周转天数和应收账款周转天数。一般情况下，营业周期短，说明资金周转速度快，正常的流动比率较低；营业周期长，说明资金周转速度慢，正常的流动比率较高。

营业周期的计算公式为：

$$营业周期 = 存货周转天数 + 应收账款周转天数$$

例 5-5　某企业上年主营业务收入净额为 6900 万元，全部资产平均余额为 2760 万元，流动资产平均余额为 1104 万元；本年主营业务收入净额为 7938 万元，全部资产平均余额为 2940 万元，流动资产平均余额为 1323 万元。要求：计算上年与本年的全部资产周转率(次)、流动资产周转率和资产结构(流动资产占全部资产的百分比)。

解

$$上年全部资产周转率 = \frac{6900}{2760} = 2.5(次)$$

$$本年全部资产周转率 = \frac{7938}{2940} = 2.7(次)$$

$$上年流动资产周转率 = \frac{6900}{1104} = 6.251(次)$$

$$本年流动资产周转率 = \frac{7938}{1323} = 6(次)$$

$$上年流动资产占全部资产的百分比 = \frac{1104}{2760} \times 100\% = 40\%$$

$$本年流动资产占全部资产的百分比 = \frac{1323}{2940} \times 100\% = 45\%$$

5.2.3　反映盈利能力的财务比率

　　盈利能力是指企业获取利润的能力，它通常体现为企业收益数额的大小与水平的高低，是企业经营的核心所在。无论是投资者还是债权人，都对反映企业盈利能力的比率非常重视。一般用下面几个指标衡量企业的盈利能力。

　　1) 营业利润率

　　营业利润率是企业一定时期营业利润与营业收入的比例。其计算公式为

$$营业利润率 = \frac{营业利润}{销售收入} \times 100\%$$

　　营业利润率越高，表明企业市场竞争力和获利能力越强。由于企业的利润有营业利润、利润总额和净利润三种形式，因此在财务实际工作中有时也是用营业净利润率、营业毛利润率等指标，其计算公式如下：

$$毛利率 = \frac{销售收入 - 销售成本}{销售收入} \times 100\%$$

$$净利润率 = \frac{净利润}{销售收入} \times 100\%$$

　　例 5-6　根据 A 公司的财务报表，计算 A 公司各年度营业利润率。

解

$$前一年度营业利润率 = \frac{4500}{18800} \times 100\% = 23.94\%$$

$$当年营业利润率 = \frac{4700}{21200} \times 100\% = 22.17\%$$

　　根据计算结果表明，A 公司的营业利润率略有下降。通过分析财务报表，可以发现 A

公司当期的成本费用增长较大，对营业利润率产生了一定程度的不良影响。

2) 总资产报酬率

总资产报酬率是企业一定时期内获得的报酬总额与平均资产总额的比例，该指标反映企业资产综合利用的效果，也是衡量企业利用债权人和所有者权益总额进行盈利的重要指标。其计算公式为：

$$总资产报酬率 = \frac{净利润}{总资产平均值} \times 100\%$$

企业所有者和债权人对该指标的关注程度很高。一般情况下，该指标越高，表明企业的资产效率越高，企业获利能力越强，管理层的经验水平也越高。企业往往将该指标和市场利率进行比较，如果该指标值高于市场利率，则说明企业可以进一步利用财务杠杆，适当举债经营，以获得更高收益率。

3) 净资产收益率

净资产收益率是企业一定时期净利润与平均净资产的比率，反映企业自有资金投资收益水平的高低，是企业获利能力指标体系的核心。其计算公式为：

$$净资产收益率 = \frac{净利润}{平均净资产} \times 100\%$$

其中

$$平均净资产 = \frac{所有者权益年初数 + 所有者权益年末数}{2}$$

净资产收益率是评价企业自有资本及其积累资本获取报酬水平的指标。该指标通用性强，不受行业差别的局限，在企业综合评价中有很高的使用率。一般来说，该指标值越高，企业自有资本获取收益的能力越强，对企业投资人和债权人权益的保障也就越有力。

4) 每股收益

每股收益反映企业普通股股东持有每一股股份所能得到的企业利润或应承担的企业亏损，是衡量上市公司获利能力最常用的财务分析指标，也被称为每股利润或每股盈余。该指标值越高，说明企业获利能力越强。其计算公式为

$$每股利润 = \frac{净利润}{流通股平均股数}$$

上述指标中，毛利率、营业利润率和净利润率分别说明企业生产(或销售)过程、经营活动和企业整体的盈利能力，指标值越高则获利能力越强；总资产报酬率反映股东和债权人共同投入资金的盈利能力；净资产报酬率则反映股东投入资金的盈利状况。净资产报酬率是股东最为关心的内容，它与财务杠杆有关，如果总资产报酬率相同，则财务杠杆越高的企业净资产报酬率也越高，因为股东用较少的资金实现了同等的收益能力。需要注意的是，衡量上述盈利指标是高还是低没有确定不变的统一标准，一般要通过与同行业其他企业、或行业平均水平相比较才能得出结论。

对于上市公司来说，由于其发行的股票有价格数据，一般还计算一个重要的比率，就是市盈率。市盈率是每股市价和每股收益的比值，它代表投资者为获得的每一元钱利润所愿意支付的价格。它一方面可以用来证实股票是否被看好，另一方面也是衡量投资代价的

尺度，体现了投资该股票的风险程度。该项比率越高，表明投资者认为企业获利的潜力越大，就愿意付出更高的价格购买该企业的股票，但同时投资风险也高。市盈率也有一定的局限性，因为股票市价是一个时点数据，而每股收益则是一个时段数据，这种数据口径上的差异和收益预测的准确程度都为投资分析带来了一定的困难。

在实际当中，我们更为关心的可能还是企业未来的盈利能力，即企业的成长性高低。成长性好的企业具有更广阔的发展前景，因而更能吸引投资者。一般来说，可以通过企业在过去几年中销售收入、销售利润、净利润等指标的增长幅度来预测其未来的增长前景。

$$销售收入增长率 = \frac{本期销售收入 - 上期销售收入}{上期销售收入} \times 100\%$$

$$营业利润增长率 = \frac{本期营业利润 - 上期营业利润}{上期营业利润} \times 100\%$$

$$净利润增长率 = \frac{本期净利润 - 上期净利润}{上期净利润} \times 100\%$$

在评价企业成长性时，最好掌握该企业连续若干年的数据，以保证对其获利能力、经营效率、财务风险和成长性趋势的综合判断更加精确。

5.3　杜邦分析体系

企业经营活动是一个有机整体，一项财务指标或一组财务指标难以揭示其相互依存、相互影响的内部关系，要对企业的财务状况和经营成果有一个全面、正确和系统的评价，就要使用适当的方法对相互关联的指标进行连续的、综合的评价。所谓综合财务分析方法是指将运营能力、偿债能力、获利能力和发展潜力等诸指标纳入一个分析体系中，全面地对企业经营状况、财务状况进行分析和评价。综合财务分析方法很多，其中运用比较广泛的有杜邦分析体系和沃尔评分法。本节我们主要学习杜邦分析体系。

5.3.1　杜邦分析体系概述

杜邦分析体系，又称杜邦财务分析体系(the du pont system)，是利用上述各主要财务比率指标间的内在联系，对企业财务状况及经济效益进行综合系统分析评价的方法。因其最初由美国杜邦公司(DO PONT)创立并成功应用的，故命名为杜邦分析体系。杜邦分析体系以企业净资产收益率为龙头，以资产净利率和权益乘数为核心，重点揭示企业获利能力、股东权益回报水平和权益乘数对净资产收益率的影响，同时分析各相关指标间的相互影响作用关系。

杜邦分析体系的公式如下：

$$净资产收益率 = \frac{税后利润}{所有者权益} = \frac{税后利润}{资产总额} \times \frac{资产总额}{所有者权益}$$

$$= \frac{税后利润}{主营业务收入} \times \frac{主营业务收入}{资产总额} \times \frac{资产总额}{所有者权益}$$

$$= 销售净利率 \times 总资产周转率 \times \frac{1}{1 - 资产负债率}$$

$$权益乘数 = \frac{1}{1 - 资产负债率}$$

杜邦分析法的基本思想是将企业净资产收益率逐级分解为多项财务比率乘积，这样有助于深入分析比较企业经营业绩，有助于企业管理层更加清晰地看到净资产收益率的决定因素，以及销售净利润率与总资产周转率、债务比率之间的相互关联关系，给管理层提供了考察公司资产管理效率和股东投资回报是否最大化的量化分析。

杜邦财务分析体系的作用是解释指标变动的原因和变动趋势，为采取措施指明了方向。从杜邦财务分析体系(图 5-1)中可以看出，净资产报酬率与企业的销售规模、成本水平、资产营运、资本结构等有着密切的联系。只有把这个系统内各个因素的关系安排好、协调好，才能使权益利润率达到最大，才能实现股东财富最大化的理财目标。

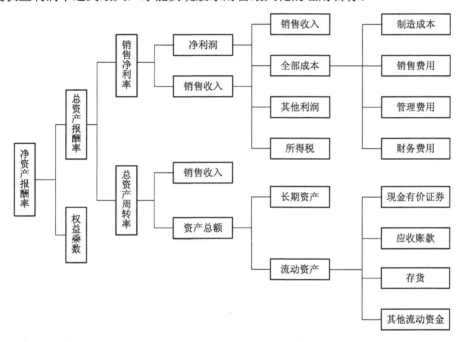

图 5-1 杜邦财务分析体系

杜邦分析体系在财务分析方面的优势是简洁、系统和可操作性强。但是，从企业绩效评价的角度来看，杜邦分析法只包括财务方面的信息，不能全面反映企业的实力，存在一定的局限性，在实际运用中需要加以注意，必须结合企业的其他信息加以分析。杜邦分析体系是一种财务分析手段，而不是生产经营分析手段。具体看来，杜邦分析体系的缺陷主要表现在：

(1) 杜邦分析体系以净资产收益率的高低判定经营业绩与财务状况的好坏，导致企业对短期财务结果过分重视，有可能助长公司管理层的短期行为，忽略企业长期的价值创造。

(2) 财务指标反映的是企业过去的经营业绩，衡量工业时代的企业能够满足要求，但在目前的信息时代，顾客关系、物流与供应链布局、技术创新意识和能力、无形资产的效率等因素对企业经营业绩的影响越来越大，而杜邦分析法在这些方面是无能为力的。

(3) 杜邦分析体系基本属于事后分析，事前预测及过程控制的作用比较弱。

5.3.2　杜邦分析体系的运用

在利用杜邦分析图(图 5-2)进行综合分析时，主要注意以下几点：

(1) 净资产报酬率是一个极具综合性的指标。投资者最关心的就是其投资经过企业一段时间的经营后能带来多少收益，而净资产报酬率正好反映了这一点，具体说明了企业筹资、投资、资产运用等各项财务活动的效率。从杜邦分析图中可以看出，企业获利能力由三部分构成：销售净利率、资产周转率和权益乘数。杜邦分析体系通过将权益报酬率分解为这三个指标，可以分别对企业的筹资活动(决定权益乘数)、投资管理(决定资产周转率)和经验管理(决定销售净利率)发生变化的具体原因进行分析和研究。

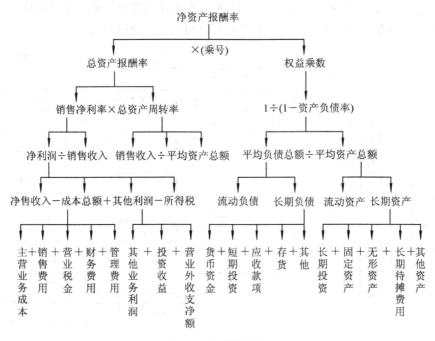

图 5-2　杜邦分析图

(2) 权益乘数反映了企业资金的来源结构，它主要受资产负债率指标的影响。负债比率越大，权益乘数就越大。企业在利用借入资金给自己带来利益流入的同时，也给企业带来了一定的财务风险。反之，负债比率小则权益乘数就小，说明企业虽然财务风险较小，但只是利用自有资金在经营发展，没有能够积极地"借鸡生蛋"，没有给股东带来最大收益。适当的负债经营，可以减少所有者权益所占比重，从而提高净资产报酬率。

(3) 销售净利率的高低能比较灵敏地反映企业经营管理水平的高低。影响销售净利率的主要因素是销售收入和成本费用。因此，扩大销售收入、减少成本费用可以有效地提高销售净利率，同时也可以改善总资产周转率。

(4) 杜邦分析图可以分析成本费用的水平是否合理，可以分析各项费用对利润的影响程度，从而利于企业加强成本费用控制。如果企业财务费用过高，就要进一步分析企业负债比率是否过高；如果显示管理费用过高，就要进一步分析企业资产周转状况。杜邦分析体系对企业利息支出更为重视，因为利息支出与权益乘数有密切联系。如果利息支出过高，就要考虑企业资本结构是否合理。

案例　沃尔玛盈利的秘密

沃尔玛公司和 May Department Store(以下简称 May 公司)是美国两个著名的零售连锁企业。沃尔玛主要针对普通消费者,而 May 公司是主要针对高收入消费者的高档零售店。2002年 May 公司的盈利水平为 4.5%,而同期沃尔玛的盈利水平仅为 3.2%。但是,经过杜邦体系的分析,我们发现沃尔玛的净资产收益率为 20.1%,较 May 的净资产收益率 14.9%要高出很多。为什么两个指标对沃尔玛和 May 的评价结果相差这么大呢?

原来,沃尔玛遵循其创始人山姆·沃尔顿(Sam Walton)的哲学,为客户提供低价(意味着低利润率)的商品,但要加快商品的流动。在这个经营思想的指导下,沃尔玛的年资产周转率达到 2.9,而 May 公司的年资产周转率仅为 1.7。可以看出,沃尔玛公司把低销售回报率(及低利润率)成功地转化为良好的资产回报率。

进一步分析发现,沃尔玛公司的资产负债率为 53.8%,同期 May 公司的资产负债率为48.4%。沃尔玛公司的负债率较高,通过财务杠杆沃尔玛更好地把其高资产回报率转化为更优秀的净资产收益率。而鉴于沃尔玛公司良好的回款速度和资产周转率,这样的负债率对沃尔玛公司几乎没有大的负面影响。

销售利润率 × 资产周转率 ÷ (1 − 资产负债率) = 净资产收益率

	销售利润率	×	资产周转率	÷	(1 − 资产负债率)		=	净资产收益率
沃尔玛公司:	3.2%	×	2.9	÷	(1 − 0.538)		=	20.1%
May 公司:	4.5%	×	1.7	÷	(1 − 0.484)		=	14.9%

习　　题

1. 如果你是银行信贷部门经理,在给企业发放贷款时,你会考虑哪些因素?

2. 企业资产负债率的高低对企业所有者和债权人有什么样的影响?

3. 评价股份公司盈利能力时,哪个财务指标应当作为核心指标?为什么?

4. 为什么说净资产报酬率是杜邦分析体系的核心?

5. 某公司的流动资产由速动资产和存货构成,年初存货为 145 万元,年初应收账款为125 万元,年末流动比率为 3,年末速动比率为 1.5,存货周转率为 4 次,年末流动资产余额为 270 万元。一年按 360 天计算。

要求:① 计算该公司的流动负债年末余额。② 计算该公司的存货年末余额和年平均余额。③ 计算该公司的本年销货成本。④ 假定本年赊销净额为 960 万元,应收账款以外的其他速动资产忽略不计,计算该公司的应收账款周转期。

6. 根据表 5-1 和表 5-2 的相关财务数据,试做出 A 公司的杜邦分析图。

第6章　财务预测与财务预算

✦ 学习目标：
　　(1) 掌握销售预测的定量和定性方法；
　　(2) 掌握筹资数量的预测方法；
　　(3) 明确财务预算与全面预算的关系；
　　(4) 掌握财务预算的编制方法。
✦ 学习重点：
　　销售预测的定量分析方法；筹资数量的销售百分比法；财务预算的编制方法。

6.1　财　务　预　测

6.1.1　财务预测的概念、意义和内容

　　财务预测是指根据企业财务活动的历史资料，结合企业的现实情况和今后要求，运用科学的方法，对企业未来的财务状况做出预计和测算。

　　财务预测作为企业财务活动的主要组成部分，对企业的整个财务活动有重要意义。

　　(1) 财务预测是融资计划的前提。

　　企业要对外提供产品和服务，必须要有一定的资产。当企业销售增加时，就要相应增加现金、应收账款、存货等流动资产，甚至还需增加固定资产。这些资金，一部分来自保留盈余，另一部分通过外部融资取得。因此，企业需要预先知道自己的财务需求，提前安排融资计划，否则就可能发生现金周转问题。

　　(2) 财务预测是企业财务决策的基础。

　　企业的财务决策要以财务预测的数据为基础，通过分析比较，权衡成本与效益，从多个备选方案中择优。

　　(3) 财务预测有助于提高企业应变能力。

　　财务预测与其他预测一样都不可能非常准确。从表面上看，不准确的预测只能导致不准确的计划，从而使预测和计划失去意义。其实并非如此，预测给人们展现了未来的各种可能的前景，促使人们制定相应的应急计划。因此，预测可以提高企业对不确定事件的反应能力，从而减少因不利事件出现而带来的损失，增加利用机会带来的收益。

　　财务预测的内容主要包括销售预测、成本预测、利润预测和资金需要量预测等。其中，

销售预测是进行财务预测的起点，企业的一切财务需求都可以看作是因市场销售引起的。本节主要针对销售预测和资金需要量预测进行说明。

6.1.2　销售预测

销售预测是以获得的历史资料和各种信息为基础，根据市场供需情况和企业的销售状况，运用科学的方法和管理人员的实践经验，对本企业的产品在未来时期的需求趋势所做的预测。在市场经济条件下，销售既是企业经营活动的最后环节，又是企业经营活动的起点，没有产品的销售，企业就无法补偿在产品生产和经营上已经消耗的各种费用。因此，企业的销售预测就处于先导地位。

销售预测的技术方法很多，可以把它们分为定性分析法和定量分析法两大类。

1．定性分析法

定性分析法又称销售预测的非数量方法，主要包括以下几种：

1) 个人判断法

这是一种由企业负责销售业务的有关人员，根据其所拥有的知识和长期销售工作的经验，结合市场调查的情况，对有关商品未来一定期间的销售变动趋势做出预测结论的预测方法。

个人判断法费时短，耗费小，具有较强的实用价值。但就个人而言，由于受本身拥有的知识、经验、占有资料多少等因素的影响，对问题理解的广度和深度往往受到一定的限制，因此，其预测结果难免存在一定的不足。

2) 专家小组法

这是一种由企业组织有关方面的专家组成小组，运用专家们的集体智慧，对预测对象的未来发展变化趋势进行估计和推断的预测方法。

专家小组法可通过召开座谈会的方式，开展广泛讨论，相互启发，以弥补个人意见的不足，使预测结果更加全面具体。但这种方法容易受权威人士意见的影响，造成少数有独到之处的专家不愿意发表自己的意见，从而在一定程度上影响所得出预测结论的客观性。

3) 德尔菲法

这是一种专家调查法。它是指采用函询调查方法，向有关专家发出预测问题调查表，征询意见，然后将专家回答的意见进行综合、整理和归纳，在反复反馈、综合的基础上做出预测判断的方法。

采用德尔菲法，由于在征询意见时，各参加预测的专家互不相知，因此，它可消除许多心理因素的影响，使各位专家能真正根据自己的经验、观点和方法进行预测，真正做到各抒己见，同时，由于该方法需反复征询意见，因此它可通过意见的反馈来组织各位专家之间的信息交流和讨论，通过反复的交流和讨论，使合理的意见为大多数专家接受，分散的意见趋于集中，最后得出一个比较全面的分析和判断。

2．定量分析法

1) 趋势预测法

趋势预测法在销售预测中采用比较普遍，它具体包括：

(1) 算术平均法。

算术平均法是以若干历史时期的销售或销售额作为观察值,求出其简单平均数,作为未来的销售预测值的一种预测方法。

预测销售量的计算公式如下:

$$预测销售量(额) = \frac{各期销售量(额)之和}{期数}$$

例 6-1 东方公司 2010 年上半年销售家用电脑的情况如表 6-1 所示。

表 6-1　东方公司 2010 年上半年家用电脑销售情况表

月　份	1	2	3	4	5	6
销售量/万台	540	550	570	590	610	620

采用算术平均法预测该公司 7 月份家用电脑的销售量如下:

$$7月份预测销售量 = \frac{540+550+570+590+610+620}{6} = 580(万台)$$

算术平均法的优点是计算简单,缺点是没有考虑近期的变化趋势,它把每个观察值看成同等重要,将各月份的差异平均化,因而可能会导致预测的预计数与实际数产生较大的误差。所以,该方法一般只适用于各期销售量基本稳定的产品。

(2) 移动加权平均法。

移动加权平均法是将若干历史时期的销售量或销售额作为观察值,按其距离预测期的远近分别进行加权,然后求出其加权平均数,并将加权平均数作为未来销售量或销售额的预测值。在采用移动加权平均法时,确定适当的权数是进行销售预测的关键。由于接近预测期的观察值,对预测值的影响较大,所以权数应规定为大些,而远期的观察值的权数应规定为小些。

计划期销售预测值的计算公式如下:

$$计划期销售预测值 = \sum 某期销售量(额) \times 该期权数 = \sum_{i=1}^{n} X_i W_i$$

其中,X_i 为第 i 个观察值;W_i 为第 i 个观察值的权数;n 为观察值个数。

W_i 应满足下列两个条件:

$$\begin{cases} \sum W_i = 1 \\ W_1 \leqslant W_2 \leqslant W_3 \leqslant \cdots \leqslant W_n \end{cases}$$

例 6-2 假定东方公司 2010 年上半年销售家用电脑的情况如表 6-1 所示。要求用移动加权平均法预测 7 月份家用电脑的销售量。假设 $n=6$,$W_1 = W_2 = W_3 = 0.1$,$W_4 = W_5 = 0.2$,$W_6 = 0.3$,则计算如下:

7 月份预计销售量 $= 540 \times 0.1 + 550 \times 0.1 + 570 \times 0.1 + 590 \times 0.2 + 610 \times 0.2 + 620 \times 0.3$
　　　　　　　　$= 592 (万台)$

采用移动加权法,既考虑了近期发展趋势,又根据时期的远近分别加权,从而消除了各个月份销售差异的平均化,所以其预测结果较算术平均法更接近计划期的实际情况。

(3) 趋势平均法。

趋势平均法是指在计算观察值移动平均值的基础上，计算趋势值的移动平均值，然后运用某一特定观察值的移动平均值和趋势值来预测未来销售量或销售额的一种方法。在销售预测中采用趋势平均法，是假定未来时期的销售量(额)是与其接近的销售量(额)的直接延伸，同时，为了尽量减少由于偶然因素所造成的损失，而采用最近若干时期的平均值作为预测期的预测值的基础。

例 6-3 东方公司 2010 年各月实际销售量情况如表 6-2 所示。

表 6-2 东方公司 2010 年销售量情况表

月 份	1	2	3	4	5	6	7	8	9	10	11	12
实际销量/万台	530	540	570	540	610	640	700	660	670	720	650	750

根据以上资料，采用趋势平均法预测 2011 年 1 月份的销售量。其计算过程如表 6-3 所示。

表 6-3 东方公司销售量预测计算表(趋势平均法)

月 份	实际销量/万台	五期移动平均值	变动趋势	三期趋势平均值
1	530			
2	540			
3	570	558		
4	540	580	+22	
5	610	612	+32	24
6	640	630	+18	25.33
7	700	656	+26	22
8	660	678	+22	16.67
9	670	680	+2	11.33
10	720	690	+10	
11	650			
12	750			

表 6-3 中，"五期移动平均值"的计算为

$$558 = \frac{530 + 540 + 570 + 540 + 610}{5}$$

其余数字依次类推。

"变化趋势"的计算为

$$+22 = 580 - 558$$

其余数字依次类推。

"三期趋势平均值"的计算为

$$24 = \frac{+22+32+18}{3}$$

其余数字依次类推。

根据表 6-3，按五期平均计算，最接近的平均销售量就是 2010 年 9 月份计算的平均销售量 680 万台，从 2010 年 9 月到 2011 年 1 月相距 4 个月，2010 年 8 月到 10 月这 3 个月每月平均增长 11.33 万台，因此，2011 年 1 月的销售量为：

$$680 + 4 \times 11.33 = 725 \,(\text{万台})$$

采用趋势平均法既考虑了销售量(额)的移动平均，又考虑了趋势值的移动平均，所以可尽量减少偶然因素对预测的影响。

(4) 指数平滑法。

指数平滑法是根据前期销售量(额)的实际数和预测数，以加权因子即平滑系数为权数，进行加权平均来预测下一期销售量(额)的一种方法。其计算公式如下：

$$F_i = \alpha A_{i-1} + (1 - \alpha)F_{i-1}$$

式中，F_i 为预测的销售量(额)；A_{i-1} 为上期的实际销售量(额)；F_{i-1} 为上期的预计销售量(额)；α 为平滑系数($0 < \alpha < 1$)。

从上述公式可以看出，指数平滑法实际上是以平滑系数 α 和$(1 - \alpha)$为权数的特殊的加权平均法。因此，只要知道上期的实际销售量(额)、上期的预计销售量(额)，根据确定的平滑系数，即可预测本期的销售量(额)。

例 6-4　东方公司 2010 年上半年销售家用电脑的情况如表 6-1 所示。假定 6 月份预计的销售量为 625 万台，平滑系数为 0.6，则采用指数平滑法计算的 7 月份预计的销售量为：

$$7 \text{月份预计销售量} = 0.6 \times 620 + (1 - 0.6) \times 625 = 622 \,(\text{万台})$$

采用指数平滑法，可以适当减少实际销售中所包含的偶然因素的影响，使预测更加准确，并且 α 值可以任意设定，比较灵活。但是，由于 α 值是一个经验数据，它的设定不可避免地带有一定的主观成分。由于近期信息对预测值的影响程度比远期大，所以越是近期信息，权数越大，越是远期的信息，权数越小。因此，在进行近期预测或者销售量(额)波动较大的预测时，平滑指数应取得适当大些；在进行长期预测或者销售量(额)波动较小的预测时，平滑指数应取得适当小些，这样可以使预测的结果更符合实际情况。

3) 因果预测法

因果预测法的种类很多，但最常用的是回归分析法。我们知道，回归关系一般是指变量之间存在的主从关系或因果关系(比如轮胎与汽车)，因此，回归分析就是对具有相关关系的多个变量之间的数量变化进行数量测定，以便对因变量进行估计或预测的一种统计分析方法。下面主要介绍简单线性回归模型。

简单线性回归方程是指两个变量之间存在线性相互关系的方程式。简单线性回归方程是根据 $y = a + bx$ 的直线方程式，按照数学上最小平方法的原理来确定一条能正确反映自变量 x 与因变量 y 之间具有误差的平方和最小的直线。

采用简单线性回归模式来计算预计的销售量(额)的步骤如下：

首先，确定影响销售量(额)的主要因素 x_i，自变量 x_i 越多，预测结果就越精确，但计算越复杂；自变量 x_i 越少，预测结果误差越大。

其次，按下列公式计算常数项 a 和系数 b：

$$\begin{cases} a = \dfrac{\sum y}{n} - b\dfrac{\sum x}{n} \\[4mm] b = \dfrac{n \cdot \sum xy - \sum x \cdot \sum y}{n \cdot \sum x^2 - (\sum x)^2} \end{cases}$$

最后，根据计划期预计销售量(额) x 代入方程 $y = a + bx$，求出预测对象 y 的预计销售量(额)。

例 6-5　东方公司主要生产汽车轮胎，而决定轮胎销售量的主要因素是汽车销售量。假定某地区最近几年汽车的实际销售量和轮胎的实际销售量如表 6-4 东方公司汽车轮胎销售情况表所示。

表 6-4　东方公司汽车轮胎销售情况表

年　度	2006	2007	2008	2009	2010
汽车销量/万辆	15	18	20	24	26
轮胎销量/万只	96	117	120	144	156

假定 2011 年汽车销售量的预测数为 30 万辆，且东方公司汽车轮胎的市场占有率为 20%，则东方公司 2011 年轮胎销售量的计算过程如下：

设 y 为轮胎的销售量，x 为汽车的销售量，$y = a + bx$，根据表 6-4 所给出的资料，将有关数据计算在表 6-5 东方公司汽车轮胎销售预测计算表中。

表 6-5　东方公司汽车轮胎销售预测计算表(简单线性回归模型)

年　度	x	y	x^2	xy
2006	15	96	225	1440
2007	18	117	324	2106
2008	20	120	400	2400
2009	24	144	576	3456
2010	26	156	676	4056
合计	103	633	2201	13458

根据表 6-5 的数据，计算得出：

$$\begin{cases} b = \dfrac{n \cdot \sum xy - \sum x \sum y}{n \cdot \sum x^2 - (\sum x)^2} = \dfrac{5 \times 13458 - 103 \times 633}{5 \times 2201 - 103^2} = 5.28 \\[4mm] a = \dfrac{\sum y}{n} - b\dfrac{\sum x}{n} = \dfrac{633}{5} - 5.28 \times \dfrac{103}{5} = 17.83 \\[4mm] y = 17.83 + 5.28x \end{cases}$$

2011 年市场对轮胎的需求量：
$$y = 17.83 + 5.28 \times 30 = 176.23 \text{(万只)}$$

东方公司 2011 年轮胎的销售量预计为：
$$y = 176.23 \times 20\% = 35.246 \text{(万只)}$$

6.1.3　资金需要量预测

企业的资金需要量是筹资的数量依据，同时还是财务预算的基础，必须科学合理地进行预测。企业资金需要量预测的基本目的，就是使筹集来的资本既能保证满足生产经营的需要，又不会有太多的闲置，促进企业财务管理目标的实现。

企业筹资数量的预测主要有以下几种方法。

1) 因素分析法

因素分析法又称分析调整法，是以有关资本项目上年度的实际平均需要量为基础，根据预测年度的生产经营任务和加速资本周转的要求，进行分析调整，来预测资本需要量的一种方法。这种方法计算比较简单，容易掌握，但预测结果不太精确，因此它通常用来预测品种繁多、用量较小、价格较低的资本占用项目的资金预测，也可以用来匡算企业全部资本的需要量。

采用这种方法时，首先应在上年度资本平均占用额基础上，剔除其中呆滞积压不合理部分，然后根据预测期的生产经营任务和加速资本周转的要求进行测算。因素分析法的基本模型是：

$$资本需要量 = (上年资本实际平均额 - 不合理平均额)$$
$$\times (1 \pm 预测年度销售增减率)$$
$$\times (1 \pm 预测年度资本周转变动率)$$

根据因素分析法的基本模型，收集有关资料，就可以对筹资数量进行预测。

例 6-6　某企业上年度资本实际平均额为 3000 万元，其中不合理平均额为 500 万元，预计本年度销售增长 8%，资本周转速度加快 3%。则预测年度资本需要量为：

$$(3000 - 500) \times (1 + 8\%) \times (1 - 3\%) = 2619 \text{(万元)}$$

2) 销售百分比法

销售百分比法是根据销售与资产负债表和利润表项目之间的比例关系预测各项目短期资本需要量的方法。销售百分比法的主要优点是能为财务管理提供短期预计的财务报表，以适应外部筹资的需要，且易于使用。

运用销售百分比法，一般借助于预计利润表和预计资产负债表。通过预计利润表预测企业留用利润这种内部资本来源的增加额；通过预计资产负债表预测企业资本需要的总额和外部筹资的增加额。

具体步骤如下：

(1) 编制预计利润表，预测留用利润。

预计利润表是运用销售百分比法的原理预测留用利润的一种报表。预计利润表与实际利润表的内容、格式相同。通过提供预计利润表，可预测留用利润这种内部筹资方式的数额，也可为预计资产负债表预测外部筹资数额提供依据。

例 6-7 甲企业 2010 年实际利润表及有关项目与销售的百分比见表 6-6。试编制 2011 年预计利润表并预测留用利润。

表 6-6 2010 年实际利润表　　　　　　　　　　　　　单位：万元

项　　目	金　　额	占销售收入的百分比(%)
销售收入	15000	100.0
减：　销售成本	11400	76.0
销售费用	60	0.4
销售利润	3540	23.6
减：　管理费用	3060	20.4
财务费用	30	0.2
税前利润	450	3.0
减：所得税	180	
税后利润	270	

若该企业 2011 年预计销售收入为 18000 万元，则 2011 年预计利润表经测算如表 6-7 所示。

表 6-7 2011 年预计利润表　　　　　　　　　　　　　单位：万元

项　　目	2010 年实际数	2010 年各项目占销售收入的百分比(%)	2011 年预计数
销售收入	15000	100.0	18 000
减：　销售成本	11400	76.0	13 680
销售费用	60	0.4	72
销售利润	3540	23.6	4248
减：　管理费用	3060	20.4	3672
财务费用	30	0.2	36
税前利润	450	3.0	540
减：所得税	180	—	216
税后利润	270	—	324

若该企业税后利润的留用比例为 50%，则 2011 年预测留用利润额为 162 万元(324 × 50%)，也就是说企业的内部资金来源有 162 万元。

现将编制预计利润表法的主要步骤归纳如下：

第一步，收集基年实际利润表资料，计算确定利润表各项目与销售额的百分比。

第二步，取得预测年度销售收入预计数，用此预计销售额和基年实际利润表各项目与实际销售额的比率，计算预测年度预计利润表各项目的预计数，并编制预测年度预计利润表。

第三步，利用预测年度税后利润预计数和预定的留用比例，测算留用利润的数额。

(2) 编制预计资产负债表，预测外部筹资额。

预计资产负债表是运用销售百分比法的原理预测外部筹资额的一种报表。预计资产负债表与实际资产负债表的内容、格式相同。提供预计资产负债表，可预测资产和负债及留用利润有关项目的数额，进而预测企业需要外部筹资的数额。

运用销售百分比法要选定与销售有基本不变比率关系的项目，这种项目称为敏感项目。敏感资产项目一般包括现金、应收账款、存货等项目；敏感负债项目一般包括应付账款、应付费用等项目。应收票据、短期投资、固定资产、长期投资、递延资产、短期借款、应付票据、长期负债和投入资本通常不属于敏感项目。留用利润也不宜列为敏感项目，因为它受企业所得税率和分配政策的影响。

例 6-8 甲企业 2010 年实际销售收入 15 000 万元，资产负债表及其敏感项目与销售收入的比率如表 6-8 所示。2011 年预计销售收入为 18 000 万元。试编制 2011 年预计资产负债表并预测外部筹资额。

表 6-8 2010 年实际资产负债表 单位：万元

项　　目	金额	占销售收入的百分比(%)
资产：		
库存现金	75	0.5
应收账款	2400	16.0
存货	2610	17.4
预付费用	10	——
固定资产净值	285	——
资产总额	5380	33.9
负债及所有者权益：		
应付票据	500	——
应付账款	2640	17.6
应付费用	105	0.7
长期负债	55	——
负债合计	3300	18.3
投入资本	1250	——
留用利润	830	——
所有者权益合计	2080	——
负债及所有者权益总额	5380	

根据上列资料，编制该企业 2011 年预计资产负债表如表 6-9 所示。

表 6-9　2011 年预计资产负债表　　　　　　　　单位：万元

项　　目	2010 年实际数(1)	2010 年销售百分比(%)(2)	2011 年预计数(3)
资产：			
库存现金	75	0.5	90
应收账款	2400	16.0	2880
存货	2610	17.4	3132
预付费用	10	——	10
固定资产净值	285	——	285
资产总额	5380	33.9	6397
负债及所有者权益：			
应付票据	500	——	500
应付账款	2640	17.6	3168
应付费用	105	0.7	126
长期负债	55	——	55
负债合计	3300	18.3	3849
投入资本	1250	——	1250
留用利润	830	——	992
所有者权益合计	2080	——	2242
追加外部筹资额	——	——	306
负债及所有者权益总额	5380		6397

该企业 2011 年预计资产负债表的编制过程如下：

第一步，取得基年资产负债表资料，并计算其敏感项目与销售收入的百分比(见表 6-9)，列于表 6-9 的(1)、(2)栏中。

第(2)栏的百分比表明，该企业销售每增长 100 元，资产将增加 33.9 元。这种每实现 100 元销售所需的资本量，可由敏感负债解决 18.3 元。这里增加的敏感负债是自动增加的，如应付账款会因存货增加而自动增加。

每 100 元销售所需的资本量与敏感负债的差额为 15.6 元(33.9 – 18.3)，表示销售每增长 100 元而需追加的资本净额。它需从企业内部和外部来筹措。在本例中，销售增长 3000 万元(18 000 – 15 000)，需净增资本来源 468 万元(3000 × 0.156)。

第二步，用 2011 年预计销售收入 18 000 万元乘以第(2)栏所列的百分比，求得表 6-9 第 (3)栏所列示的敏感项目金额。第(3)栏的非敏感项目按第(1)栏数额填列。由此，确定了第(3) 栏中除留用利润外的各个项目的数额。

第三步，确定 2011 年留用利润增加额及资产负债表中的留用利润累计额。留用利润增加额可根据利润额、所得税税率和留用利润比例来确定。2011 年累计留用利润等于 2010 年累计留用利润加上 2011 年留用利润增加额。若 2011 年利润额为 540 万元，所得税税率为 40%，税后利润留用比例 50%，则 2011 年留用利润增加额为：

$$540 \times (1 - 40\%) \times 50\% = 162\,(万元)$$

2011 年累计留用利润为：

$$830 + 162 = 992\,(万元)$$

从需要追加筹资总额(第一步得到的 468 万元)中减去内部筹资增加额 162 万元，求得需要追加外部筹资额 306 万元。

第四步，加总预计资产负债表的两方：2011 年预计资产总额为 6397 万元，负债及所有者权益总额为 6091 万元，其差额为 306 万元。它既是使资产负债表两方相等和平衡数，也是需要的追加外部筹资额。

(3) 按预测公式预测外部筹资额。

以上介绍为如何运用预计资产负债表预测外部筹资额的过程。为简便起见，亦可改用预测公式预测追加的外部筹资额。

预测公式列示如下：

$$需要追加的外部筹资额 = (\Delta S)\sum \frac{RA}{S} - (\Delta S)\sum \frac{RL}{S} - \Delta RE = (\Delta S)\left(\sum \frac{RA}{S} - \sum \frac{RL}{S}\right) - \Delta RE$$

式中：$\sum$ ——连加符号；

Δ ——增量符号；

ΔS ——预计年度销售增加额；

$\sum \dfrac{RA}{S}$ ——基年敏感资产总额除以基年销售额；

$\sum \dfrac{RL}{S}$ ——基年敏感负债总额除以基年销售额；

ΔRE ——预计年度留用利润增加额。

例 6-9 根据例 6-8 中的数据，运用以上公式预测该企业 2011 年需要追加的外部筹资额为：

$$0.339 \times 3000 - 0.183 \times 3000 - 162 = 306\,(万元)$$

这种方法是根据预计资产负债表的原理，预测企业追加外部筹资额的简便方法。

上述销售百分比法的介绍，是假定预测年度非敏感项目、敏感项目及其与销售的百分比均与基年保持不变为条件的。在实践中，非敏感项目、敏感项目及其与销售的百分比有可能发生变动。这些变动对预测资金需要总量和追加外部筹资额都会产生一定的影响，必须相应地予以调整。

3) 线性回归分析法

线性回归分析法是假定资本需要量与销售量之间存在线性关系并建立数学模型，然后根据历史有关资料，用回归直线方程确定参数预测资本需要量的方法。

线性回归分析法的预测模型为：

$$y = a + bx$$

式中：y——资本需要总额；

$\quad\quad a$——不变资本总额；

$\quad\quad b$——单位业务量所需要的可变资本额；

$\quad\quad x$——产销量。

不变资本是指在一定的营业规模内不随业务量变动的资本，主要包括为维持营业而需要的最低数额的现金、原材料的保险储备、必要的成品或商品储备以及固定资产占用的资本。可变资本是指随营业业务量变动而同比例变动的资本，一般包括在最低储备以外的现金、存货、应收账款等所占用的资本。

运用上列预测模型，在利用历史资料确定 a、b 数值的条件下，即可预测一定产销量 x 所需要的资本总量 y。

6.2 财务预算

6.2.1 财务预算的含义及地位

1．财务预算的含义

财务预算是专门反映企业未来一定预算期内预计财务状况和经营成果，以及现金收支指标的各种预算的总称。具体包括现金预算、预计利润表、预计资产负债表和预计现金流量表等内容。编制现金预算是企业财务管理的一项重要工作。财务预算的编制需要以财务预测的结果为根据，并受到财务预测质量的制约。

2．财务预算在全面预算体系中的地位

全面预算体系是指以本企业的经营目标为出发点，通过对市场需求的调查研究和预测，以销售预算为基础，根据"以销定产"的原则，进一步扩展到生产、成本和资金收支等方面的预算，直至编制预计财务报表的这样一种预算体系。该体系的特点是：预算的每一部分、每一项指标均应服从于企业经营决策所确定的整体目标，并且以销售预算为编制基础，从而提高企业在预算期内的经济效益。

一个完整的全面预算体系如图 6-1 所示。

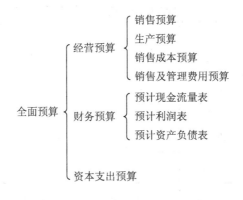

图 6-1 全面预算体系图

由图 6-1 可见，全面预算体系包括经营预算、财务预算和资本支出预算三大部分。在以销定产的经营方针下，全面预算体系中的销售预算在其中起主导性作用，它直接决定着预算期内的生产预算、费用预算、现金预算和预计财务报表中的有关金额。而生产预算则直接关系到直接材料、直接人工和制造费用以及现金支出预算的有关金额。由于财务预算需要得到其他预算所提供的数据后才可编制，因此是全面预算体系中最后完成的预算。

6.2.2　财务预算的编制方法

财务预算的编制方法有固定预算、弹性预算、零基预算和滚动预算等，分别介绍如下。

1. 固定预算

固定预算是与弹性预算相对的编制预算的传统方法，亦称为静态预算。它是根据某固定不变的业务量水平而不考虑预算期内生产经营活动可能发生的变动所编制的一种预算。这种预算适合于业务量水平稳定的企业。

固定预算的一个重大缺陷是当实际业务量与编制预算时所根据的业务量有较大差异时，各费用明细项目的实际数与预算数缺乏可比性，并会让人引起误解。

例 6-10　某种产品的固定预算如表 6-10 所示。

表 6-10　固定预算表

产量：400 件　　　　　　　　　　2010 年度　　　　　　　　　　单位：元

成本项目	总成本	单位成本
直接材料	2400	6
直接人工	1600	4
制造费用	800	2
合计	4800	12

如果实际完成 600 件，实际总成本 6300 元，其中直接材料 3120 元，直接人工 2280 元，制造费用 900 元，单位成本 10.5 元。请分析并评价。

实际费用与预算数直接比较，超支较多，如果与按实际产量调整后的预算数相比，又节约很多。

比较后的差异如表 6-11 所示。

表 6-11　预算执行情况表

成本项目	固定预算	实际费用	差异	按实际产量调整后的固定预算	实际费用	差异
直接材料	2400	3120	+720	3600	3120	−480
直接人工	1600	2280	+680	2400	2280	−120
制造费用	800	900	+100	1200	900	−300
合计	4800	6300	+1500	7200	6300	−900

第一种比较方法实际上是在没有可比性的基础上进行比较。实际产量比预算增加了

50%，预算的费用未做相应调整，此时将实际费用与预算费用相比，得到的差异说明不了什么问题。第二种方法把全部的预算费用均按实际产量调整，即也增加了 50%，这是不妥当的，因为费用中有一部分是固定费用，它们并不随产量的增减而变动。

2．弹性预算

为了弥补固定预算的缺陷，产生了弹性预算。所谓弹性预算，是指在编制预算时，按照预先估计到的预算期内可能发生的多种业务量水平而编制的预算。由于这种预算随着业务量的增减作机动调整，本身具有弹性，故称为弹性预算。

用弹性预算的方法编制费用预算时，关键是把所有的费用项目均按照成本习性分成变动费用和固定费用两部分。这样，由于固定费用一般在相关范围内不随业务量的增减而变动，而变动费用则按业务量的增减加以调整，因此，费用的弹性预算公式如下：

$$费用的弹性预算 = 固定成本预算数 + \sum(单位变动成本预算数 \times 预计业务量)$$

应当指出，若费用的明细项目中有属于混合成本性质的，则必须先进行分解。如例 6-10 编制弹性预算时就必须先将制造费用分解为固定性制造费用 400 元和变动性制造费用 400 元，而后编制弹性预算如表 6-12 所示：

表 6-12　弹性预算表

业务量　成本项目	300	400	500	600	700	实际费用	差异
直接材料	1800	2400	3000	3600	4200	3120	−480
直接人工	1200	1600	2000	2400	2800	2280	−120
制造费用	700	800	900	1000	1100	900	−100
合计	3700	4800	5900	7000	8100	6300	−700

现在实际业务量是 600 件，那就直接和弹性预算中对应的 600 件业务量水平的预算数去对比，结果发现，直接材料节约了 480 元，直接人工节约了 120 元，制造费用节约了 100 元，总成本共节约了 700 元。

3．零基预算

零基预算是指不受过去实际收支情况的限制，一切都从零开始编制预算的方法。这种方法是由美国德克萨斯工具公司担任财务预算的彼得·派尔于 1970 年提出的。

在派尔提出零基预算之前，编制预算的传统方法是以基期的实际发生数为基础，结合预算期内可预见的情况加以调整，即在原有基础上增加或减少一定的百分率。所以这种预算方法也称为增减预算法，这种方法虽然简便易行，但有一个严重的缺陷就是，它建立在前期预算的实际执行结果的基础之上，不可避免地受制于过去的既成事实，易使预算中的不合理因素得以长期沿袭，缺乏创新，导致预算的不足或造成预算的浪费。零基预算不受过去实际发生数据的影响，从实际出发，逐项进行分析，从根本上评价各项活动。它充分调动了单位全体员工的工作积极性，挖掘了内在潜力，增强了预算的实用性。

零基预算的编制包括以下程序：

① 确定预算单位；

② 提出相应费用预算方案；

③ 进行成本和效益分析；

④ 决定预算项目资金分配方案；

⑤ 编制明细费用预算。

例6-11 公司采用零基预算编制 2011 年度销售及管理费用预算。具体过程如下：

第一步，由相关部门的全体员工，根据预算期总公司及本部门的目标， 提出预算期可能发生的一些费用项目及金额。如表 6-13 所示。

表 6-13 2011 年公司销售及管理费用预计开支　　　　　　单位：元

项目	金额	项目	金额
广告费	2600	办公费	2000
差旅费	1400	业务招待费	3000
培训费	1000	房屋租金	3000

第二步，经讨论差旅费、培训费、房屋租金、办公费为不可避免的成本费用项目，对广告费和业务招待费据历史资料进行成本效益分析，其结果如下：广告费投入 1 元，可获收益 20 元，业务招待费投入 1 元，可获得收益 30 元。

第三步，经研究认为在预算期内公司可用于销售及管理费用的资金为 10000 元，则首先在满足差旅费、培训费、办公费和房屋租金的基础上，对剩余资金在广告费与培训费之间进行分配。

$$剩余资金 = 10000 - 1400 - 1000 - 2000 - 3000 = 2600 (元)$$

$$费用分配率 = \frac{2600}{20 + 30} = 52$$

$$广告费项目分配资金 = 20 \times 52 = 1040 (元)$$

$$业务招待费项目分配资金 = 30 \times 52 = 1560 (元)$$

第四步，编制零基预算表，如表 6-14 所示。

表 6-14 2011 年公司销售及管理费用零基预算　　　　　　单位：元

项目	差旅费	办公费	培训费	房屋租金	广告费	业务招待费
预算额	1400	2000	1000	3000	1040	1560

4．滚动预算

滚动预算也叫"永续预算"或"连续预算"，它与一般预算的重要区别在于其预算期不是固定在某一期间(一般预算的预算期通常是一年，并且保持与会计年度一致)。它的预算期一般也是一年，但是每执行完一个月或一个季度后，就要将这个月或这个季度的经营成果与预算数相对比，从中找出差异及原因，并据此对剩余 11 个月或三季度的预算进行调整，同时自动增加一个月或一个季度的预算，使新的预算期仍旧保持为一年。滚动预算的示意图如图 6-2 所示。

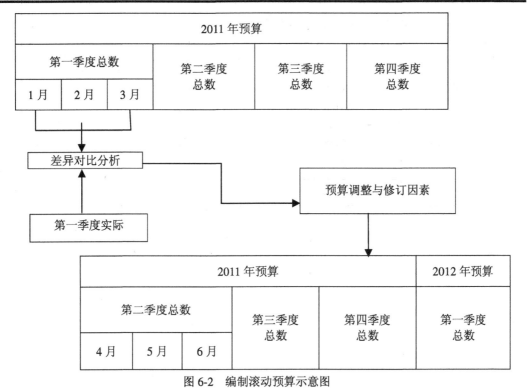

图 6-2　编制滚动预算示意图

滚动预算的编制，有利于管理人员对预算资料做经常性的分析研究，并能根据当前预算的执行情况，及时加以调整和修订。

习　题

1．试述财务预测的意义。

2．销售预测的定性方法和定量方法的优缺点各是什么？

3．试说明销售百分比法的基本依据和不足。

4．试说明应用线性回归法预测筹资数量时需要注意的问题。

5．财务预测与财务预算之间的关系是什么？

6．财务预算在全面预算体系中的地位如何？

7．财务预算的编制方法都有哪些？

8．什么样的企业需要编制全面预算？你认为小企业是否需要编制预算？

9．M 公司 2010 年的实际销售额为 360 000 元，税后净利为 14400 元，并发放普通股股利 7200 元，现假设该公司的固定资产已被充分利用。M 公司 2010 年 12 月 31 日的资产负债表如下表所示：

如果公司预计 2011 年销售额将增加到 480 000 元，并仍按 2010 年的股利发放率支付股利，假设计划期 2011 年零星资金需要量将增加 2000 元，如需对外筹资则从银行借款。

要求：

(1) 预测 2011 年需要追加的营运资金量和内部筹集资金量；

(2) 预测 2011 年需要对外筹集资金数量。

资产	金额	负债与所有者权益	金额
货币资金	18 000	应付账款	36 000
应收账款	36 000	应交税费	36 000
存　货	108 000	长期借款	108 000
固定资产	86 400	股　本	74 400
无形资产	42 000	未分配利润	36 000
合计	290 400	合计	290 400

第7章 筹资管理

✦ 学习目标：
    (1) 掌握权益资金筹集的方式和特点；
    (2) 掌握负债资金筹集的方式及优缺点；
    (3) 掌握资本成本的概念和计算方法；
    (4) 掌握杠杆原理与资本结构理论及决策方法。

✦ 学习重点：
    负债和权益两类筹资方式；资本成本的计算；财务杠杆的计算；资本结构的确定。

7.1 筹资概述

企业筹资是指企业根据其生产经营、对外投资和调整资本结构等需要，通过筹资渠道和金融市场，运用筹资方式，筹措所需资金的财务活动。筹集资金是企业资金运动的起点，是企业的一项基本财务活动。

7.1.1 企业筹资的目的及分类

1. 企业筹资的目的

企业筹资的目的很多，归纳起来主要有以下几类：

1) 依法筹集资本金

资本金是企业在工商行政管理部门登记的注册资金。依法筹集资本金是企业得以设立的基本条件。按照我国《公司法》规定，建立有限责任公司时，注册资本的最低限额为人民币3万元；建立股份有限公司时，注册资本的最低限额为人民币500万元。因此，对于公司制的企业，只有筹集到必备的资金，并取得会计师事务所的验资证明后，才能到工商管理部门办理注册登记，开展正常的经营活动。

2) 企业扩张需要

企业扩张表现为扩大生产经营规模或追加对外投资，这些都是以资金的不断投放为保证的。通过筹措大量资金，可以扩大企业生产经营规模、更新设备和改造技术，以利于提高产品的产量和质量，满足不断扩大的市场需要。同时，企业为了获得更高的对外投资效益，也需要筹集资金，开拓有发展前途的对外投资领域。

3) 偿还债务

负债经营是企业生产经营中普遍存在的现象。但负债都有一定的期限，到期必须偿还，如果企业现有支付能力不足以清偿到期债务，那么企业必须另外筹集资金来满足偿还债务的需要，这通常是企业在财务状况恶化的情况下被迫采取的措施。

4) 调整资本结构

当企业的资本结构不合理时，可以通过不同的筹资方式、不同的筹资渠道筹集资金来进行调整，使之趋于合理。例如，当企业的债务资金比例较高时，可以通过筹集一定量的自有资金来降低债务资金比例。

2．企业筹资的分类

企业筹集资金可按多种标准进行分类，常见的分类方式如下：

(1) 按资金的属性不同，分为权益资金和债务资金。

权益资金也称自有资金，是企业所有者依法提供的供企业长期拥有、自主调配运用的资金，包括实收资本(或股本)、资本公积、盈余公积和未分配利润。权益资金的所有权归属于企业的所有者，所有者凭其所有权参与企业的经营管理和利润分配，并对企业的债务承担有限或无限责任。企业权益资金通常采用发行股票或吸收直接投资和留存收益等方式形成。

债务资金也称借入资金，是企业向债权人借入的、按期偿还的资金，包括流动负债和长期负债。债务资金体现了企业与债权人的债务及债权关系。债权人有权按期索取债权本息，但无权参与企业的经营管理和利润分配，对企业的其他债务不承担责任。企业的债务资金通常采取借款、发行债券、租赁、商业信用等方式形成。

(2) 按资金的期限不同，分为长期资金和短期资金。

长期资金是指企业占用期限在 1 年以上的资金，主要用于企业购置固定资产、取得无形资产、进行对外投资等。企业的长期资金通常包括各种股权资金和长期借款、应付债券等债权资金。

短期资金是指企业需用期限在 1 年以内的资金，主要用于企业生产经营中临时性、周转性的资金需要。企业的短期资金一般包括短期借款、应付账款和应付票据等项目，通常采用银行借款、商业信用等筹资方式取得或形成。

(3) 按企业是否通过金融机构，分为直接筹资和间接筹资。

直接筹资是指企业不借助银行等金融机构，直接与资本所有者协商融通资本的一种筹资活动。具体而言，直接筹资方式主要有投入资本、发行股票、发行债券和商业信用等。

间接筹资是指企业借助银行等金融机构而融通资本的筹资活动，银行等金融机构发挥着中介作用。它们先聚集资金，然后提供给筹资企业。间接筹资的基本方式是银行借款。

7.1.2　企业筹资的原则

企业筹资是一项重要而复杂的工作，为了有效地筹集企业所需资金，必须遵循以下原则：

(1) 规模适当原则。不同时期企业的资金需求量并不是一个常数，企业财务人员要认真分析科研、生产、经营状况，采用一定的方法，预测资金的需求数量，合理确定筹资规模。

这样，既能避免因资金筹集不足，影响生产经营的正常进行，又可以防止资金筹集过多，造成资金闲置。

(2) 筹措及时原则。企业财务人员在筹集资金时，必须熟知资金时间价值的原理和计算方法，以便根据资金需求的具体情况，合理安排资金的筹集时间，适时获取所需资金。这样，既能避免过早筹集资金形成资金投放前的闲置，又能防止取得资金的时间滞后，错过资金投放的最佳时间。

(3) 来源合理原则。资金的来源渠道和资金市场为企业提供了资金的源泉和筹资场所，反映资金的分布状况和供求关系，决定着筹资的难易程度。不同来源的资金，对企业的收益和成本有不同影响。 因此，企业应认真研究资金来源渠道和资金市场，合理选择资金来源。

(4) 经济原则。在确定筹资数量、筹资时间、资金来源的基础上，企业在筹资时还必须认真研究各种筹资方式。不同筹资方式下的资金成本有高有低。因此，就需要对各种筹资方式进行分析、对比，选择经济、可行的筹资方式。与筹资方式相联系的问题是资金结构问题，企业应确定合理的资金结构，以便降低成本、减少风险。

7.2 权益资本的筹资

7.2.1 投入资本筹资

1. 投入资本筹资的含义

根据我国有关财务制度的规定，企业的权益资本包括实收资本、资本公积、盈余公积和未分配利润。企业的实收资本是企业所有者为创办和发展企业而投入的资本，是企业股权最基本的部分。企业资本因为企业组织形式的不同而有不同的表现形式，在股份制企业中称为"股本"，在非股份制企业中则称为"投入资本"。

投入资本筹资是指非股份制企业以协议等形式吸收国家、其他企业、个人和外商等直接投入资本的一种筹资方式。投入资本筹资不以股票为媒介，适用于非股份制企业。

2. 投入资本筹资的类型

按照我国有关财务制度的规定，投资者投入资本可以是现金也可以是厂房、建筑物、设备、材料等实物投资，还可以是专利权、商标权、商誉、非专利技术、土地使用权等无形资产。实物投资和无形资产投资需要进行评估，以评估价值作为投入资本的数量。

3. 投入资本筹资的程序

企业通过投入资本筹资，一般应遵循下面的程序：

(1) 确定投入资本筹资的数量。企业新建或扩大规模而进行投入资本筹资时，应当合理确定所需要投入资本筹资的数量；

(2) 选择投入资本筹资的具体形式。企业面向哪些方向、采用何种具体形式进行投入资本筹资，需要由企业和投资者双向选择，协商确定。企业应根据其生产经营等活动的需要以及协议等规定，选择投入资本筹资的具体方向和形式；

(3) 签署合同或协议等文件。企业投入资本筹资，不论是为了新建还是为了增资，都应当由有关方面签署合同或协议等书面文件；

(4) 取得资本来源。签署协议生效后，应按规定或计划取得资本。吸收出资方以实物资产和无形资产出资的，应结合具体情况，采用适当方法，进行合理估价，然后办理产权的转移手续，取得资产。

4．投入资本筹资的优缺点

投入资本筹资的优点主要是：

① 投入资本筹资所筹的资本属于企业的股权资本，与债权资本相比较，它能提高企业的资信和借款能力；

② 投入资本筹资不仅可以筹集现金，而且能够直接获得所需的先进设备和技术，与仅筹集现金的筹资方式比较，能尽快地形成生产经营能力；

③ 投入资本筹资的财务风险较低。

投入资本筹资的缺点是：

① 投入资本筹资通常资本成本较高；

② 投入资本筹资由于没有证券作为媒介，产权关系不够明晰，不便于产权的交易，难以大量吸收社会资本的参与。

7.2.2　发行股票筹资

股票是股份有限公司签发的证明股东身份和权益，并据此获得股利的一种书面凭证，是为筹措股权资金而发行的有价证券。

1．股票的种类

(1) 按股东拥有权利和义务的不同，分为普通股和优先股。

普通股是公司发行的代表股东享有平等的权利、义务，不加特别限制，且股利不固定的股票，它是公司最基本的股票。普通股股东具有以下权利：

① 参加股东会并按出资比例行使表决权；

② 选举和被选举为公司董事或监事；

③ 监督公司的经营；

④ 参与制定和修改公司章程；

⑤ 拥有剩余财产的请求权；

⑥ 拥有新股发行的优先认股权；

⑦ 拥有红利分配权等。

优先股是相对于普通股而言的，是介于普通股和债权之间的一种有价证券。优先股股东可优先于普通股获得固定的股利，在破产和清算时，有优先于普通股获得剩余资产的权利。但是优先股股东无权参与公司经营管理，没有选举权，而且其表决权也受到限制。

(2) 按股票是否记名，分为记名股票和无记名股票。

记名股票是将股东姓名记载于股票票面和股东名册的股票。无记名股票是在股票票面上不记载股东姓名的股票。

无记名股票与记名股票相比，在股东权益内容上没有差别，只是股票记载方式不同。我国《公司法》规定，公司的发起人、国家授权投资的机构、法人发行的股票应当为记名股票，对社会公众发行的股票可以是记名股票，也可以是无记名股票。

(3) 按投资主体不同分为国家股、法人股、个人股和外资股。

国家股是指有权代表国家投资的政府部门或机构以国有资产投入公司而形成的股份。各级国有资产管理机构及其所属的国有资产管理公司作为具体的投资者持股。

法人股是指企业法人或具有法人资格的事业单位和社会团体以其依法可支配的资产向公司投资所形成的股份。由于资金来源不同，法人股又可分为国有法人股和企业法人股。

个人股也称社会公众股，是指社会个人或本公司内部职工以个人合法财产投入公司形成的股份。具体分为职工个人股和社会个人股。

外资股是指外国和我国香港、澳门、台湾地区投资者以购买人民币特种股票形式向公司投资形成的股份。

2. 股票发行的条件和程序

股份公司发行股票，分为设立发行和增资发行，但不论是设立发行还是增资发行，根据我国《公司法》、《证券法》等规定，都必须依循下列一些基本要求：

① 股份有限公司的资本划分为股份，每股金额相等；

② 公司的股份采取股票的形式；

③ 发行的股份实行公平、公开、公正的原则，必须同股同权，同股同利；

④ 同次发行的股票，每股的发行条件和发行价格应当相同。各个单位或者个人所认购的股份，每股应当支付相同价额；

⑤ 股票发行价格可以按票面金额，也可以超过票面金额，但是不得低于票面金额。即可以按面额发行或溢价发行，但是不得折价发行；

⑥ 公司对公开发行股票所筹集资金，必须按照招股说明书所列资金用途使用。

股份有限公司设立时发行股票与增资发行新股的程序有所不同。

股份有限公司在设立时发行股票的程序是：

① 发起人认足股份，交付出资；

② 提出募集股份申请；

③ 公告招股说明书，制作认股书，签订承销协议；

④ 招认股份，缴纳股款；

⑤ 召开创立大会，选举董事会、监事会；

⑥ 办理公司设立登记，交割股票。

股份有限公司增资发行新股的程序是：

① 做出发行新股的决议；

② 提出发行新股的申请；

③ 公告招股说明书，制作认股书，签订承销协议；

④ 招认股份，缴纳股款，交割股票；

⑤ 改组董事会、监事会，办理变更登记并向社会公告。

3. 股票发行方式

股票发行可分为有偿增资发行和无偿增资发行两种。

有偿增资发行是指发行时投资者必须按认购的股数、面额或市价缴纳现金或实物的增资。主要包括以下几个方面：

① 股东配股的股票发行方式。即企业在发行新股时，赋予股东以某一价格优先认购新股的权利，且认购的股数要按原持有的股数比例进行分配。

② 第三者配股的股票发行方式。即指公司在新股票发行时，给予和公司有特定关系的第三者(如公司的职工、大股东、顾客、往来银行等)以新股认购权。

③ 公开招股发行方式。即公募发行，是以不特定的多数投资者为发行对象。它可以是直接公募发行，也可以是间接公募发行。

无偿增资发行是指股票发行时投资者不需缴纳现金和实物即可无代价取得新股的增资，这种方式发行股票往往不以筹集资金为主要目的。主要包括以下几种：

① 无偿交付方式。即指企业用资本公积金转增股本，按股东现有持股比例无偿地交付新股票。

② 股票分红方式。即上市公司以股票形式给股东进行股利分配。

③ 股份分割方式。即将原来大面额股票分割为若干股小面额股票。股份分割只增加股份的份额，而公司的资本数额并不发生变化。

4．股票发行的定价

股票发行价格是指股份公司发行股票时，将股票出售给投资者所采用的价格，也是投资者认购股票时所必须支付的价格。股票发行价格通常是股票发行者根据股票市场价格水平和其他因素综合确定的。

国内外股票发行定价的方式主要有累计订单方式、固定价格方式两种。累计订单方式首先由承销团与发行公司商定定价区间，通过市场促销征集在每个价位上的需求量，然后分析需求量分布，由主承销商与发行公司确定最终发行价格。美国证券市场经常采用这种发行定价方式。固定价格方式是在公开发行前由承销商与发行公司商定固定的股票发行价格，然后根据该价格进行公开发售。英国、日本、我国香港等证券市场通常采用这种发行定价方式。

目前，我国公司的股票发行定价属于固定价格方式，即在发行前由主承销商和发行公司运用市盈率法来确定新股发行价格。在市盈率法下，每股发行价格主要根据预测每股税后利润和发行市盈率两个因素来确定。

5．股票上市

股票上市是指股份有限公司公开发行的股票经批准在证券交易所进行挂牌交易。经批准在交易所上市交易的股票称为上市股票。只有公开募集发行并经批准上市的股票才能进入证券交易所流通转让。

我国《公司法》规定，股份有限公司申请股票上市，必须符合如下条件：

① 股票经国务院证券管理部门批准已向社会公开发行；

② 公司股本总额不少于人民币3000万元；

③ 向社会公开发行的股份达到公司股份总数的25%以上；公司股本总额超过人民币4亿元的，其向社会公开发行股份的比例为10%以上；

④ 公司在最近三年内无重大违法行为，财务会计报告无虚假记载；

⑤ 国务院规定的其他条件。

具备上述条件的股份有限公司经过申请，由国务院或国务院授权的证券管理部门批准其股票方可上市。股票上市公司必须公告其上市报告，并将其申请文件存放在指定的地点供公众查阅。股票上市公司还必须定期、及时公布其财务状况和经营情况，每个会计年度内每半年公布一次财务会计报告。

6. 股票筹资的优缺点

股票筹资的优点是：

① 股票筹资没有固定的到期日，不需要偿还，筹集的资金是永久性的资金，在公司持续经营期间可长期使用，能够保证企业最低的资金需求。

② 股票筹资没有固定的利息负担。公司发行股票进行筹资，每年应支付给股东多少股利，取决于公司的盈利水平和股利政策。

③ 能增强公司的信誉。利用股票筹集的权益资本是公司借入资金的基础，公司的权益资本越多，对债务偿还的保证能力就越强。因此，股票筹资可以提高企业的信誉，同时，也为使用更多的债务资本提供了强有力的支持。

股票筹资的缺点是：

① 股票筹资的资本成本较高。一方面，股票的股利要在税后利润中支付，股利不能抵扣所得税；另一方面，从股东的角度来看，由于股票投资风险大，所以股东要求较高的报酬率作为补偿，因此，股票的筹资成本大于债券的筹资成本。

② 容易分散控制权。当公司发行新股，引进新股东时，会导致公司控制权的分散。

③ 稀释每股收益，降低股票价格。当公司增加股票发行时，新股东对公司已积累的盈余具有分配权，这就会降低股票的每股收益，从而可能引起普通股市价下跌。

7.3　债务资金的筹资

债务资金筹资是企业最主要的筹资形式之一。这是因为：第一，权益资金筹资一般都受到一定的限制，这就决定了企业必须借助于债务资金筹资形式来满足企业生产经营的需要；第二，从企业发展速度与规模上，如果不依赖于债务资金筹资将难以利用财务杠杆扩大其生产经营规模；第三，债务资金筹资对提高权益资金收益率具有重要的意义。

7.3.1　长期借款筹资

长期借款是指企业向银行和其他非银行金融机构借入的，期限在一年以上的各种借款，主要用于企业构建固定资产和满足长期流动资金占用的需要。长期借款在一定时期内可以被企业作为一种永久性借款，供企业长期占用。

1. 长期借款的种类

(1) 按提供贷款的机构分为政策性银行贷款、商业性银行贷款和其他金融机构贷款。

政策性银行贷款是指执行国家政策性贷款业务的银行向企业发放的贷款。如国家开发银行为满足企业承建国家重点建设项目的资金需要提供贷款；进出口信贷银行为大型设备的进出口提供买方或卖方的信贷。

商业性银行贷款是指由各商业银行向企业提供的贷款。这类贷款主要是为满足企业生产经营的需要。企业对此类贷款自行选择贷款方式、自担风险。

其他金融机构贷款是指除银行以外的其他金融机构(如信托投资公司、财务公司、保险公司等)向企业提供的贷款。相对于商业银行贷款来说，此类贷款期限更长，要求的利率较高，对借款企业的信用要求和担保的选择也比较严格。

(2) 按有无抵押品做担保分为信用贷款和抵押贷款。

信用贷款是指以借款人的信誉为依据而发放的贷款，企业取得这种借款，无需以财产做抵押，因而一般只贷给那些资信优良的企业。对这种贷款，银行一般要收取较高的利息，并附加一定的条件限制。

抵押贷款是指以特定的抵押品为担保的贷款。作为贷款担保的抵押品可以是不动产、机器设备等实物资产，也可以是股票、债券等有价证券。抵押品必须是能够变现的资产。如果企业到期不能归还贷款，银行有权处理抵押品并优先受偿。

2．长期借款的程序

一般地，企业办理长期借款的基本程序如下：

(1) 企业提出申请。借款企业向贷款银行提出借款申请，详细说明借款原因和金额、用款计划和时间、还款计划和归还期限等。

(2) 银行审批。银行接到企业借款申请后，对企业进行审查。审查的内容主要包括：企业财务状况、信用情况、盈利的稳定性、发展前景、借款投资项目的可行性等。

(3) 签订借款合同。经审查批准借款合同后，与借款企业进一步协商贷款的具体条件，签订正式的借款合同，明确贷款金额、利率、期限和一些限制性条款。

(4) 企业取得借款。借款合同生效后，企业可在核定的贷款指标范围内，根据用款计划和实际需要，一次或分次将贷款转入企业账户，以便企业支用借款。

3．长期借款合同中的条款

借款合同是规定借贷双方权利和义务的契约。借款合同签订后，即具有法律约束力，借贷当事人各方必须遵守合同条款，履行合同约定的义务。

(1) 基本条款。根据我国有关规定，借款合同应具备下列基本条款：借款种类、借款用途、借款金额、借款利率、借款期限、还款资金来源及还款方式、保证条款、违约责任等。其中保证条款是规定借款企业申请借款应具有银行规定比例的自有资本，或者银行要求企业必须有一定的财产物资作担保，如果借款企业到期不能归还贷款，则贷款银行有权处理这些财产物资。

(2) 限制性条款。为了保护其自身权益，保证到期能收回贷款并获得收益，银行要求企业保持良好的财务状况，并做出承诺，这就是长期借款协议的限制性条款。它主要包括一般限制性条款、例行性限制条款以及特殊性限制条款。

① 一般性限制条款主要包括：借款企业必须保持一定的流动资金数额，保持其资产的合理流动性及变现能力；限制企业支付现金股利；限制企业资本支出的规模；限制企业借入其他长期资金等。

② 例行性限制条款作为例行常规，在大多数借款合同中都有这类条款，主要包括借款企业必须定期向银行提交财务报表；借款企业不准在正常情况下出售较多资产，以保持企业正常的生产经营能力；借款企业不得为其他单位或个人提供担保；限制借款企业租赁固

定资产的规模，以防止过多的租金支付；禁止借款企业应收账款的转让；及时清偿到期债务，等等。

③ 特殊性限制条款主要包括：贷款专款专用；不准企业投资于短期内不能收回资金的项目；限制企业高级职员的薪金和奖金总额；要求企业主要领导人在合同有效期间担任领导职务；要求企业主要领导人购买人身保险等。

4．长期借款筹资的优缺点

与其他筹资方式相比，长期借款具有以下优点：

(1) 筹资迅速。长期借款所要办理的手续相对于股票债券等方式较为简单，具有程序简便、迅速快捷的特点。

(2) 借款弹性较大。借款时企业与银行直接交涉，有关条件可谈判确定；用款期间企业如因财务状况发生某些变动，亦可与银行再协商，因此，长期借款融资对企业具有较大的灵活性。

(3) 资本成本低。利用长期借款融资，其利息可在所得税前列支，故可减少企业实际负担的成本；此外，借款融资的融资费用也较少。

(4) 易于企业保守财务秘密。向银行办理借款，可以避免向公众提供公开的财务信息，因而易于减少财务信息的披露面，对保守财务秘密有益。

但是，长期借款也有其不足。主要表现在：

(1) 筹资风险比较大。借款具有还本付息的固定义务，企业偿债压力大，筹资风险较高。

(2) 使用限制多。银行对借款的使用附加了很多约束性条款，限制了企业自主调配与运用资金的功能。

(3) 融资数量有限。一般不如股票、债券那样可以一次筹集到大笔资金。

7.3.2 发行债券筹资

债券是债务人为筹集负债资本而发行的、约定在一定期限内向债权人还本付息的有价证券。发行债券是企业筹集负债资金的一种重要方式。

1．债券的种类

(1) 按有无抵押担保，分为信用债券、抵押债券和担保债券。

信用债券又称无抵押担保债券，是仅凭债券发行者的信用发行的。在公司清算时，信用债券的持有人因无特定的资产做担保品，只能作为一般债权人参与剩余财产的分配。

抵押债券是以一定抵押品作抵押而发行的债券。如果债券到期不能偿还，持券人可以行使其抵押权，拍卖抵押品作为补偿。通常按抵押品的不同，又可分为不动产抵押债券、设备抵押债券和证券抵押债券。

担保债券是指由一定保证人作担保而发行的债券。担保人需负连带责任，如果债券到期不能偿还，担保人需要以自己的个人财产补偿债务。

(2) 按能否转换为股票，分为可转换债券和不可转换债券。

可转换债券是指根据发行契约允许持券人按预定的条件、时间和转换率将持有的债券转换为公司普通股的债券。不能享有这种权利的债券则为不可转换债券。对于可转换债券，如债券持有人选择转股，公司应当按照转换办法向债券持有人换发股票，但债券持有人对转换股票或者不转换股票有选择权。

(3) 按能否提前收兑，分为可提前收兑债券和不可提前收兑债券。

可提前收兑债券是企业按照发行时的条款规定，依一定条件和价格在企业认为合适的时间收回债券。这类债券的优点在于：当利率降低时，企业可用"以新换旧"的办法，收回已发行的利率较高的债券，代之以新的、利率相对较低的债券，以降低债务成本。不可提前收兑债券是指不能从债权人手中提前收回的债券。它只能在证券市场上按市场价格买回，或等债券到期后收回。

2．债券发行价格

所谓债券发行价格是指发行公司(或其承销机构)发行债券时所使用的价格，即投资者向发行公司认购债券时实际支付的价格。公司在发行债券之前，必须进行发行价格决策。

(1) 影响债券发行价格的因素有四个。

① 债券面值。即债券券面上标明的价值，它是债券到期时偿还债务的金额，也是计算债券利息的依据。债券面值固定不变，到期必须足额偿还。

② 债券票面利率。即发行债券时就已确定并在债券上注明的名义利率。债券利息等于债券面值与票面利率的乘积。

③ 市场利率。即债券发行时的市场利率，与债券售价成反比关系。由于债券票面利率与市场利率不一致，当市场利率低于票面利率时，债券的发行价格高于面值，即溢价发行；当市场利率等于票面利率时，债券的发行价格等于面值，即平价发行；当市场利率高于票面利率时，债券的发行价格低于面值，即折价发行。

④ 债券期限。债券发行的起止日期越长，则风险越大，售价越低。

(2) 债券发行价格确定方法。从理论上讲，债券的投资价值由债券到期还本面值与债券各期利息按市场利率折现的现值两部分组成。发行价格的具体计算公式为

$$债券的发行价格 = \frac{票面金额}{(1+市场利率)^n} + \sum_{t=1}^{n} \frac{票面金额 \times 票面利率}{(1+市场利率)^t}$$

式中，n 代表债券的期限，t 代表付息期数。

例 7-1　某公司发行面值为 1000 元、票面利率 10%、期限 10 年的债券，每年末付息一次。其发行价格计算如下：

① 如果市场利率为 10%，等于票面利率，则债券为平价发行。

$P_0 = 1000 \times 10\% \times (P/A, 10\%, 10) + 1000 \times (P/F, 10\%, 10) = 1000$ (元)

② 如果市场利率为 8%，低于票面利率，则债券为溢价发行。

$P_0 = 1000 \times 10\% \times (P/A, 8\%, 10) + 1000 \times (P/F, 8\%, 10) = 1134$ (元)

③ 如果市场利率为 12%，高于票面利率，则债券为折价发行。

$P_0 = 1000 \times 10\% \times (P/A, 12\%, 10) + 1000 \times (P/F, 12\%, 10) = 886$ (元)

3．债券的信用评级

由于公司发行的债券品种繁多，信誉优劣各异，所以投资者希望有专门的机构对债券的质量高低进行评价。所谓债券的信用评级，是由专门的中介机构对债券发行企业的经营状况、财务质量、偿债能力等因素进行评估，以不同的级别表示债券的信用高低、风险大小。投资者根据评级结果选择债券进行投资。当前国际上最著名的债券评级机构是穆迪投

资服务公司和标准普尔公司。

4．债券筹资的优缺点

债券筹资的优点主要表现为：

(1) 资金成本相对较低。与股票的股利相比，债券的利息允许在所得税之前支付，发行公司可享受税收上的优惠，故公司实际负担的债券成本一般低于股票成本。

(2) 可利用财务杠杆作用。无论发行公司的盈利多少，债券持有人一般只收取固定的利息，而更多的收益可用于分配给股东或留存公司经营，从而增加股东和公司的财富。

(3) 有利于保障股东对公司的控制权。债券持有者无权参与企业管理决策，因此，通过债券筹资，既不会稀释股东对公司的控制权，又能扩大公司的投资规模。

(4) 有利于调整资本结构。公司在进行发行种类决策时，如果适时选择可转换债券或可提前收兑债券，则对企业主动调整其资本结构十分有利。

债券筹资的缺点主要表现在：

(1) 财务风险较高。债券筹资除了要支付固定的利息外，还要在到期日偿还全部本金。

(2) 限制条件较多。发行债券的限制条件一般要比长期借款、租赁融资的限制条件多且严格，从而限制了公司对债券融资方式的使用。

7.4　资 本 成 本

7.4.1　资本成本概述

在市场经济条件下，没有免费的资金，企业的资金无论来源于哪种渠道，采用哪种方式，都要付出代价。所谓资本成本就是指企业为筹集和使用资金所付出的代价，通常是指筹集和使用各种长期资金(包括权益资金和长期债务资金)而付出的代价。在企业财务管理中，资本成本的计算和确定十分重要，它体现在两方面：

(1) 企业的资本有各种来源，如股票、债券、长期和短期贷款，不同资本的数量及其成本的大小会影响企业总的资本成本，因此企业在筹措资金时必须进行资本成本的估算，以便找到使企业筹资成本最小的筹资方案。

(2) 在企业的长期投资决策中必须以资本成本作为折现率来计算现值。投资项目的取舍取决于项目的投资收益率是否大于筹资的资本成本。

资本成本可以用绝对数表示，也可以用相对数表示。为便于比较，资本成本多用相对数表示，也可称为资本的价格。资本成本从企业的角度看，是企业获取资金必须支付的最低价格。从投资者的角度看，它是投资者提供资金所要求的收益率。

7.4.2　资本成本的计算

资本成本包括资金筹集费用和资金占用费两部分。资金筹集费用是企业在筹集资金过程中支付的各种费用，主要包括各种手续费、股票和债券的发行费等。这种费用一般是在筹集资金过程中一次支付的，在计算资本成本时通常把资金筹集费作为筹集资金总额的一项扣除。资金占用费是企业在生产经营过程中因占用和使用资金而支付的各项费用，包括股票股利、借款和债券的利息等。资金占用费经常发生，并需要定期支付。因此资本成本的计算公式可以表示如下：

$$资本成本=\frac{资金占用费}{筹资金额-资金筹集费}=\frac{资金占用费}{筹资金额\times(1-筹资费率)}$$

该公式是资本成本计算的理论公式，不同筹资方式的资本成本是在此基础上，根据各自的特点加以调整而确定的。

1．债务资本成本的计算

债务资本成本主要包括长期借款成本和债券成本。

1）长期借款成本 K_L：

$$K_L=\frac{I_L(1-T)}{L(1-F_L)}=\frac{R_L(1-T)}{1-F_L}$$

式中：I_L——长期借款年利息；

　　　T——企业所得税率；

　　　L——借款本金；

　　　F_L——长期借款筹资费用率；

　　　R_L——长期借款年利率。

若筹资费用率 F_L 低，在计算时，可忽略不计。则：

$$K_L=R_L(1-T)$$

例7-2　某企业取得长期借款150万元，年利率为10.8%，期限为三年。每年支付一次利息，到期还本，筹措这笔资本的费用率为0.2%，$T=25\%$，试计算该笔长期借款的成本。

解　　　　$K_L=\frac{R_L(1-T)}{1-F_L}=\frac{10.8\%\times(1-25\%)}{1-0.2\%}=8.12\%$

由于筹资费用率 F_L 低，在计算时，可忽略不计。

$$K_L=R_L(1-T)=10.8\%\times(1-25\%)=8.10\%$$

2）债券成本 K_b

债券成本包括债券利息和筹资费用。从债券的发行价格看，有平价、溢价和折价三种。因此债券实际筹得的资金数额应按发行价格计算。

债券成本的计算公式为：

$$K_b=\frac{I_b(1-T)}{B(1-F_b)}$$

式中：K_b——债券成本；

　　　I_b——债券年利息；

　　　B——债券筹资额，按发行价格确定；

　　　F_b——筹资费用率，不得忽略不计。

2．优先股资本成本的计算

优先股的股息是固定的，且股息支付是在所得税前支付，不存在节税效果。按照股息固定的股票估值公式，优先股票的价格为：

$$P_e = \frac{D_p}{K_p}$$

式中：D_p 为优先股息；K_p 为优先股东要求收益率；P_e 为优先股票价格。

K_p 即为优先股资本成本，由于优先股息是税后支付的，K_p 属税后成本，计算公式如下：

$$K_p = \frac{D_p}{P_e}$$

3. 普通股资本成本的计算

与优先股相比，普通股股东的收益一般不固定，它随企业的经营状况而改变。普通股东承担企业的风险比债权人和优先股东大，因此普通股东要求的收益率也较高。鉴于普通股成本计算考虑的因素较多，通常可用三种方法估算，然后互相印证，取一合理数值。

1) 资本资产定价模型(Capital Asset Pricing Model，CAPM)

根据资本资产定价模型，普通股东对某种股票 S 的期望收益率 K_S 可表示如下：

$$K_S = K_{RF} + \beta(K_m - K_{RF})$$

K_S 由两部分组成：K_{RF} 是无风险收益率，一般采用国库券利率；$\beta(K_m - K_{RF})$ 是对股票 S 投资的风险补偿率。$(K_m - K_{RF})$ 是对市场平均风险的补偿，β 是 S 股票相对于市场平均风险的波动倍数。当市场股票处于均衡状态时，普通股东要求收益率 K_S 等于期望收益率 K_S。市场平均股票收益率 K_m 和 β 值由股票市场的数据统计得出。由于不同的机构对同一种股票 β 值的估算往往有差异，加之 K_m 和 β 一般用历史数据分析，与未来的预期也会有差异，因此对用资本资产定价模型计算的普通股成本 K_S 最好再作进一步的判断分析。

2) 折现现金流量(Discounted Cash Flow，DCF)法

根据普通股票估值公式，普通股票每股的当前市场价格等于预期的每股股利现金流量序列的现值之和：

$$P_0 = \sum_{t=1}^{\infty} \frac{D_t}{(1 + K_S)^t}$$

若已知股票的市场价格和期望的未来股利流，则可求出普通股东的要求收益率。大多数公司预期股利按某一固定的比率 g 增长，此时上式可表示为：

$$P_0 = \frac{D_1}{K_S - g}$$

故

$$K_S = \frac{D_S}{P_0} + g$$

对普通股资本成本 K_S 估计的困难在于股利增长率 g 的测定。当前股票的市场价格 P_0

从股票市场上获得，下一期股利 D_1 也容易测算。而将来较长时期(50 年左右)公司股利的增长率难以测算得准确，而 g 对 K_S 的影响又较大，故此法的计算也只是估计 K_S 的范围。

对于新发行的普通股，发行成本为 f 时其资本成本为：

$$K_S = \frac{D_1}{P_0 - f} + g$$

3) 债务成本加风险报酬法

对股票未上市公司或非股份制企业，以上两种方法都不适用于计算权益资本成本。这时可采用债务成本加风险报酬率的办法。若公司发行债券，债务成本为债券收益率，若无公司债券，则可用企业的平均负债成本。这种方法的关键是估算风险报酬率。即相对于债券持有者而言，股东要承担更大的风险补偿。如果公司的风险报酬率通常是在一个稳定的范围内，则可采用平均的历史风险报酬率。此外也可根据市场的平均风险报酬率来确定此数值。

下面用一个例子来说明普通股资本成本的估算过程。

例 7-3　某企业股票市场价格为 25 元，下一期股利预计为 1.75 元，预期未来股利将按 9% 的速率增长。此时市场平均股票收益率 $K_m = 18\%$，政府 3 年期国库券的利率为 11%。企业股票的 β 值为 0.95。企业债券收益率 $K_d = 13\%$。求该企业普通股资本成本。

解：按资本资产定价模型(CAPM)计算：

$$K_S = K_{RF} + \beta(K_m - K_{RF}) = 11\% + 0.95 \times (18\% - 11\%) = 17.65\%$$

按折现现金流量(DCF)法：

$$K_S = \frac{D_1}{P_0} + g = \frac{1.75}{25} + 9\% = 16\%$$

按债务成本率加风险报酬率法：

$$K_S = 13\% + 4\% = 17\%$$

三种计算方法计算的结果，该企业普通股资本成本 K_S 为 16%～17%。通常可取其算术平均值：

$$K_S = \frac{17.65\% + 16\% + 17\%}{3} = 16.88\% \approx 17\%$$

在权益资本中，留存收益作为内部筹资的资本用于再投资时，其资本成本可以按上述例子计算。因为留存收益若不用于投资，则可分发给股东。普通股要求收益率是留存收益再投资的机会成本。所以，留存收益的成本等于现有的普通股成本。

4) 加权平均资本成本的计算

企业为投资活动所筹措的资金往往有多种来源，每种资本的成本各异，总的筹资成本应按加权平均资本成本(Weighted Average Cost of Capital)计算，简写为 WACC。

$$\text{WACC} = \sum_{i=1}^{n} W_i \cdot K_i$$

式中，W_i 为第 i 种资本在总资本中所占比例；K_i 为第 i 种资本的税后资本成本。

企业筹资时各种资本的组成比例构成了资本结构，每个企业都有一个最优资本结构，可使企业股票的价值最大化。根据最优资本结构制定的企业目标资本结构应是企业筹集新资本时确定各种资本数量的依据，上式中的权重 W_i 便由此得出。

例 7-4 上例中的企业普通股成本 $K_S = 17\%$，优先股成本 $K_p = 12.5\%$，债务成本 $K_d = 13\%$。总资本中债务占 30%，优先股占 10%，普通股占 60%，企业所得税率 25%，则加权平均资本成本可计算如下：

资本类别	税后成本 K_i	×	资本权重 W_i	=	加权资本成本
债务	$13\% \times (1 - 25\%) = 9.75\%$		0.3		2.925%
优先股	12.5%		0.1		1.25%
普通股	17%		0.6		10.2%
					WACC = 14.375%

7.5 杠 杆 原 理

1. 经营风险与经营杠杆

1) 经营风险

经营风险是指由于企业生产经营的原因给公司的收益(指息税前利润)或报酬率带来的不确定性。经营风险依赖于一系列的因素，例如需求、产品售价、研发能力、固定成本等。

2) 经营杠杆

在企业全部成本中，由于固定成本总额为一常数，与销售量的变动无关。当销售量变动时，息税前利润并不随着销售量的变动而成比例地变动。固定成本的存在使得销售量每变动一个百分点就会使息税前利润变动更大的百分点，这类似于杠杆原理。这种利用固定成本为杠杆，通过扩大销售量所取得的利益，称作经营杠杆利益。杠杆效应不仅可以放大企业的息税前利润，也可以放大亏损。经营杠杆反映销售量与息税前利润之间的关系，可以衡量销售量变动对息税前利润的影响程度。息税前利润的计算公式为：

$$\text{EBIT} = Q(P - V) - \text{FC}$$

式中：EBIT——息税前利润；

$\quad\quad P$——产品单位销售价格；

$\quad\quad Q$——产品销售量；

$\quad\quad V$——产品单位变动成本；

$\quad\quad$FC——总固定成本。

盈亏平衡点 Q_{BE} 是使总收入和总成本相等，或使息税前利润等于零所要求的销售量。因此：

$$\text{EBIT} = Q_{BE}(P-V) - \text{FC} = 0$$

$$Q_{BE} = \frac{\text{FC}}{P-V}$$

例 7-5　某企业生产 A 产品，销售单价为 50 元，单位变动成本为 25 元，固定成本总额为 100 000 元。盈亏平衡点为：

$$Q_{BE} = \frac{100000}{50-25} = 4000(件)$$

超过盈亏平衡点以上的额外销售量，将使利润增加；销售量跌到盈亏平衡点以下时，亏损将增加。

3) 经营杠杆系数(Degree of Operating Leverage，DOL)

经营杠杆的大小一般用经营杠杆系数表示，它是息税前利润变动率与销售量变动率两者之比。计算公式为：

$$\text{DOL} = \frac{\Delta \text{EBIT}/\text{EBIT}}{\Delta Q / Q}$$

式中，DOL 为经营杠杆系数。

假定企业的成本—销量—利润保持线性关系，可变成本在销售收入中所占的比例不变，固定成本也保持稳定，经营杠杆系数便可通过销售额和成本来表示。这时有两种计算方法。

方法一：
$$\text{DOL}_Q = \frac{Q(P-V)}{Q(P-V) - \text{FC}} = \frac{Q}{Q - Q_{BE}}$$

式中，DOL_Q 为销售量为 Q 时的经营杠杆系数。

方法二：
$$\text{DOL}_S = \frac{S - \text{VC}}{S - \text{VC} - \text{FC}} = \frac{\text{EBIT} + \text{FC}}{\text{EBIT}}$$

式中：DOL_S 为销售额为 S 时的经营杠杆系数；S 为销售额；VC 为变动成本总额。

方法一可用于计算单一产品的经营杠杆系数；方法二除了用于单一产品计算外，还可用于计算多种产品的经营杠杆系数。

2. 财务风险与财务杠杆

1) 财务风险

财务风险是由于企业决定通过债务筹资而给公司的普通股股东增加的风险。财务风险包括可能丧失偿债能力的风险和每股收益变动性的增加。

2) 财务杠杆

企业负债经营且资本结构一定的条件下，不论利润多少，债务利息是不变的，从而使得息税前利润发生增减变动时，每 1 元息税前利润所负担的固定资本成本就会相应地减少或增加，从而给普通股股东带来一定的财务杠杆利益或损失。事实上，财务杠杆是两步收益放大过程的第二步，第一步是经营杠杆放大了销售量变动对息税前利润的影响；第二步是利用财务杠杆将前一步导致的息税前利润变动对每股收益变动的影响进一步放大。

(3) 财务杠杆系数(Degree of Financial Leverage，DFL)

财务杠杆作用的大小通常用财务杠杆系数表示。财务杠杆系数越大，表明财务杠杆作用越大，财务风险也就越大；财务杠杆系数越小，表明财务杠杆作用越小，财务风险也就越小。财务杠杆系数的计算公式为：

$$DFL = \frac{\Delta EPS/EPS}{\Delta EBIT/EBIT}$$

式中：DFL 为财务杠杆系数；EPS 为每股收益。

上述公式还可以推导为：

$$DFL = \frac{EBIT}{EBIT - I - \dfrac{D}{1-T}}$$

式中：I 为债务利息；D 为优先股股息；T 为公司所得税税率。

3. 公司总风险与复合杠杆

公司总风险是指财务风险和经营风险之和。总风险分析通常用复合杠杆来衡量。将财务杠杆和经营杠杆联合在一起，就是我们所说的复合杠杆(或总杠杆)。将财务杠杆和经营杠杆联合起来的效果是，销售量的任何变动都将经两步放大为每股收益的更大变动。每股收益对销售量变动的总的敏感性的数量化衡量指标就是总杠杆系数(Degree of Total Leverage，DTL)。总杠杆系数是指每股收益变动率相当于产销量变动率的倍数，其计算公式为：

$$DTL = \frac{\Delta EPS/EPS}{\Delta Q/Q}$$

式中，DTL 为总杠杆系数。

假定企业的成本—销售量—利润保持线性关系，可变成本在销售收入中所占的比例不变，固定成本也保持稳定，总杠杆系数便可通过销售额和成本来表示。

$$DTL_Q = \frac{Q(P-V)}{Q(P-V) - F - I - \dfrac{D}{1-T}}$$

式中，DTL_Q 为销售量为 Q 时的总杠杆系数。

在计算上，总杠杆系数就是经营杠杆系数和财务杠杆系数的乘积：

$$DTL = DOL \cdot DFL$$

一般来说，公司的总杠杆系数越大，每股收益随销售量增长而扩张的能力就越强，但风险也随之越大。公司的风险越大，债权人和投资者要求的贷款利率和预期的投资报酬率就越高。在实际工作中，经营杠杆和财务杠杆可以按多种方式联合以得到一个理想的总杠杆系数和企业总风险水平。合适的企业总风险水平需要在企业总风险和期望报酬率之间进行权衡，这一权衡过程必须与企业价值最大化的财务管理目标相一致。

7.6 资 本 结 构

1. 资本结构的含义

资本结构是指企业长期资本的构成及其比例关系。长期资本包括长期债务资本和权益资本。长期债务资本和权益资本在总资本中所占的比重不同，形成不同的资本结构。适当提高债务资本的比例，既可以降低企业的资本成本，又会给企业带来财务风险。因此，在筹资决策时，企业必须权衡财务风险和资本成本的关系，确定最优的资本结构。所谓最优的资本结构就是使企业综合资本成本最低、企业价值最大的资本结构。

2. 资本结构决策的方法

资本结构决策的方法主要有以下两种：

1) 比较资本成本法

比较资本成本法是计算不同资本结构(或筹资方案)的加权平均资本成本，并以此为标准相互比较进行资本结构决策。在实际中，企业对拟定的筹资总额，可以采用多种筹资方式，由此形成若干个资本结构(或筹资方案)可供选择。

例 7-6　某公司初创时拟筹资 2000 万元，有 A、B 两个筹资方案可供选择，有关资料如表 7-1。

表 7-1　某公司筹资资料　　　　　　　　　　单位：万元

资本来源	A 方案			B 方案		
	筹资额	资本成本	比重	筹资额	资本成本	比重
长期借款	600	6%	30%	800	7%	40%
长期债券	400	7%	20%	600	8%	30%
优先股	200	10%	10%	200	15%	10%
普通股	800	15%	40%	400	20%	20%
合　计	2 000		100%	2 000		100%

下面分别测算两个筹资方案的加权平均资本成本，并比较其高低，从而确定最佳筹资方案亦即最佳资本结构。

方案 A：加权平均资本成本，即

$$6\% \times 30\% + 7\% \times 20\% + 10\% \times 10\% + 15\% \times 40\% = 10.2\%$$

方案 B：加权平均资本成本，即

$$7\% \times 40\% + 8\% \times 30\% + 15\% \times 10\% + 20\% \times 20\% = 10.7\%$$

通过计算可知，A 方案得出的加权平均资本成本较低，在其他有关因素大体相同的条件下，方案 A 是最好的筹资方案。

2) 每股利润(EPS)分析法

每股利润分析法是利用每股利润无差别点来进行资本结构决策的方法。每股利润无差别点，是指两种筹资方式下普通股每股利润相等时的息税前利润点，也称息税前利润平衡点或筹资无差别点，简称 EBIT-EPS 分析法。

例 7-7 某公司目前有资金 1500 万元，因扩大生产规模需要准备再筹集资金 500 万元。这些资金可采用发行股票的方式筹集，也可采用发行债券方式。原资本结构和新资本结构情况如表 7-2 所示。要求根据资本结构变化情况运用 EBIT-EPS 分析法确定最优资本结构。

表 7-2 某公司资本结构变化情况表 单位：万元

筹资方式	原资本结构	增加筹资后资本结构	
		增发普通股(A)	增发企业债券(B)
企业债券(利率 8%)	200	200	700
普通股(面值 10 元)	400	600	400
资本公积	500	800	500
留存收益	400	400	400
资金总额	1500	2000	2000
普通股股数(万股)	40	60	40

注：新股发行价为 25 元，每股溢价 15 元。

表 7-3 不同资本结构下的每股利润 单位：万元

项 目	增发普通股	增发企业债券
预计息税前利润	400	400
减：利息	16	56
税前利润	384	344
减：所得税(40%)	153.6	137.6
净利润	230.4	206.4
普通股股数(万股)	60	40
每股利润(元)	3.84	5.16

从表 7-3 可以看到，在息税前利润为 400 万元的情况下，利用增发企业债券的形式筹集资金能使每股利润上升较多，这更有利于股票价格上涨，更符合理财目标。

那么，究竟息税前利润为多少时发行普通股有利，息税前利润为多少时发行公司债券有利呢？这就要测算每股利润无差别点处的息税前利润。

其计算公式为：

$$\frac{(\overline{EBIT}-I_1)(1-T)-D_1}{N_1}=\frac{(\overline{EBIT}-I_2)(1-T)-D_2}{N_2}$$

式中：$\overline{EBIT}$ 为每股利润无差别点处的息税前利润；I_n 为两种筹资方式下的年利息；D_n 为两种筹资方式下的优先股股利；N_n 为两种筹资方式下的流通在外的普通股股数。

根据公司的资料代入公式得：

$$\frac{(\overline{EBIT}-160000)\times(1-40\%)}{600000}=\frac{(\overline{EBIT}-560000)\times(1-40\%)}{400000}$$

求得：$\overline{EBIT}=136$（万元），此时的 EPS = 1.2 元。

上述每股利润无差异分析可描绘如图 7-1 所示。这就是说，当息税前利润 EBIT>136 万时，利用负债筹资较为有利；当息税前利润 EBIT<136 万元时，以发行普通股筹资较为有利。本公司预计 EBIT=400 万元，故采用发行公司债券的方式较为有利。

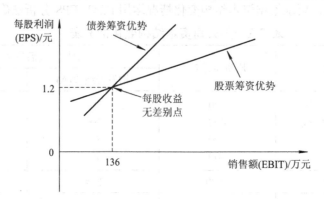

图 7-1　每股利润无差别分析示意图

案例　　迅达航空公司筹资方式选择案例

迅达航空公司于 2005 年实行杠杆式收购后，负债比率一直居高不下。直至 2010 年底，公司的负债比率仍然很高，有近 15 亿元的债务将于 2013 年到期。为此，需要采用适当的筹资方式追加筹资，降低负债比率。

2011 年初，公司董事长和总经理正在研究公司的筹资方式的选择问题。董事长和总经理两人都是主要持股人，也都是财务专家。他们考虑了包括增发普通股等筹资方式，并开始向投资银行咨询。

开始，投资银行认为，可按每股 20 元的价格增发普通股。但经过分析，这种方式是不切实际的，因为投资者对公司有关机票打折策略和现役服役机龄老化等问题顾虑重重，如此高价位发行，成功的几率不大。最后，投资银行建议，公司可按每股 13 元的价格增发普通股 2 000 万股，以提升股权资本比重，降低负债比率，改善财务状况。

迅达航空公司 2010 年底和 2011 年初增发普通股后（如果接受投资银行的建议），筹资方式组合如下表：

迅达航空公司长期筹资方式情况表　　　　　金额：市场价格/亿元

长期筹资方式	2010 年底实际数		2011 年初估计数	
	金额	百分比（%）	金额	百分比
长期债券	49.66	70.9	48.63	68.1
融资租赁	2.45	3.5	2.45	3.4
优先股	6.51	9.3	6.51	9.1
普通股	11.43	16.3	13.86	19.4
总计	70.05	100	71.45	100

思考题:

假如你是该航空公司的财务总监(CFO):

1. 请你分析股票筹资方式的优缺点。
2. 你如何评价投资银行对公司的咨询建议?
3. 你将对公司提出怎样的筹资方式建议?

习 题

1. 企业筹资的目的有哪些?
2. 试分析普通股筹资的优缺点。
3. 试分析发行债券筹资的优缺点及债券发行价格的决定因素。
4. 负债筹资与权益筹资相比,两种的主要差异体现在哪些方面?
5. 试分析资本成本中筹资费用和占资费用的不同特性。
6. 资本成本对企业财务管理的作用是什么?
7. 试分别说明财务杠杆和经营杠杆的基本原理与测算方法。
8. 利用每股利润分析法进行筹资决策可能会出现什么问题?

9. ABC 公司正在着手编制明年的财务计划,公司财务主管请你协助计算其加权平均资本成本。有关信息如下:(1) 公司向银行借款,利率当前是 9%,明年将下降为 8.93%;(2) 公司债券面值为 1 元,票面利率为 8%,期限为 10 年,分期付息,当前市价 0.85 元,如果按公司债券当前市价发行新的债券,发行成本为市价的 4%;(3) 公司普通股面值为 1 元,当前每股市价为 5.5 元,本年派发现金股利 0.35 元,预计每股收益增长率维持在 7%,并保持 25%的股利支付率;(4) 公司当前(本年)的资本结构为:银行借款 150 万元,长期债券 650 万元,普通股 400 万元,留存收益 420 万元;(5) 公司所得税税率为 40%;公司普通股的 β 值为 1.1;(6) 当前国债的收益率为 5.5%,市场上普通股的平均收益率为 13.5%。

根据上述资料:(1) 计算银行借款的税后资本成本;(2) 计算债券的税后资本成本;(3) 分别使用折现现金流量法和资本资产定价模型估计内部股权资本成本,并计算两种结果的平均值作为内部股权资本成本;(4) 如果仅靠融资,明年不增加外部融资规模,计算其加权平均资本成本。

10. 某公司资本总额为 2000 万元,负债与权益资本各占 50%,债务的资本成本是 10%,普通股股数为 50 万股。假定所得税率为 50%,公司基期息税前利润为 300 万元,计划期息税前利润增长率为 20%。

根据以上资料:

(1) 计算公司财务杠杆系数;

(2) 计算计划期普通股每股净收益。

11. 某企业年销售额为 210 万元,息税前利润 60 万元,变动成本率(V/P)60%;全部资本 200 万元,负债比率 25%,负债利率 15%。

试计算企业的经营杠杆系数、财务杠杆系数和总杠杆系数。

12. 某公司目前发行在外普通股 100 万股(每股 1 元),已发行 10%利率的债券 400 万元。该公司打算为一个新的投资项目融资 500 万元,新项目投产后公司每年息税前盈余增加到

200 万元。现有两个方案：按 12%的利率发行债券(方案 1)；按每股 20 元发行新股(方案 2)，公司适用所得税率 25%。

    (1) 分别计算两个方案的每股收益；

    (2) 分别计算两个方案的每股收益无差别点息税前利润；

    (3) 分别计算两个方案的财务杠杆系数；

    (4) 判断哪个方案更好。

第8章 项目投资管理

✦ 学习目标：
    (1) 理解项目投资的概念及特点，了解项目投资的类型和程序；
    (2) 掌握现金流量的确定、内容及计算；
    (3) 理解及掌握项目投资评价的基本方法；
    (4) 掌握在不同情况下，项目投资评价方法的运用。

✦ 学习重点：
    现金流量的内容及计算；项目投资评价的基本方法；项目投资评价方法的运用。

8.1　项目投资概述

8.1.1　项目投资的概念和特点

项目投资是一种以特定建设项目为对象，直接与新建项目或更新改造项目有关的长期投资行为。与其他形式的投资相比，项目投资具有以下特点：

(1) 投资金额大。项目投资，特别是战略性的扩大生产能力投资一般都需要较多的资金，其投资额往往是企业及其投资人多年的资金积累，在企业总资产中占有相当大的比重。因此，项目投资对企业未来的现金流量和财务状况都将产生深远的影响。

(2) 影响时间长。项目投资的投资期及发挥作用的时间都较长，往往要跨越好几个会计年度或营业周期，对企业未来的生产经营活动将产生重大影响。

(3) 变现能力差。项目投资一般很难变现，因为项目投资一旦完成，要想改变相当困难，不是无法实现，就是代价太大。

(4) 投资风险大。因为影响项目投资未来收益的因素很多，加上投资额大、影响时间长和变现能力差，必然造成其投资风险比其他投资大，对企业未来的命运产生决定性影响。

8.1.2　项目投资的程序

项目投资的特点决定了其投资具有较大的风险，一旦决策失误，就会对企业产生严重影响。因此，项目投资必须按照特定的程序，运用科学的方法进行可行性分析，以保证决策的正确有效。项目投资的一般程序包括以下几个步骤：

(1) 提出投资项目。投资项目是根据投资需要提出的。如购置新的固定资产、对现有设备进行技术改造。提出投资方案对选择最优方案具有重要影响，因为最后选定的方案是从其中选出来的。因此，管理人员要注意解放思想，集思广益，鼓励人们提出好的方案。

(2) 收集和估计有关数据，评价投资项目的可行性。投资项目的财务可行性评价，主要是计算有关项目的预计收入和成本，预测投资项目的现金流量，运用科学的投资评价方法，把各个项目投资按优劣顺序进行排队，完成评价报告，请上级批准。

(3) 投资项目的决策。投资项目评价后，企业领导者要做出最后决策。投资决策的结论主要有三种：接受项目，进行投资；拒绝项目，不投资；重新调查研究后再决定。

(4) 投资项目的执行。决定对某项目进行投资后，应积极筹措资金，实施投资。

(5) 投资项目的再评价。投资项目的具体执行过程中，还应注意审查原来的决策是否正确、合理。一旦出现新的情况，就要随时根据变化的情况做出新的评价。如果情况发生重大变化，原来投资决策已变得不合理，那么，就要对投资决策是否中途停止做出决策，以避免更大的损失。

8.2　项目投资现金流量分析

8.2.1　现金流量的含义及构成

1. 现金流量的含义

现金流量简称现金流，在项目投资决策中，是指投资项目在其计算期内各项现金流入量与现金流出量的统称。这里的"现金"是广义的现金，它包括与项目相关的各种货币资金，以及项目中需要投入的各种非货币资源的变现价值。例如，某一个投资项目中需要使用原有的厂房，设备和材料等，其相关的现金流量就是这些厂房、设备和材料的变现价值，而不能用其账面价值来表示其现金流量。

2. 现金流量的构成

投资项目相关的现金流量按时间的不同一般由以下三个部分组成：

1) 初始现金流量

初始现金流量是指开始投资时发生的现金流量，这些投资可能是一次性支付，也可能是分几次支付。一般包括以下几个部分：

① 固定资产上的投资：包括固定资产的购入或建造成本、运输成本和安装成本等。其中，固定资产投资与固定资产原值的数量关系如下：

$$固定资产原值 = 固定资产投资 + 资本化利息$$

上述公式中的资本化利息是指建设期发生的全部借款利息，可根据建设期长期借款本金、建设期和借款利息率按复利方法计算。

② 流动资产上的投资：包括对材料、在产品、产成品和现金等流动资产的投资，它可能是一次性投入，也可能分次投入。这部分流动资金投资属于垫支的性质，当投资项目结束时，一般会如数收回。

③ 其他的投资费用：指长期投资有关的职工培训费用、谈判费用、注册费用等。

④ 原有固定资产的变价收入：主要是指固定资产更新时原有固定资产的变卖所得的现金收入。

2) 营业现金流量

营业现金流量是指投资项目完工投入使用之后，在其寿命周期内，由于生产经营所带来的现金流入和现金流出的数量。这种现金流量一般按年度进行计算。其中现金流入主要是指营业现金收入，而现金流出则主要是指营业现金支出和缴纳的税金。

营业收入是指项目投产后，每年实现的全部营业收入。为简化核算，假定正常经营期内，每期发生的赊销额与回收的应收账款大致相等。

营业现金支出，也称为经营成本，是指在生产经营过程中需要支付现金的营运成本，简称付现成本。其计算公式为：

$$付现成本 = 营运成本 - 非付现成本 - 财务费用中的利息$$
$$= 项目总成本 - 折旧额及摊销额 - 利息$$

现金净流量(Net Cash Flow，记作 NCF)也称净现金流量，是指在项目寿命期内的某一期间的现金流入量与现金流出量的差额。其计算公式：

$$现金净流量 = 当期现金流入量 - 当期现金流出量$$

经营期营业现金净流量的计算公式为：

$$营业现金净流量 = 营业收入 - 付现成本 - 所得税$$
$$= 营业收入 - (总成本 - 折旧额 - 摊销额 - 利息) - 所得税$$
$$= 净利润 + 非付现成本$$
$$= (营业收入 - 总成本 - 所得税) + 折旧额 + 摊销额 + 利息$$
$$= 净利润 + 折旧额 + 摊销额 + 利息$$

例 8-1 Y 公司有一固定资产投资项目，其分析与评价资料如下：该投资项目投产后每年的营业收入为 1000 万元，付现成本为 500 万元，固定资产的折旧为 100 万元，该公司的所得税税率为 25%。要求：估算该项目的营业现金流量。

$$营业现金流量 = 净利润 + 非付现成本$$
$$= (1000 - 500 - 100) \times (1 - 25\%) + 100$$
$$= 400 (万元)$$

或者：

$$营业现金流量 = 税后营业收入 - 税后付现成本 + 非付现成本抵税$$
$$= 1000 \times (1 - 25\%) - 500 \times (1 - 25\%) + 100 \times 25\%$$
$$= 400 (万元)$$

3) 终结现金流量

终结现金流量是指投资项目完结时所发生的现金流量，主要包括：固定资产的残值净收入或变价净收入、原来垫支在各种流动资产上的流动资金回收和停止使用的土地变价收入等。

回收的固定资产余值是指投资项目终止时固定资产报废清理或中途转让时回收的固定资产价值。这一价值是固定资产变卖的收入扣除清理费用后的净额，作为项目结束时产生的一项现金流入。在考虑所得税的情况下，固定资产报废或出售的现金流入需要考虑损失抵税、收益纳税的问题。

$$经营期终结现金净流量 = 预计净残值 + (账面价值 - 预计净残值) \times 税率$$

例 8-2 G 公司原值为 60 000 元的固定资产，税法规定的净残值率 10%，最终报废时预计净残值 5000 元。假设该公司的所得税税率为 25%。

要求：估算设备报废时残值带来的现金流量。

解　　　　　　　残值的现金流量 = 5000 + (6000 − 5000) × 25% = 5250 (元)

8.2.2　现金流量的计算

为了正确地评价不同项目投资的优劣，必须正确计算现金流量，下面举例来说明现金流量的计算过程。

例 8-3　某企业准备购置一台新设备以扩大现有的生产能力，新设备使用后，不会对现有业务发生影响。这里有 A 和 B 两个方案可供选择：

方案 A：新设备需要投资 200 000 元，使用寿命为 5 年，采用直线法折旧，5 年后设备无残值，5 年中每年销售收入为 120 000 元，每年的付现成本为 50 000 元；

方案 B：新设备需要投资 230 000 元，使用寿命也是 5 年，5 年后有残值收入 30 000 元，采用直线法折旧，5 年中每年的销售收入为 148 000 元，付现成本第一年为 70 000 元，以后随着设备折旧，逐年增加修理费 5 000 元，另需垫支流动资金 30 000 元。假设公司所得税税率为 40%，试计算两个方案的现金流量。

为了计算现金流量，必须先计算两个方案每年的折旧额。

$$方案 A 每年的折旧额 = \frac{200000}{5} = 40000 (元)$$

$$方案 B 每年的折旧额 = \frac{230000 - 30000}{5} = 40000 (元)$$

方案 A、B 现金流量的计算见表 8-1 和表 8-2。

表 8-1　投资项目的营业现金流量计算表　　　　　　　　　　单位：元

年份/t	1	2	3	4	5
方案 A：					
销售收入(1)	120 000	120 000	120 000	120 000	120 000
付现成本(2)	50 000	50 000	50 000	50 000	50 000
折旧(3)	40 000	40 000	40 000	40 000	40 000
税前利润(4) = (1) − (2) − (3)	30 000	30 000	30 000	30 000	30 000
所得税(5) = (4) × 40%	12 000	12 000	12 000	12 000	12 000
税后利润(6) = (4) − (5)	18 000	18 000	18 000	18 000	18 000
现金净流量(7) = (3) + (6) = (1) − (2) − (5)	58 000	58 000	58 000	58 000	58 000
方案 B：					
销售收入(1)	148 000	148 000	148 000	148 000	148 000
付现成本(2)	70 000	75 000	80 000	85 000	90 000
折旧(3)	40 000	40 000	40 000	40 000	40 000
税前利润(4) = (1) − (2) − (3)	38 000	33 000	28 000	23 000	18 000
所得税(5) = (4)×40%	15 200	13 200	11 200	9200	7200
税后利润(6) = (4) − (5)	22 800	19 800	16 800	13 800	10 800
现金净流量(7) = (3) + (6) = (1) − (2) − (5)	62 800	59 800	56 800	53 800	50 800

表 8-2　投资项目现金流量计算表　　　　　　　　　　单位：元

年份/t	0	1	2	3	4	5
方案 A:						
固定资产投资	−200 000					
营业现金流量		58 000	58 000	58 000	58 000	58 000
现金流量合计	−200 000	58 000	58 000	58 000	58 000	58 000
方案 B:						
固定资产投资	−230 000					
营运资金垫支	−30 000					
营业现金流量		62 800	59 800	56 800	53 800	50 800
固定资产残值						30 000
回收营运资金						30 000
现金流量合计	−260 000	62 800	59 800	56 800	53 800	110 800

在表 8-1 和表 8-2 中，年份 $t=0$ 代表第 1 年年初；$t=1$ 代表第 1 年年末；$t=2$ 代表第 2 年年末；……；在现金流量的计算中，为了简化计算，一般都假定各年投资在年初进行一次，各年营业现金流量看做是各年年末发生一次，把终结现金流量看做是最后一年末进行。

8.2.3　现金流量与利润的区别

财务会计是按权责发生制计算企业的收入和成本，并以收入减去成本后的利润作为收益，用来评价企业的经济效益。在长期投资决策中则不能按这种方法计算收入和成本，而应以现金流入作为项目的收入，以现金流出作为项目的支出，以净现金流量作为项目的净收益，并在此基础上评价投资项目的经济效益。主要原因是：

(1) 采用现金流量有利于科学地考虑资金的时间价值。科学的投资决策必须考虑资金的时间价值，这就要求在决策时一定要弄清每笔预期收入款项和支出款项的具体时间，因为不同时间的资金具有不同的价值。而利润的计算，并不考虑资金收付时间，它是以权责发生制为基础的。

(2) 采用现金流量才能使投资决策更符合客观实际情况。在长期投资决策时，应用现金流量能科学客观地评价投资方案的优劣，而利润则明显地存在不科学、不客观的成分。这是因为：① 利润的计算没有一个统一的标准，在一定程度上要受存货计价、费用摊配和折旧计提的不同方法影响；② 利润反映的是某一会计期间"应计"的现金流量，而不是实际的现金流量，容易高估投资项目的经济效益，存在不科学、不合理的成分。

8.2.4　现金流量计算时应注意的问题

在确定投资方案的相关现金流量时，应遵循的最基本原则是：只有增量的现金流量才是与项目相关的现金流量。所谓增量现金流量，是指接受或拒绝某个投资方案后，企业总现金流量因此发生的变动，只有那些由于采纳某个项目引起的现金流入增加额，才是该项目的现金流入。

为正确计算投资方案的增量现金流量，需要注意以下几个方面的问题：

1) 区分相关成本与非相关成本

相关成本是指与投资项目有关的一些成本支出。在分析项目的现金流量时必须加以考虑的是相关成本。非相关成本是指与投资项目无关，在分析评价时不必加以考虑的成本。例如，沉没成本、账面成本等往往是非相关成本。

例 8-4　H 公司已投资 50 万元进行一项设备的研制，但未能获得成功。如果继续研发，还需要再投入 40 万元，有成功的把握。要求：估算与设备是否继续研发决策相关的现金流量。

解：与设备是否继续研发决策相关的现金流量是 40 万元。已经投入的 50 万元是沉没成本，不管是否继续研发，都已无法收回，与公司未来的总现金流量无关。

2) 要考虑机会成本

在投资方案的选择中，如果选择了一个方案，则必须放弃投资于其他途径的机会。其他投资机会可能取得的收益是实行本方案的一种代价，被称为这项投资方案的机会成本。机会成本不是通常意义上的"成本"，它不是一种支出或费用，而是失去的收益。机会成本总是针对具体方案的，离开被放弃方案就无从计量确定。

例 8-5　H 公司正在讨论是否要投产一种新产品。该新产品的生产需要利用现有闲置厂房和设备。如果将该厂房和设备出租，可获收益 200 万元。

要求：① 估算应纳入项目评价的现金流量；② 如果公司规定这些厂房和设备不得出租，以防止对本公司产品形成竞争，则应纳入项目评价的现金流量是多少？

解：① 应纳入项目评价的现金流量是 200 万元，这是进行新产品生产的机会成本。

② 如果公司规定这些厂房和设备不得出租，应纳入项目评价的现金流量为 0。因为无论新产品是否生产，这项现金流入量均是不可能获取的。因此，它不是相关的现金流量。

3) 要考虑投资方案对其他部门的影响

当我们采纳一个新的投资项目后，该项目可能对公司的其他部门造成有利或不利的影响。因此，在进行投资分析时，应当关注的是新项目实施后对整个公司预期的现金流入的影响。

4) 忽略利息支付和融资现金流量

在评价新投资项目和确定现金流量时，往往将投资决策和融资决策分开，此时，利息费用和投资项目的其他融资现金流量不应看成是该项目的现金流量。也就是说，即使接受项目时不得不通过举借债务来筹集资金，与筹集债务资金相关联的利息支出及债务本金的偿还也不是相关的现金流量。因为，当用公司要求的收益率作为贴现率来贴现项目的现金流量时，该贴现率已经隐含了这些项目的融资成本。

8.3　项目投资评价的基本方法

投资项目的现金净流量计算出来后，应采用适当的指标进行评价。项目投资评价的方法按其是否考虑资金时间价值，分为非贴现评价指标和贴现评价指标。

8.3.1 非贴现评价指标

非贴现评价指标是指在计算过程中不考虑资金时间价值因素的指标，又称为静态指标，包括投资回收期法和平均报酬率法。

1. 投资回收期法

投资回收期是指投资引起的现金流入累计到与投资额相等所需的时间，代表收回投资所需的年限。回收年限越短，投资方案越有利。

投资回收期的计算因每年的现金净流量的不同而有所不同。

如果投资项目每年的现金净流量相等，则投资回收期可按下式计算：

$$投资回收期=\frac{原始投资额}{每年现金净流量}$$

如果每年的现金净流量不相等，则要根据每年年末尚未收回的投资额加以确定。计算公式如下：

$$投资回收期=(n-1)+\frac{第(n-1)年末尚未收回的投资额}{第n年的现金净流量}$$

式中，$(n-1)$ 为年末累计现金净流量为负值的最后一个年份数。

例 8-6 以例 8-3 某企业的有关资料(见表 8-1 和表 8-2)，分别计算 A、B 两个方案的投资回收期。

$$方案A的投资回收期=\frac{200000}{58000}=3.448 （年）$$

方案 B 每年的营业现金净流量不相等，所以应计算方案 B 自投资开始起年末累计现金净流量，见表 8-3。

$$方案B的投资回收期=4+\frac{26800}{110800}=4.24 （年）$$

表 8-3 方案 B 年末累计现金净流量计算表　　　　　　　　单位：元

年份 / t	每年现金净流量	年末累计现金净流量
0	−260 000	−260 000
1	62 800	−197 200
2	59 800	−137 400
3	56 800	−80 600
4	53 800	−26 800
5	110 800	84 000

投资回收期的优点是概念容易理解，计算也比较简单，能够直观反映原始投资的返本期限。缺点是没有考虑资金的时间价值，没有考虑回收期满后的现金流量状况，无法反映项目的投资盈利程度。因此，投资回收期主要作为辅助方法使用，主要用来测定项目的流动性而非营利性。

例 8-7 有两个方案的预计现金净流量见表 8-4，试计算其投资回收期，并比较这两个方案的优劣。

表8-4　两个方案的预计现金净流量　　　　　　　　　　单位：元

年份/t	0	1	2	3	4	5
甲方案现金净流量	−25 000	12 500	12 500	12 500	12 500	12 500
乙方案现金净流量	−25 000	10 000	15 000	18 000	20 000	20 000

两个方案的投资回收期相同，都是两年，从投资回收期的指标来看，分不出谁优谁劣，但是实际上乙方案明显优于甲方案。

2．平均报酬率法

平均报酬率就是在项目投产后正常生产年份，年平均现金流量与投资总额的比值。其计算公式如下：

$$平均报酬率=\frac{年平均现金流量}{投资总额}\times100\%$$

应用平均报酬率指标进行分析时，应事先确定一个企业要求达到的平均报酬率，或称为必要平均报酬率，平均报酬率高于必要平均报酬率，则方案可行，否则不可行；在有多个方案的互斥决策中，应选择平均报酬率高于必要报酬率最大的方案。

平均报酬率指标的优点是简明、易懂、计算简便。主要缺点是它没有考虑资金的时间价值；此外，平均报酬率只考虑到每一期的平均现金净流量，并没有考虑项目存续的现金净流量合计。例如：某个项目的初始投资额为20万元，在以后的5年中每年有3万元的现金净流入量，则该项目的平均报酬率为$\frac{30000}{200000}\times100\%=15\%$。

很显然，该项目不能收回初始投资(15万元＜20万元)，所以得出的15%的平均报酬率实际上毫无经济意义。

8.3.2　贴现评价指标

贴现评价指标是指在计算过程中充分考虑和利用资金时间价值因素的指标，又称为动态指标，包括净现值、获利指数、内含报酬率等。

1．净现值法

净现值法是使用净现值作为评价方案优劣的指标。净现值(Net Present Value，记作NPV)，是指从投资项目开始至项目寿命终结时现金净流入量和现金净流出量的现值的差额。

要计算投资项目的净现值，不仅需要知道与项目相关的现金流量，还必须确定贴现率。通常情况下，采用企业要求的最低投资报酬率或资本成本作为投资项目预定的贴现率。

净现值计算公式为：

$$\text{NPV}=\sum_{t=0}^{n}\frac{I_t}{(1+K)^t}-\sum_{t=0}^{n}\frac{O_t}{(1+K)^t}$$

式中，NPV为净现值；I_t为第t年的现金流入量；O_t为第t年的现金流出量；K为贴现率；n为项目预计使用年限。

净现值还可以表述为投资项目投入使用后的现金流量按贴现率折算成现值，再减去初始投资额后的余额。

其计算公式为：

$$NPV = \sum_{t=1}^{n} \frac{NCF_t}{(1+K)^t} - C$$

式中，NPV 为净现值；NCF_t 为第 t 年的现金净流量；C 为初始投资额。

当净现值大于零时，表明该方案的报酬率大于预定的贴现率，也表明该项目投资可以获得现值报酬；当净现值等于零时，表明该方案的报酬率等于预定的贴现率；当净现值小于零时，表明该方案的报酬率小于预定的贴现率，也表明项目所获得的未来现金净流量的现值报酬不足以抵偿原始投资额。

在只有一个方案的采纳与否决策中，净现值大于或等于零者就采纳，净现值小于零者就不采纳。在有多个备选方案的互斥选择决策中，应选用净现值为正值中的最大者。

例 8-8 根据例 8-3 某企业的有关资料，设贴现率为 10%。

方案 A 的净现值为：

$$NPV = \sum_{t=1}^{n} \frac{NCF_t}{(1+K)^t} - C = 58\,000 \times (P/A，10\%，5) - 200\,000 = 19\,866\ (元)$$

方案 B 的净现值为：

$$NPV = \sum_{t=1}^{n} \frac{NCF_t}{(1+K)^t} - C$$

$$= \frac{62\,800}{(1+10\%)^1} + \frac{58\,900}{(1+10\%)^2} + \frac{56\,800}{(1+10\%)^3} + \frac{53\,800}{(1+10\%)^4} + \frac{110\,800}{(1+10\%)^5} - 260\,000$$

$$= -5274.84(元)$$

从上述计算可以看出，方案 A 的净现值大于零，所以方案 A 可取；方案 B 的净现值小于零，故不可取。

净现值法具有广泛的适用性，在理论上也比其他方法更完善，它具有以下几个方面的优点：

① 考虑了资金的时间价值；

② 考虑了项目计算期的全部净现金流量；

③ 考虑了投资风险，贴现率的大小与风险大小有关，风险越大，贴现率就越高；

④ 反映了股东财富绝对值的增加以及对企业价值的贡献。

净现值法也有以下几个方面的缺点：

① 不能从动态上直接反映各投资项目实际收益率的大小；

② 当各个项目投资不等时，仅用净现值法无法确定投资项目的优劣，净现值高的可能要求的投资额高，而净现值低的可能要求的投资额比较小；

③ 净现金流量的测量与贴现率的确定比较困难，而它们的正确性对计算净现值有着重要的影响。

2．获利指数法

获利指数(Profitbility Index，记作 PI)，又称现值指数，是指未来现金流入量的现值与现金流出量的现值的比率，计算公式如下：

$$PI = \sum_{t=0}^{n} \frac{I_t}{(1+K)^t} \div \sum_{t=0}^{n} \frac{O_t}{(1+K)^t}$$

式中，PI 为获利指数，其他与上相同。

获利指数还可以表述为投资项目未来报酬的总现值与初始投资额之比，计算公式如下：

$$PI = \sum_{t=1}^{n} \frac{NCF_t}{(1+K)^t} \div C$$

或

$$PI = 1 + NPV / C$$

在只有一个方案的采纳与否决策中，获利指数大于或等于 1 则采纳，获利指数小于 1 就拒绝。在有多个方案的互斥选择决策中，应采用获利指数超过 1 最大的投资项目。

例 8-9　根据例 8-3 某企业的有关资料(详见表 8-1 和表 8-2)，有

方案 A 的获利指数 PI = 219 866.4/200 000 = 1.099

方案 B 的获利指数 PI = 254 725.16/260 000 = 0.98

方案 A 的获利指数大于 1，可以采取；而方案 B 的获利指数小于 1，故应拒绝。

3．内部报酬率法

1) 内部报酬率法的概念

内部报酬率(Internal Rate of Return，记作 IRR)又称内含报酬率，是指能够使未来现金流入量现值等于未来现金流出量现值的贴现率，计算公式如下：

$$NPV = \sum_{t=0}^{n} \frac{I_t}{(1+IRR)^t} - \sum_{t=0}^{n} \frac{O_t}{(1+IRR)^t} = 0$$

式中，IRR 为内部报酬率，其他与上相同。

内部报酬率也可以表述为使投资项目的净现值等于零的贴现率，实际上它反映了投资项目的真实报酬率，计算公式如下：

$$NPV = \sum_{t=1}^{n} \frac{NCF_t}{(1+IRR)^t} - C = 0$$

2) 内部报酬率法的计算步骤

① 如果每年的营业现金净流量相等，则按下列步骤计算：

第一步，计算年金现值系数。

$$年金现值系数 = \frac{初始投资额}{年现金净流量}$$

第二步，查年金现值系数表，在相同的期数内，找出与上述年金现值系数相邻近的较大和较小的两个贴现率。

第三步，根据上述两个邻近的贴现率和已求得的年金现值系数，采用插值法计算出该投资方案的内部报酬率。

例 8-10　根据例 8-3 某企业的有关资料(详见表 8-1 和表 8-2)，计算方案 A 的内部报酬率。

解
$$年金现值系数=\frac{初始投资额}{年现金净流量}=\frac{200000}{58000}=3.4483$$

查年金现值系数表，当 $n=5$ 时，查到 3.4483 相邻近的两个年金现值系数分别是 3.5172 和 3.4331，对应的贴现率分别是 13% 和 14%。用插值法计算：

$$
\left.\begin{array}{l}13\%\\[1em]\text{IRR}\\[1em]14\%\end{array}\right\}\begin{array}{l}\text{IRR}-13\%\\[2em]\end{array}\Big\}14\%-13\%
$$

$$
\left.\begin{array}{l}3.5172\\[1em]3.4483\\[1em]3.4331\end{array}\right\}\begin{array}{l}3.4483-3.5172\\[2em]\end{array}\Big\}3.4331-3.5172
$$

$$\frac{\text{IRR}-13\%}{14\%-13\%}=\frac{3.4483-3.5172}{3.4331-3.5172}$$

则

$$\text{IRR}=13\%+1\%\times\frac{-0.0689}{-0.0841}=13.82\%$$

如果每年的营业现金净流量不相等，则需要逐步测试法来计算。计算步骤如下：

先估计一个初始贴现率，并按此贴现率计算方案的净现值。如果计算出的净现值大于零，说明方案本身的报酬率超过估计的贴现率，应提高贴现率再进行测试；如果计算的净现值小于零，说明方案本身的贴现率低于估计的贴现率，应降低贴现率再进行测试。经过多次测试，寻找出初始净现值接近于零的贴现率，即为方案的内部报酬率。为使结果更精确，也可以使用插值法来改善。

例 8-11 根据例 8-3 某企业的有关资料(详见表 8-1 和表 8-2)，计算方案 B 的内部报酬率。

解：先按 10% 进行试算，计算结果见表 8-5 所示。由表 8-5 可得方案 B 的净现值 NPV = −5274.84 < 0，说明该方案的内部报酬率小于 10%。再按 9% 进行试算，可得方案 B 的净现值 NPV = 1928.18 > 0，说明该方案的内部报酬率大于 9%。因此，方案 B 的内部报酬率在 9%～10% 之间。

表 8-5　方案 B 内部报酬率的测试结果　　　　　　　　单位：元

年份	现金净流量	$i=10\%$		$i=9\%$	
		贴现系数	现值	贴现系数	现值
0	−260 000	1.0000	−260 000	1.0000	−260 000
1	62 800	0.9091	57 091.48	0.9174	57 612.72
2	59 800	0.8264	49 418.72	0.8417	50 333.66
3	56 800	0.7513	42 673.84	0.7722	43 860.96
4	53 800	0.6830	36 745.40	0.7084	38 111.92
5	110 800	0.6209	68 795.72	0.6499	72 008.92
NPV		−5274.84		1928.18	

内部报酬率在 9%～10% 之间的具体数值可以用插值法计算：

$$\left.\begin{array}{c} 9\% \\ \\ \text{IRR} \\ \\ 10\% \end{array}\right\} \left.\begin{array}{c} \text{IRR} - 9\% \\ \\ \\ \end{array}\right\} 10\% - 9\%$$

$$\left.\begin{array}{c} 1928.18 \\ \\ 0 \\ \\ -5274.84 \end{array}\right\} \left.\begin{array}{c} 0 - 1928.18 \\ \\ \\ \end{array}\right\} -5274.84 - 1928.18$$

$$\frac{\text{IRR} - 9\%}{10\% - 9\%} = \frac{0 - 1928.18}{-5274.84 - 1928.18}$$

则

$$\text{IRR} = 9\% + 1\% \times \frac{-1928.18}{-7203.02} = 9.27\%$$

在只有一个方案的采纳与否决策中，内部报酬率大于或等于企业的资本成本或必要报酬率时就采纳，反之则拒绝；在有多个备选方案的互斥选择决策中，应选用内部报酬率较大的投资项目。

如例 8-11 中，假设该企业的必要投资报酬率为 10%，方案 A 的内部报酬率为 13.82%，大于必要投资报酬率，可以采纳；而方案 B 的内部报酬率只有 9.27%，小于必要投资报酬率，故应该拒绝。

3) 内部报酬率法的优缺点

内部报酬率的优点是：

① 充分考虑了资金的时间价值；

② 计算过程不受基准收益率高低的影响，比较客观。

其缺点主要表现为：

① 计算过程复杂，经常要多次测算；

② 当运营期出现大量追加投资时，有可能导致多个内部报酬率的出现。

4. 各贴现指标的比较

通过上述指标的学习，可知贴现现金流量指标是科学的项目决策指标。下面对贴现现金流量指标再做进一步的比较：

1) 净现值和内部报酬率的比较

在多数情况下，运用净现值法和内部报酬率法这两种方法得出的结论是相同的，但在以下两种情况下，有时会产生差异：

① 初始投资不一致，一个项目的初始投资大于另一个项目的初始投资；

② 现金流量的时间不一致，一个在最初几年流入较多，另一个在最后几年流入较多。

尽管在这两种情况下使两者产生差异，但引起差异的原因是共同的，即两种方法产生的现金流量重新投资会产生相当于企业资本成本的利润率，而内部报酬率法却假定现金流入量重新投资产生的利润率与此项目特定的内部报酬率相同。

2) 净现值与获利指数的比较

由于净现值和获利指数使用的是相同的信息，在评价投资项目的优劣时，他们常常是一致的，只有当初始投资不同时，净现值和获利指数才会产生差异。因为净现值是用各期现金流量现值减去初始投资，而获利指数是用现金流量现值除以初始投资。因而评价的结果可能会不一致。

通常最高的净现值符合企业的最大利益，净现值越高，企业的收益越大；而获利指数只反映投资回收的程度，不反映投资回收的多少。因此，在没有资本限量的互斥选择决策中，应选用净现值较大的项目。在资本限量决策中，若是互斥方案，应选用净现值较大的方案为优；若是独立方案，应选用累计净现值较大的方案组合。

8.4　项目投资评价方法的应用

在上节中，介绍了投资决策中的基本指标和评价方法，在本节中，将结合几个具体实例来说明投资决策方法的运用。

8.4.1　固定资产更新决策

固定资产更新是指对技术上或经济上不宜再继续使用的旧资产，用新的资产更换，或用先进的技术对原有设备进行局部改造。固定资产更新决策主要研究两个问题：一个是决定是否更新，即继续使用旧资产还是更换新资产；另一个是决定使用什么样的资产来更新。由于旧设备可以通过修理继续使用，所以更新决策是继续使用旧设备与购置新设备的选择。

例 8-12　某公司考虑用一台新的、效率更高的设备来代替旧设备，以减少成本、增加收益。旧设备原购置成本为 40 000 元，已使用 5 年，估计还可使用 5 年，已经提取折旧 20 000 元，假定使用期结束后无残值，如果现在出售可得价款 20 000 元。使用该设备每年可获收入 50 000 元，每年付现成本为 30 000 元。该公司现准备用一台新设备来代替原有的旧设备，新设备的购置成本为 60 000 元，估计可使用 5 年，期满后有残值为 10 000 元，使用新设备后，每年收入达 80 000 元，每年付现成本为 40 000 元。假定该公司的资本成本为 10%，所得税率为 40%，新旧设备均采用直线法计算折旧。试做出该公司是继续使用旧设备还是对其进行更新的决策。

在本例中，一个方案是继续使用旧设备；另一个方案是出售旧设备而购置新设备。为此，可采用差量分析法来计算一个方案比另一个方案增减的现金流量，所有增减均采用希腊字母"Δ"表示。

下面，从新设备的角度计算两个方案的差量现金流量。

(1) 分别计算初始投资与折旧的现金流量的差量。

$$Δ \text{初始投资} = 60\,000 - 20\,000 = 40\,000 \text{(元)}$$
$$Δ \text{年折旧额} = 10\,000 - 4000 = 6000 \text{(元)}$$

(2) 各年营业现金流量的差量的计算见表 8-6。

表 8-6　各年营业现金流量的差量　　　　　　　　　　　单位：元

项　　目	第 1 年—第 5 年
Δ 销售收入①	30 000
Δ 付现成本②	10 000
Δ 折旧③	6 000
Δ 税前净利④＝①－②－③	14 000
Δ 所得税⑤＝④×40%	5600
Δ 税后净利⑥＝④－⑤	8400
Δ 营业净现金流量⑦＝③＋⑥＝①－②－⑤	14 400

(3) 两个方案现金流量的差量的计算见表 8-7。

表 8-7　两个方案现金流量的差量　　　　　　　　　　　单位：元

项目	第 0 年	第 1 年	第 2 年	第 3 年	第 4 年	第 5 年
Δ 初始投资	−40 000					
Δ 营业现金流量		14 400	14 400	14 400	14 400	14 400
Δ 终结现金流量						10 000
Δ 现金流量	−40 000	14 400	14 400	14 400	14 400	24 400

(4) 计算净现值的差量。

$$\Delta NPV = 14\ 400 \times (P/I, 10\%, 4) + 24\ 400 \times (P/F, 10\%, 15) - 40\ 000$$
$$= 14\ 400 \times 3.170 + 24\ 400 \times 0.62 - 40\ 000$$
$$= 20\ 800.40 (元)$$

投资项目更新后，其净现值为 20 800.40 元。故应该进行更新。

当然，也可分别计算两个项目的净现值来进行对比，其结果是一样的。

8.4.2　资本限量决策

资本限量决策是指在投资资金有限的情况下，选择能给企业带来最大投资收益的投资组合。资本限量的决策方法有净现值法和获利指数法。

1) *净现值法*

净现值法的步骤为：

(1) 计算所有项目的净现值，并列出各项目的初始投资额。

(2) 接受 NPV≥0 的项目，如果所有可接受的项目都有足够的资金，则说明资本没有限制，这一过程即可完成。

(3) 如果资金不能满足所有的 NPV≥0 的投资项目，就要对第(2)步进行修正。其修正过程是对所有的项目都在资本限量内进行各种可能的组合，然后计算出各种可能的净现值总额。

(4) 接受净现值的合计数最大的组合。

2) 获利指数法

获利指数法的步骤为：

(1) 计算所有项目的获利指数，并列出每一个项目的初始投资额。

(2) 接受 PI≥1 的项目，如果所有可接受的项目都有足够的资金，则说明资本没有限制，这一过程即可完成。

(3) 如果资金不能满足所有的 PI≥1 的投资项目，就要对第(2)步进行修正。其修正过程是对所有的项目都在资本限量内进行各种可能的组合，然后计算出各种可能的加权平均现值指数。

(4) 接受加权平均现值指数最大的组合。

例 8-13　某公司资本限量为 60 万元，可选择的投资项目如表 8-8 所示。要求对投资项目进行决策。

表 8-8　可选择的投资项目表

项目	初始投资额/万元	净现值/万元	获利指数
A	40	6	1.15
B	25	3.25	1.13
C	35	3.85	1.11
D	30	2.4	1.08
E	10	−1	0.9
F	任意	0	1

在对有资本限量的投资项目进行决策时，首先要选择最优的项目组合，计算所有可能组合的加权平均获利指数和净现值的合计数。计算过程和结果如表 8-9 所示。

表 8-9　计算结果表

项目投资组合	初始投资额/万元	净现值合计/万元	加权平均获利指数
AF	40	6	1.1
BC	60	7.1	1.12
BDF	55	5.65	1.09
DEF	40	1.4	1.02
EFA	50	5	1.08

从上表的计算结果可知，最优方案是 BC，因为其净现值最大，加权平均现值指数也最高。

8.4.3　项目寿命期不等的投资决策

大部分股东进行资产投资都会涉及两个或两个以上寿命不同的投资项目的选择问题。由于项目的寿命不同，因而就不能对它们的净现值、内部报酬率和获利指数等进行比较。为了使投资项目的各项指标具有可比性，必须设法使两个项目在相同的寿命周期内进行比较。下面举例说明。

例8-14 某公司要在两个投资项目中选择一个。A项目需要160 000元,每年产生80 000元的净现金流量,项目的寿命期为3年,3年以后必须更新而且无残值;B项目需要初始投资210 000元,使用寿命为6年,每年产生64 000元的净现金流量,6年后必须更新而且无残值。企业的资本成本为16%,那么该公司该选择哪个项目呢?

两个项目的净现值计算如下:

$$
\begin{aligned}
NPV_A &= NCF_A \times (P/A, i, n) - C \\
&= 80\ 000 \times (P/A, 16\%, 3) - 160\ 000 \\
&= 80\ 000 \times 2.246 - 160\ 000 \\
&= 19\ 680(元)
\end{aligned}
$$

$$
\begin{aligned}
NPV_B &= NCF_B \times (P/A, i, n) - C \\
&= 64\ 000 \times (P/A, 16\%, 6) - 210\ 000 \\
&= 64\ 000 \times 3.685 - 210\ 000 \\
&= 25\ 840(元)
\end{aligned}
$$

项目的净现值表明B项目优于A项目,应采用B项目。但是这种分析是不完全的,因为没有考虑两个项目之间的寿命是不同的。如果采用A项目,在3年以后还要进行相同的投资才能与B项目的寿命相同。为了使指标的对比更加合理,必须考虑对相同年度的两个项目的净现值进行比较,或者是对两个项目的年均净现值进行比较,这便出现了两种基本计算方法——最小公倍数寿命法和年均净现值法。

1) 最小公倍数寿命法

最小公倍数寿命法是使投资项目的寿命周期相等的方法。也就是说,求出两个项目的使用年限的最小公倍数。对于例8-14中的A项目和B项目来说,他们的最小公倍数为6年。由于B项目的净现值原来就是以6年计算的,所以无须重新调整,对A项目,必须计算一个新的,假设项目要在第0年和第3年进行相同的投资的净现值,具体情况详见表8-10。

表8-10　A项目再投资的现金流量表　　　　　　单位:元

项　　目	第0年	第1年	第2年	第3年	第4年	第5年	第6年
第0年投资的现金流量	−160 000	80 000	80 000	80 000			
第3年投资的现金流量				−160 000	80 000	80 000	80 000
再次投资合并的现金流量	−160 000	80 000	80 000	−80 000	80 000	80 000	80 000

现在来计算项目的净现值:

A项目6年期的净现值 = 第0年投资的净现值 + 第3年投资的净现值 × (P/F, 16%, 3)

　　　　　　　　　　 = 19 680 + 19 680 × (P/F, 16%, 3)

　　　　　　　　　　 = 32 288 (元)

这时,才可以把两个项目的净现值相比较。因为A项目的净现值为32 288元,而B项目的净现值为 25 840 元，因此，该公司应选择 A 项目。

对该公司的这两个项目来说，两个项目的最小公倍数寿命期为 6 年，但在有些情况下，计算两个项目的最小公倍数是很麻烦的。例如，一个项目的寿命周期为 7 年，另一个项目的寿命为 11 年，那么，最小公倍数是 77 年。这种情况下应用最小公倍数法来评价这两个项目的工作量就相当大了。

2) 年均净现值法

年均净现值法是把项目的净现值转化为项目每年的平均净现值。年均净现值的计算公式为：

$$\text{ANPV} = \frac{\text{NPV}}{(P/A,i,n)}$$

式中，ANPV 为年均净现值；NPV 为净现值；$(P/A，i，n)$ 为建立在公司资本成本和项目寿命周期基础上的年金现值系数。

对上例公司的两个项目来说，可用上述公式分别计算 A 项目和 B 项目的年均净现值。

$$\text{ANPV}_A = \frac{19680}{(P/A,16\%,3)} = \frac{19680}{2.246} = 8762.24(元)$$

$$\text{ANPV}_B = \frac{25840}{(P/A,16\%,6)} = \frac{25840}{3.685} = 7012.21(元)$$

从上面可以看出，A 项目的年均净现值比 B 项目高，故公司应选择 A 项目。把这一结果与最小公倍数寿命法计算结果相比较，显然两者的结论是一致的。

案例 1　胜利公司的正确选择

胜利公司是一个经济实力较强的生产加工企业，产品适销对路，并占据了主要的销售市场，经济效益连年上涨。基于市场的需求，公司计划扩大经营规模，决定增加一个生产项目。经多方调研，公司只能投资于项目 A 和项目 B 中的任一项目。其投资额为 250 万元，资本成本为 10%，两个项目的未来现金流量见 8-11 表。

表 8-11　项目 A 和项目 B 的未来现金流量

年　份	第 0 年	第 1 年	第 2 年	第 3 年	第 4 年	第 5 年	第 6 年
项目 A/万元	−250	100	100	75	75	50	25
项目 B/万元	−250	50	50	75	100	100	125

思考题：

(1) 根据上述资料，分别计算两个项目的内部报酬率，并做出初步投资决策。

(2) 根据上述资料，分别计算两个项目的净现值，并做出初步投资决策。

(3) 如何解释净现值和内含报酬率决策时所得到的不同结论？做出最终投资决策。

案例 2　嘉华快餐公司投资决策

嘉华快餐公司在一家公园内租用了一间售货亭向游人出售快餐。快餐公司与公园签订的租赁合同的期限为 3 年，3 年后售货亭作为临时建筑将被拆除。经过一个月的试营业后，快餐公司发现，每天的午饭和晚饭时间买快餐的游客很多，但是因为售货亭很小，只有一个售货窗口，所以顾客不得不排起长队，有些顾客因此而离开。为了解决这一问题，嘉华快餐公司设计了四种不同的方案，试图增加销售量，从而增加利润。

方案一：改善售货亭，增加窗口。这一方案要求对现有售货亭进行大幅度的改造，所以初始投资较多，但是因为增加窗口吸引了更多的顾客，所以收入也会相应增加。

方案二：在现有的售货窗口的基础上，更新设备，提高每份快餐的供应速度，缩短供应时间。

以上两个方案并不互相排斥，可以同时选择。但是，以下两个方案则要放弃现有的售货亭。

方案三：建造一个新的售货亭。此方案需要将现有的售货亭拆掉，在原来的地方建一个面积更大、售货窗口更多的新售货亭。此方案的投资需求最大，预期增加的收入也最多。

方案四：在公园内租一间更大的售货亭。此方案的初始支出是新售货亭的装修费用，以后每年的增量现金流出是当年的租金支出净额。

嘉华快餐公司可用于这项投资的资金需要从银行借入，资本成本为 15%，与各个方案有关的现金流量预计如表 8-12 所示。

表 8-12　四个方案的预计现金流量　　　　　　单位：元

方　案	投资额	第 1 年	第 2 年	第 3 年
增加新的售货窗口	75 000	44 000	44 000	44 000
革新现有设备	50 000	23 000	23 000	23 000
建造新的售货亭	125 000	70 000	70 000	70 000
租赁更大的售货亭	1000	12 000	12 000	14 000

思考题：

(1) 如果运用内部报酬率指标，嘉华快餐公司应该选择哪个方案？

(2) 如果运用净现值指标，嘉华快餐公司应该选择哪个方案？

(3) 如何解释用内部报酬率指标和净现值指标进行决策时所得到的不同结论？哪个指标更好？

习　　题

1. 投资活动的现金流量是如何构成的？

2. 现金流量计算时应注意哪些问题？

3. 为什么说投资决策时使用贴现评价指标更合理？

4. 贴现评价指标主要有哪几个？运用这些指标进行投资决策时的规则是什么？

5．比较项目评价指标中的净现值和内部报酬率，为什么这两种评价指标在项目排序过程中可能发生矛盾？发生矛盾时应该怎么办？

6．尽管投资回收期这一指标在理论上是不健全的，但它在投资项目评价中普遍被采用且优先作为一个选项的标准，为什么？

7．新旧设备可用年限不同时，如何做出是否更新的决策？

8．当公司存在资本限额时，如何进行投资决策？

9．某企业购入设备一台，价值为 50 000 元，按直线法提取折旧，使用寿命为 8 年，8 年后设备无残值。预计投产后每年可获得净利润 6 000 元，假定贴现率 10%，求该项目的净现值、获利指数、内部报酬率，并判断该方案是否可行。

10．某公司进行一项投资，投资期为 3 年。每年年初投资 2000 万元，第 4 年初投产，投产时垫支流动资金 500 万元，项目的寿命期为 5 年，该项目每年会带来 3600 万元的收入和 1200 万元的付现成本，假设该企业的所得税为 30%。资金成本为 10%，固定资产无残值，采取直线法计提折旧。

要求：

(1) 计算该项目的现金流量。

(2) 利用投资回收期和净现值指标评价该项目的可行性。

第9章 证券投资管理

◆ 学习目标:

    (1) 掌握债券投资的概念、分类、特性和风险;

    (2) 掌握债券的价值评估;

    (3) 理解股票的概念和特性; 掌握股票的价值评估;

    (3) 理解证券投资组合的策略和方法; 掌握证券投资组合的风险、收益。

◆ 学习重点:

    债券的价值评估; 股票的价值评估; 组合投资的策略。

9.1 证券投资概述

证券投资是指投资者将资金用于购买股票、债券、基金等有价证券,从而获取收益的一种投资行为。

1. 证券投资的特点

(1) 流动性强。证券买卖的成本低,市场(二级市场)活跃、交易规模大。因此,其转让过程快捷简便,流动性很强。

(2) 投资风险相对较大。相对实物资产来说,证券资产的价值受人为因素、政治因素、经济因素等各种因素的影响比较大,此外,还与证券资产的种类和交易方式有关,由于没有相应的实物作保证,因而价值不稳定,价格波动比较剧烈,投资风险较大。

(3) 交易成本低。证券买卖的交易快速、简捷、成本较低。而实物资产的交易过程复杂、手续繁多,通常还需进行调查、咨询等工作,交易成本较高。

2. 证券投资的目的

(1) 充分利用闲置资金,增加企业收益。企业在生产经营过程中,一般都拥有一定数量的现金,以满足日常经营的需要,但是从现金管理的角度来看,盈利性较差的现金余额过多是一种浪费。因此企业可以将闲置的现金进行有价证券投资,获取一定的收益,这样既能调节现金余额,又能增加企业的投资收益。

(2) 满足未来的财务需求。企业可以采用储备有价证券的形式来储备现金,以便到时售出,满足未来财务方面的需求。

(3) 满足季节性经营对现金的需求。从事季节性经营的公司在一年内的某些月份有剩余现金,在另几个月则会出现现金短缺,这些公司通常在现金有剩余时买入证券,而在现金短缺时出售证券。

(4) 获得对相关企业的控制权。有些企业为了控制其他企业，往往会动用一定资金购买这些企业的股票，以便获得对这些企业的控制权。

3. 证券投资的收益

企业进行证券投资的目的之一是为了获取投资收益，证券投资的收益包括投资的资本利得以及定期的股利或利息收益。资本利得是指证券投资者通过证券的买卖，主要是低买高卖所获得的资本价差收益，但如果卖出价低于买入价，则资本利得收益表现为负值。股利或利息收益是指投资者按期从证券发行人处取得的资金使用费收入，如债券的利息、股票的股利等。证券投资收益既可以用相对数表示，也可以用绝对数表示，而在企业财务管理中通常用相对数，即投资收益率来表示。

9.2 债券投资管理

9.2.1 债券投资的概念

债券投资是投资者通过购入债券成为债券发行单位的债权人，并获取债券利息的投资行为。这种投资行为既可以在一级市场(发行市场)上进行，也可以在二级市场(交易市场)上进行，既可用于长期债券投资，也可用于短期债券投资。

债券投资的特性有：

(1) 投资风险较低。债券发行单位(债务人)必须按规定的期限向债券持有者(债权人)还本付息，在企业清算时，债券比股票具有优先求偿权。其本息的损失比较小。

(2) 投资收益比较稳定。债券的投资收益包括利息和资本利得。债券的票面利率一般固定不变，债券持有者在持有期间可按期取得稳定的利息收入，并不受债券发行单位经济状况好坏的影响。此外，债券投资者可以在市场上买卖债券，获得的价差收益就是资本利得收益。

(3) 债券的流动性比较强。投资债券具有较强的变现能力，可以在债券到期日前在市场上进行买卖，或到银行等金融机构进行抵押，以取得相应数额的抵押贷款。

(4) 债券的安全性较高。债券与其他有价证券相比投资风险小，主要原因在于，债券本息的偿还和支付有法律保障，有相应的发行单位保障，法律对发行人条件有严格规定，且发行量也有严格限制。

9.2.2 债券价值的评估

债券投资决策分析的指标一般有两个，债券的内在价值和收益率。其决策分析的方法包括净现值法和内含收益率法。

1. 债券的内在价值评估

债券作为一种投资，其现金流出是购买价格，现金流入是利息收入和偿还的本金或出售时得到的现金。债券的内在价值是债券投资未来现金流入的现值。只有当债券的内在价值大于其市场价格时，才值得购买。因为，当债券的内在价值大于其市场价格时，说明债券投资的净现值大于零，所以，该投资方案可行。

由于债券的利息和面值有分期支付和到期支付两种方式，还有零息债券，它们的现金流量时间不同，因此具体的计算方法也有所差别。

1) 分期付息、到期还本的债券内在价值估价模型

分期付息一般可分为按年付息、半年付息和按季付息三种方式。分期付息、到期还本的债券估价模型是债券估价的基本模型，其一般计算公式为

$$V = \frac{I_1}{1+k} + \frac{I_2}{(1+k)^2} + \cdots + \frac{I_n}{(1+k)^n} + \frac{M}{(1+k)^n} = \sum_{i=1}^{n} \frac{I_t}{(1+k)^t} + \frac{M}{(1+k)^n}$$

$$= I(P/A, k, n) + M(P/F, k, n)$$

式中：V——债券的内在价值；

I——每期利息；

M——债券面值或到期本金；

k——市场利率或投资者要求的最低报酬率；

n——付息期数；

$(P/A, k, n)$——年金现值系数；

$(P/F, k, n)$——复利现值系数。

例 9-1　某债券面值 1000 元，票面利率 8%，期限 6 年，每年年末付息一次，到期还本。某企业拟购买该债券，购买时的市场利率为 10%。要求：该债券价格多少时才值得投资？

根据上述公式得：

$$V = 1000 \times 8\% \times (P/A，10\%，6) + 1000 \times (P/F，10\%，6)$$
$$= 80 \times 4.355 + 1000 \times 0.565$$
$$= 913.40 \ (元)$$

因此，只有当这种债券的价格低于 913.4 元时，才值得投资。因为这种情况下，才可使公司的投资收益大于 10%。

2) 到期一次还本付息且不计复利的债券内在价值的确定

一次还本付息的债券只有一次现金流入，即到期日的本息之和。其债券的内在价值就是到期日本息之和的现值。其估价计算公式为

$$债券价值 = 债券到期本利和 \times 复利现值系数$$

即

$$V = (M + M \times i \times n) \times (P/F，i，n)$$

式中 i 为债券的票面利率，其他符号含义同前式。

例 9-2　某企业拟购买一种到期一次还本付息的债券，该债券面值为 1000 元，期限 3 年，票面利率 6%(单利计息)，当时的市场利率为 5%。要求：该债券价格为多少时，企业才值得购买？

根据上述公式得：

$$V = (1000 + 1000 \times 6\% \times 3) \times (P/F，5\%，3)$$
$$= 1180 \times 0.8638 = 1019.28 \ (元)$$

即该债券价格必须低于 1019.28 元，企业才值得购买。

3) 贴现发行债券的估价模型

债券以贴现方式发行，没有票面利率，到期按面值偿还，这种债券也称零票面利率债券。这种债券以贴现方式发行，也即以低于面值的价格发行，到期按面值偿还。其估价模型为

$$债券价值 = 债券面值 \times 复利现值系数$$

$$V = \frac{M}{(1+k)^n} = M \times (P/F, k, n)$$

式中的符号含义同前式。

例 9-3　某债券面值为 1000 元，期限为 5 年，以贴现方式发行，期内不计利息，到期按面值偿还，当时的市场利率为 8%。要求：计算该债券的内在价值。

根据上述公式得：

$$V = 1000 \times (P/F，8\%，5) = 1000 \times 0.6806 = 680.60 \,(元)$$

因此该债券的价值为 680.60 元。

2. 债券的持有期收益率

债券的收益主要包括利息收益和资本利得收益。债券投资的收益既可以用绝对数表示，也可用相对数表示。但是在企业财务管理中通常使用相对数，即用收益率表示。

按照投资决策的分析方法原理，债券的持有期收益率应是债券在持有期投资净现值为零的贴现率，即能使债券的内在价值等于其债券市场价格的贴现率。只有当债券持有期收益率大于投资者要求的必要收益率时，才值得购买。

1) 分期付息持有期收益率常用的计算公式

分期付息债券又称息票债券或付息债券，即在债券到期以前按约定的日期分次按票面利率支付利息，到期再偿还本金。

分次付息一般有按年付息、半年付息和按季度付息三种方式，分期付息持有期收益率常用的计算公式为

$$持有期收益率 = \frac{债券年利息 + (债券卖出价 - 债券买入价)/持有年限}{债券买入价} \times 100\%$$

例 9-4　A 公司于 2006 年 1 月 1 日以 120 元的价格购买了 B 公司于 2005 年发行的面值为 100 元，利率为 10%，每年 1 月 1 日支付一次利息的 10 年期公司债券，在 2007 年 1 月 1 日，A 公司将该债券以 140 元的价格卖出。要求：计算该债券的持有期收益率。

根据公式得

$$持有期收益率 = \frac{100 \times 10\% + (140 - 120)}{120} \times 100\% = 25\%$$

2) 一次还本付息债券持有期收益率的计算公式

发行的债券多为到期一次还本付息债券，在中途出售的卖价中包含了持有期的利息收入，所以实际使用的计算公式为

$$持有期收益率 = \frac{(债券卖出价 - 债券买入价)/持有年限}{债券买入价} \times 100\%$$

3) 贴现债券持有期收益率的计算公式

贴现债券又称贴水债券，是指以低于面值发行、发行价与票面金额之差额相当于预先支付的利息、债券期满时按面值偿付的债券。贴现债券多为短期债券和中期债券，很少用于长期债券。贴现债券也可以不等到期满而中途出售。贴现债券持有期收益率的计算公式与一次还本付息债券持有期收益率的计算公式相同。

$$贴现债券持有期收益率=\frac{(债券卖出价-债券买入价)/持有年限}{债券买入价}\times100\%$$

3. 到期收益率

债券的到期收益率又称最终收益率，一般的债券到期都按面值偿还本金，所以，随着到期日的临近，债券的市场价格会越来越接近面值。

1) 短期债券到期收益率

对处于最后付息周期的付息债券、贴现债券和剩余流通期限在一年以内(含一年)的到期一次还本付息债券，其到期收益率的计算公式为

$$到期收益率=\frac{(到期本息和-债券买入价)/剩余到期年限}{债券买入价}\times100\%$$

2) 长期债券到期收益率

(1) 到期一次还本付息债券。剩余流通期限在一年以上的到期一次还本付息债券的到期收益率采取复利计算。计算公式为

$$PV = (M + M \times i \times n) \times (P/F,\ k,\ t)$$

式中：k——到期收益率；

　　　PV——债券买入价；

　　　i——债券票面年利率；

　　　n——债券有效年限；

　　　M——债券面值；

　　　t——债券的剩余年限。

(2) 按年付息债券。不处于最后付息期的固定利率附息债券的到期收益率可用下面的公式计算，各字母代表的含义同上式。

$$PV = M \times i \times (P/A,\ k,\ t) + M \times (P/F,\ k,\ t)$$

例 9-5 已知：A 公司于 2004 年 1 月 1 日以 1010 元价格购买了 B 公司于 2001 年 1 月 1 日发行的面值为 1000 元、票面利率为 10%的 5 年期债券。要求：

(1) 如该债券为一次还本付息，计算其到期收益率。

(2) 如果该债券为分期付息、每年年末付一次利息，计算其到期收益率。

解　(1) 一次还本付息：

根据公式得

$$1010 = 1000 \times (1 + 10\% \times 5) \times (P/F,\ k,\ 2) = 1500 \times (P/F,\ k,\ 2)$$

$$(P/F,\ k,\ 2) = \frac{1010}{1500} = 0.6733$$

查复利现值系数表可知：

当 $k = 20\%$ 时，$(P/F,\ 20\%,\ 2) = 0.6944$

当 $k = 24\%$ 时，$(P/F,\ 24\%,\ 2) = 0.6504$

求得：$k = 21.92\%$

(2) 分期付息，每年年末付一次利息：

根据：

$$1010 = 1000 \times 10\% \times (P/A,\ k,\ 2) + 1000 \times (P/F,\ k,\ 2)$$
$$= 100 \times (P/A,\ k,\ 2) + 1000 \times (P/F,\ k,\ 2)$$

当 $k = 10\%$ 时，

$$NPV = 100 \times (P/A,\ 10\%,\ 2) + 1000 \times (P/F,\ 10\%,\ 2) - 1010$$
$$= 100 \times 1.7355 + 1000 \times 0.8264 - 1010$$
$$= -10.05\ (元)$$

当 $k = 8\%$ 时，

$$NPV = 100 \times (P/A,\ 8\%,\ 2) + 1000 \times (P/F,\ 8\%,\ 2) - 1010$$
$$= 100 \times 1.7833 + 1000 \times 0.8573 - 1010$$
$$= 25.63\ (元)$$

用内插法求得：

$$k = 9.44\%$$

9.2.3　债券的投资风险

进行债券投资与进行其他投资一样，在获得未来投资收益的同时，也要承担一定的风险。因此，风险与报酬的分析是债券投资(乃至所有投资)决策必须考虑的重要因素。

1) 违约风险

违约风险是指债券的发行人不能履行合约规定的义务，无法按期支付利息和偿还本金而产生的风险。不同种类的债券违约风险是不同的。一般讲，政府债券以国家财政为担保，一般不会违约；由于金融机构的规模较大并且信誉较好，其发行的债券的风险较政府债券高但又低于企业债券；工商企业的规模及信誉一般较金融机构差，因而其发行的债券的违约风险较大。

2) 利率风险

利率风险是指由于市场利率上升而引起的债券价格下跌，从而使投资者遭受损失的风险。债券的价格随着市场利率的变动而变动。一般来说，市场利率上升，会引起债券市场价格下跌；市场利率下降，会引起债券市场价格上升。不同期限的债券持有期限，利息率风险也不一样。一般来说，期限越长，利率风险就越大。

3) 流动性风险

流动性风险是指债券持有人打算出售债券获取现金时，其所持债券不能按目前合理的市场价格在短期内出售而形成的风险，又称变现力风险。如果一种债券能在较短的时间内按市价大量出售，则说明这种债券的流动性较强，投资于这种债券所承担的流动性风险较小；反之，如果一种债券按市价售出很困难，则说明其流动性较差，投资者会因此而遭受损失。

4) 购买力风险

购买力风险又称通货膨胀风险,是指由于通货膨胀而使债券到期或出售时所获得的现金购买力减少的风险。在通货膨胀比较严重时,通货膨胀风险对债券投资者的影响比较大,因为投资于债券只能得到一笔固定的利息收益,而由于货币贬值,这笔现金收入的购买力会下降。

9.3　股票投资管理

9.3.1　股票投资概述

1. 股票及股票投资

股票是股份有限公司为筹集主权资本而发行的证明投资者在公司拥有权益的一种有价证券。投资者将资金投资于股票以获利益的投资行为即为股票投资。购入股票可在预期的未来获得现金流入,包括两部分:每期预期股利收入和出售价格。股票的价值是指其预期的未来现金流入的现值。有时为了和股票的市价相区别,把股票的预期未来现金流入的现值称为"股票的内在价值"。它是股票的真实价值,也叫理论价值。

2. 股票价格

股票本身没有价值,仅是一种凭证。它之所以有价格,可以买卖,是因为它能给持有者带来收益。一旦股票发行后上市买卖,股票价格与原来的面值分离,这时的价格主要由预期股利和当时市场利率决定,即股利的资本化价值决定了股票价格。通常用 P_0 代表目前股票市价,用 P_t 代表在 t 年底的价格,用 g 代表股票的预期增长率。

3. 股利

股利是股息和红利的总称。股利是公司从其税后利润中分配给股东的,是公司对股东投资的一种报酬。股利是股东所有权在分配上的体现。通常用 D 代表股利, D_0 代表最近支付的股利, D_t 代表股东预期在 t 年底收到的股利。

4. 股票的投资特性

(1) 投资收益性较高。一般情况下,股票收益要高于债券收益。

(2) 投资风险较大。股票没有固定的到期日,股票投资收益取决于发行公司的经营状况、盈利水平和股利政策等多种因素,因此投资股票的收益具有很大的不确定性。

(3) 流动性较强。股票持有人不能从公司退股,但可通过证券市场股票作为买卖对象或抵押品随时转让。股票投资较强的流动性促进了企业资金的有效利用和合理配置。

(4) 可以参与发行公司的经营管理。股东参与公司重大决策权利的大小通常取决于其持有股份数量的多少,如果某股东持有的股份数量达到决策所需要的有效多数时,就能实质性的影响公司的经营方针。

9.3.2　股票价值的评估

企业进行股票投资也需要对股票的价值进行评估,对股票内在价值进行计算和分析,以便将股票的内在价值与股票市价或购买价格进行比较,作为投资参考。

1. 股票估价模型

股票作为一种投资，其现金流出是其购买价格，现金流入是股利和未来出售时的股价收入。股票未来现金流入的现值，称为股票的价值或股票的内在价值。股票的价值不同于股票的价格。受社会、政治、经济变化和心理等诸多因素的影响，股票的价格往往围绕股票的价值上下波动。只有当股票的内在价值大于等于其市场价格时，才值得购买。

这里给出几种最常见的股票估价模型。

(1) 短期持有股票，未来准备出售的股票估价模型。一般情况下，投资者投资于股票，不仅希望得到股利收入，更期望在股票价格上涨时出售股票获得资本利得。如果投资者不打算永久地持有该股票，而在一段时间后出售，他的未来现金流入是获得的股利和出售时的股价。此时的股票估价模型为

$$V = \sum_{t=1}^{n} \frac{D_t}{(1+k)^t} + \frac{P_n}{(1+k)^n}$$

式中：V——股票的内在价值，

D_t——第 t 期的预期股利；

P_n——未来出售时预计的股票价格；

K——贴现率，一般采用当时的市场利率或投资人要求的必要收益率；

n——预计持有股票的期数。

例 9-6 某企业拟购买 A 公司发行的股票，该股票预计今后三年每年每股股利收入为 2 元，3 年后出售可得 16 元，投资者的必要报酬率 10%。要求：计算该股票的价值。

解
$$V = 2 \times (P/A，10\%，3) + 16 \times (P/F，10\%，3)$$
$$= 2 \times 2.4869 + 16 \times 0.7513$$
$$= 16.99 \,(元)$$

该股票的价值为 16.99 元，若此公司股票的市价低于 16.99 元，则该企业可考虑对此股票进行投资。

(2) 长期持有、股利稳定不变的股票估价模型。在每年股利稳定不变，投资人持有期限较长的情况下，股票的估价模型可在第一种模型的基础上简化为

$$V = \frac{D}{K}$$

式中：V 为股票价值，D 为每年固定股利，K 为投资人要求的必要收益率。

例 9-7 某企业拟购买 A 公司股票并准备长期待有，预计该股票每年股利为 6 元，企业要求的必要收益率为 15%。要求：计算该股票的价值。

解
$$V = \frac{6}{15\%} = 40 \,(元)$$

(3) 长期持有、股利固定增长的股票估价模型。如果一个公司的股利不断增长，投资者的投资期限又非常长，则股票的估价就相对复杂，只能计算近似值。设今年股利为 D_0，第 t 年股利为 D_t，每年股利比上年增长率为 g，则：

$$V = \frac{D_0(1+g)}{K-g} = \frac{D_1}{K-g}$$

例 9-8　某企业准备购买 B 公司的股票，该股票今年支付的每股股利为 2 元，预计以后每年以 12%的增长率增长。企业要求的必要收益率为 16%。要求：股票价格为多少时可考虑购买？

解
$$V = \frac{2 \times 1.12}{0.16 - 0.12} = 56 \ (元)$$

即 B 公司的股票价格在 56 元以下时可以购买。

2. 股票收益率的估算

股票的收益是指投资者从购入股票开始到出售股票为止整个持有期间的收入，这种收益由股息和资本利得两方面组成。股票投资的收益通常使用相对数，即股票投资的收益率表示。

(1) 短期股票投资收益率。若短期股票投资的持有期限比较短，少于一年，可以不考虑资金时间价值，其持有期收益率可按如下公式计算：

$$持有期收益率 = \frac{股票年股利 + (股票卖出价 - 股票买入价)/持有年限}{股票买入价} \times 100\%$$

例 9-9　2006 年 3 月 30 日，A 公司购买 B 公司每股市价 10 元的股票，2006 年 9 月，A 公司持有的上述股票每股获现金股利 1 元，2007 年 3 月 29 日，A 公司将该股票以每股 20 元的价格出售。要求：计算该股票投资持有期收益率。解答：

$$持有期收益率 = \frac{1 + (20 - 10)/1}{10} \times 100\% = 110\%$$

(2) 长期股票投资收益率。长期股票投资收益率的持有期限较长，故应考虑资金时间价值。考虑资金时间价值的股票投资收益率是指使得股票投资的现金流出现值等于现金流入现值的贴现率。长期股票投资收益率可按下式计算：

$$P = \sum_{t=1}^{n} \frac{D_t}{(1+i)^t} + \frac{P_n}{(1+i)^n}$$

例 9-10　某企业在 2004 年 3 月 16 日投资 630 万元购买某种股票 100 万股，在 2005 年和 2006 年的 3 月 15 日每股各分得现金股利 0.4 元和 0.6 元，并于 2006 年 3 月 15 日以每股 7 元的价格全部出售。要求：计算该项股票投资的收益率。

解
$$630 = \frac{40}{1+i} + \frac{60+700}{(1+i)^2} = 40 \times (P/F,\ i,\ 1) + 760 \times (P/F,\ i,\ 2)$$

通过采用逐步测试法，可得：

当 $i = 12\%$ 时，

$$40 \times (P/F,\ i,\ 1) + 760 \times (P/F,\ i,\ 2) - 630 = 11.59 (万元)$$

当 $i = 14\%$ 时，

$$40 \times (P/F,\ i,\ 1) + 760 \times (P/F,\ i,\ 2) - 630 = -10.09 (万元)$$

因此，采用内插法，可以算出

$$i = 12\% + \frac{11.59}{10.09 + 11.59} \times 2\% = 13.07\%$$

3. 市盈率分析

市盈率是股票市价和每股盈利之比，以股价是每股盈利的倍数表示。市盈率可以粗略反映股价的高低，表明投资人愿意用盈利的多少倍的货币来购买这种股票，是市场对该股票的评价。

因为

$$市盈率 = 股票市价 \div 每股盈利$$

所以

$$股票价格 = 该股市盈率 \times 该股票每股盈利$$

$$股票价值 = 行业平均市盈率 \times 该股票每股盈利$$

根据证券机构或刊物提供的同类股票过去若干年的平均市盈率，乘以当前的每股盈利，可以得出股票的公平价值。用它和当前市价比较，可以看出所付价格是否合理。

例 9-11 若某公司的股票每股盈利是 3 元，市盈率是 10，行业类似股票的平均市盈率是 12，则：

$$股票价格 = 10 \times 3 = 30 \,(元)$$

$$股票价值 = 12 \times 3 = 36 \,(元)$$

这说明市场对该股票的评价略低，股价基本正常，有一点的吸引力。

一般认为，股票的市盈率比较高，表示投资者对公司的未来充满信心，愿意为每 1 元盈利多付买价，这种股票的风险比较小。但是，当股市受到不正常因素干扰时，某些股票的市价会被哄抬到不应有的高度。股票的市盈率比较低，表明投资者对公司的未来缺乏信心，不愿意为每 1 元盈利多付买价，这种股票的风险也比较大。

9.4　证券投资组合

9.4.1　证券投资组合概述

1. 证券投资组合的概念

证券投资组合又叫证券组合，是指在进行证券投资时，投资者将其资金投资于两种或更多的风险资产上。这种同时投资多种证券的做法便叫证券的投资组合。

证券投资的盈利性吸引了众多投资者，但证券投资的风险性又使许多投资者望而却步。如何才能有效地解决这一难题呢？科学地进行证券的投资组合就是一个比较好的方法。"不把鸡蛋放在同一个篮子里"，这是资产选择理论中对分散投资的一种最通俗的解释。由于证券投资组合能够降低风险，因此，绝大多数投资者都会同时投资于多种证券。

2. 证券投资组合的风险

证券投资组合的风险可以分为两种不同性质的风险，即非系统性风险和系统性风险。

1) 非系统性风险

非系统性风险又叫可分散风险或公司特有风险，是指某些因素对单个证券造成经济损失的可能性。如公司开发新产品不成功、败诉等。这种风险，可通过证券持有多样化来抵消，如多买几家公司的股票，其中某些公司的股票收益上升，另一些公司股票的收益下降，从而将风险抵消。因此，这种风险称为可分散风险。至于风险能被分散掉的程度，则取决于投资组合中不同资产预期报酬之间的相关程度以及组合中资产的数量。

非系统风险的分散程度取决于投资组合中资产的相关系数。相关系数是衡量两个变量之间相互关系的标准统计量度。相关系数的取值范围在 −1.0 和 +1.0 之间。如果两种资产完全正相关，说明它们收益变化的方向和幅度完全相同，一起上升或下降，将两种完全正相关的资产组合在一起，不能抵消任何风险；如果两种资产完全负相关，它们收益变化的方向和幅度完全相反，将两种完全负相关的资产组合在一起，可以最充分地抵消风险，甚至可以抵消掉全部的风险。

例 9-12　A 和 B 股票构成一个证券组合，每种股票在证券组合中各占 50%，它们的收益率和风险的详细情况如表 9-1 所示。

表 9-1　完全负相关的两种股票构成的证券组合收益表

年(t)	A 股票 KA(%)	B 股票 KB(%)	A、B 的组合 KP(%)
1999	40	−10	15
2000	−10	40	15
2001	35	−5	15
2002	−5	35	15
2003	15	15	15
平均收益率(K)	15	15	15
标准离差(σ)	22.6	22.6	0.0

从上表中可以看出，如果分别持有两种股票，都有很大的风险，但如果将它们组合成一个证券组合，则没有风险。

2) 系统性风险

系统性风险又称不可分散风险或市场风险。指的是由于某些因素给市场上所有的证券都带来经济损失的可能性。如宏观经济状况的变化、国家财政政策的变化、世界能源状况的改变都会使所有股票的收益发生变动。这些风险影响到所有的证券，因此，不能通过证券组合分散掉。对投资者来说，这种风险是无法消除的。

系统性风险通常用 β 系数来计量。β 系数有多种计算方法，实际计算过程十分复杂，但幸运的是 β 系数一般不需要投资者自己计算，而由一些投资服务机构定期计算并公布。作为整体的证券市场的 β 系数为 1，如果某种股票的风险情况与整个证券市场的风险情况一致，则这种股票的 β 系数等于 1；如果某种股票的 β 系数大于 1，说明其风险大于整个市场的风险；如果某种股票的 β 系数小于 1，说明其风险小于整个市场的风险。

投资组合的 β 系数是单个证券 β 系数的加权平均数，权数为各种证券在投资组合中所占的比重。其计算公式是：

$$\beta_p = \sum_{i=1}^{n} W_i \beta_i$$

式中：β_p——证券组合的 β 系数；

　　　W_i——证券组合中第 i 种股票所占的比重；

　　　β_i——第 i 种股票的系数；

　　　n——证券组合中股票的数量。

不可分散风险是通过 β 系数来测量的，一些标准的 β 值如下：

$\beta = 0.5$，说明该股票的风险只有整个市场股票风险的一半；

$\beta = 1.0$，说明该股票的风险等于整个市场股票的风险；

$\beta = 2.0$，说明该股票的风险是整个市场股票风险的 2 倍。

例 9-13　现有 ABC 股票组合，已知三种股票 A、B、C 在资产组合中所占的比例及其各自 β 值，如表 9-2 所示。试求该股票组合的 β 值。

表 9-2　ABC 投资组合情况表

股票	在资产组合中的比例	β 值
A	40%	1.00
B	25%	0.75
C	35%	1.30

解　　　　　$\beta_p = 1.00 \times 40\% + 0.75 \times 25\% + 1.30 \times 35\% = 1.0425$

通过上述公式及其实例，可以得出结论：资产组合的 β 值是由个别证券的 β 值决定的。如果资产组合中含有低 β 值的股票，则整个组合的 β 值相应较低，反之亦然。

例 9-14　仍按例 9-13 资料，该公司为降低风险，售出部分 A 股票，买进部分 B 股票，使 A、B、C 三种股票在证券组合中所占的比例变为 25%、40% 和 35%，其他条件不变。试求该股票组合的 β 值。

依题意，

　　　　　$\beta_1 = 1.00$，$\beta_2 = 0.75$，$\beta_3 = 1.30$；$W_1 = 25\%$，$W_2 = 40\%$，$W_3 = 35\%$

则新证券组合的

　　　　　$\beta_p = 1.00 \times 25\% + 0.75 \times 40\% + 1.30 \times 35\% = 1.005$

从本例可以看出，改变投资比重，可以影响投资组合的 β 系数，进而会改变其风险收益率。通过减少系统风险大的资产比重，提高系统风险小的资产比重，能达到降低投资组合总体风险水平的目的。

9.4.2　证券投资组合的风险收益

投资者进行证券投资组合与进行单项投资一样，都要求对承担的风险进行补偿，股票的风险越大，要求的收益就越高。但是，与单项投资不同，证券组合投资要求补偿的风险只是不可分散风险，而不要求对可分散风险进行补偿。如果有可分散风险的补偿存在，那么，善于科学地进行投资组合的投资者将购买这部分股票，并抬高其价格，其最后的收益率只反映不能分散的风险。因此，证券组合的风险收益是投资者因承担不可分散风险而要求的，超过时间价值的那部分额外收益。投资风险收益率公式为

$$R_p = \beta_p \cdot (K_m - R_F)$$

式中：R_p——证券投资组合的风险收益率；

B_p——证券投资组合的 β 系数；

K_m——所有股票的平均收益率，也就是由市场上所有股票组成的证券投资组合的收益率，简称市场收益率；

R_F——无风险收益率，一般用政府公债的利率来衡量。

例 9-15　某公司证券投资组合的 β 系数为 1.32，股票的市场收益率为 14.5%，无风险收益率为 10%，计算其证券投资组合的风险收益率如下：

$$R_p = 1.32 \times (14.5\% - 10\%) = 5.94\%$$

计算出风险收益率后，就可以根据投资额和风险收益率计算出风险收益的数额。从以上计算中可以看出，在其他因素不变的情况下，风险收益取决于证券投资组合的 β 系数。β 系数越大，风险收益就越大；反之，β 系数越小，风险收益也就越小。

9.4.3　资本资产定价模型

在西方金融学和财务管理学中，有许多模型论述风险和收益率的关系，其中一个最重要的模型为资本资产定价模型(Capital Asset Pricing Model，简写为 CAPM)。这里的资本资产，可以是股票、债券等有价证券，也可以是直接投资，它代表对真实资产所产生的收益的求偿权利。资本资产定价模型的重要贡献在于它提供了一种与组合资产理论相一致的有关个别证券的风险量度。这种模型使投资者能够估计单项资产的不可分散风险，形成最优投资组合，引导投资者做出合适的投资决策。

资本资产定价模型可表示为：

$$K_i = R_F + \beta_i \times (K_m - R_F)$$

式中：K_i——第 i 种股票或第 i 种证券组合的必要收益率；

R_F——无风险收益率；

β_i——第 i 种股票或第 i 种证券组合的 β 系数；

K_m——所有股票或所有证券的平均收益率。

公式中($K_m - R_F$)是投资者为补偿承担超过无风险收益的平均风险而要求的额外收益，称为风险溢价，反映市场作为整体对风险的平均"容忍"程度，也就是市场整体对风险的厌恶程度。对风险越是厌恶和回避，要求的补偿就越高，因此，市场风险溢价的数值就越大。反之，如果市场的抗风险能力强，则对风险的厌恶和回避就不是很强烈，因此，要求的补偿就越低。某项资产的风险收益率是市场风险溢价与该资产系统风险系数的乘积，即：

$$风险收益率 = \beta \times (K_m - R_F)$$

无风险收益率加风险收益率即为必要报酬率。

必要报酬率是指投资者购买或持有一种资产所要求的最低报酬率，这种资产可能表现为一种证券、证券组合或一项投资项目。

资本资产定价模型说明如下结论：

(1) 任何风险性资产的期望收益率等于无风险利率加风险收益率。风险收益率决定于投资者的风险回避程度。

(2) 一种股票的风险由两部分组成：系统风险和非系统风险。其中非系统风险可通过多角化投资来消除。对于那些理性的、从事多角化投资的投资者来说，只有系统风险才是与他们相关的风险。

(3) 投资者承担风险必须得到补偿。股票投资风险越大，必要报酬率越高。但是，要求补偿的风险只是不能通过多角化投资加以消除的系统性风险。

例 9-16 某企业拟购入 A 股票，该股票的 Beta 系数为 1.26，股票市场的期望收益率为 15%，同期的无风险收益率为 6%，那么该企业对 A 股票的必要报酬率有何要求？

根据资产资本定价模型有

$$K_i = 6\% + 1.26 \times (15\% - 6\%) = 17.34\%$$

资本资产定价模型，又称证券市场线(简称 SML)。如果以横轴表示证券的 β 系数，纵轴表示证券的期望收益率，那么证券市场线能说明必要收益率 K 与系统风险 β 系数之间的关系。如图 9-2 所示。

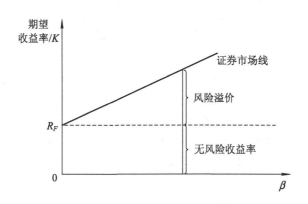

图 9-2 证券收益率与 β 系数之间的关系

9.4.4 证券投资组合的策略和方法

1. 证券投资组合策略

在证券投资组合理论的发展过程中，形成了各种各样的派别，从而形成了不同的组合策略。这里介绍最常见的三种。

(1) 保守型策略。这种策略认为，最佳投资组合策略是要尽量模拟市场现状，将尽可能多的证券包括进来，以便分散掉全部非系统风险，得到与市场所有证券的平均收益同样的收益。这种投资组合有以下好处：能分散掉全部可分散风险；证券投资的管理费比较低。但这种组合获得的收益不会高于证券市场上所有证券的平均收益。因此，这种策略属于收益不高，风险不大的策略，故称之为保守型策略。

(2) 冒险型策略。这种策略认为，与市场完全一样的组合不是最佳组合，只要投资组合做得好，就能击败市场或超越市场，取得远远高于平均水平的收益。在这种组合中，一些成长型的股票比较多，而那些低风险、低收益的证券不多。另外，其组合的随意性强，变动频繁。这种策略收益高，风险大，因此，被称为冒险型策略。

(3) 适中型策略。这种策略认为，证券的价格，特别是股票的价格，是由特定企业的经营业绩来决定的。市场上股票价格的一时沉浮并不重要，只要企业经营业绩好，股票价格一定会上升到其本来的价值水平。采用这种策略的人，一般都善于对证券进行分析，如行业分析、企业业绩分析、财务分析等，通过分析，选择高质量的股票，组成投资组合。这种投资策略风险不太大，收益比较高，所以是一种最常见的投资组合策略。各种金融机构、投资基金和企事业单位在进行证券投资时一般都采用这种策略。

2．证券投资组合方法

防范风险的最好方式是分散风险，而要分散风险，就要学会运用各种投资组合。下面分别介绍几种投资组合的基本方法：

(1) 选择足够数量的证券进行组合。这是一种最简单的证券投资组合方法。在采用这种方法时，不是进行有目的的组合，而是随机选择证券，随着证券数量的增加，风险会逐步减少，当数量足够多时，大部分风险就有可能分散掉。

(2) 证券投资的"三分法"。即把风险大、风险中等、风险小的证券放在一起进行组合，这种组合方法是指把全部资金的 1/3 投资于风险大的证券，1/3 投资于风险中等的证券，1/3 投资于风险小的证券。一般而言，风险大的证券对经济形势的变化比较敏感，当经济处于繁荣时期，风险大的证券获得高额收益，但当经济衰退时，风险大的证券却会遭受巨额损失；相反，风险小的证券对经济形势的变化则不十分敏感，一般都能获得稳定收益，而不致遭受损失。

(3) 不同时间、地点，不同企业的分散投资组合法。这里包括：企业种类分散，以预防行业性不景气；企业单位分散，不把全部资金集中购买某一个企业的证券；投资时间分散，间隔时间穿插选择投资；投资区域分散，选择长线、中线、短线不同期限的投资进行组合。

案例　巴菲特证券投资要诀

巴菲特 1930 年出生于美国，11 岁开始购买股票，27 岁创建自己的帝国。巴菲特在股票市场上的非凡业绩和惊人的盈利，使市场专家和华尔街的经纪人都感到不可思议。那么，在变幻莫测的股票市场上，巴菲特制胜的要诀是什么呢？

制胜要诀一：购进廉价股票。

20 世纪 50 年代早期，他带着孩童般的执著读厚重的穆迪手册，在里面寻找线索，终于他发现了一些无人问津又非常便宜的股票，如西部保险公司和 GEICO 股票等，于是他投资了 8000 美元——几乎是他当时积蓄的 2/3——到 GEICO 上。后来，股票在不到两年的时间里翻了整整两倍。

巴菲特终日忙于阅读和分析一个个公司的年度报表和商业刊物，把每一份财务报表牢记在心，逐渐地，在他的心目中建立起了对华尔街的整个详细的轮廓，他对现有的股票和债券都了如指掌，并相信没有任何人能分析得比他更好。

制胜要诀二：牛市退，熊市进。

每当巴菲特看到一种股票时，他不仅仅看资产的静止现象，而是将其作为一个有着独特动力和潜能的活生生的正在运作的企业来看待。1963 年，巴菲特开始研究一种与以往他买的任何股票都不相同的股票，他没有工厂，也没有硬件资产，它最有价值的商品是他的名字。当时美国捷运公司有成千上万的股票在市场上流通，像货币一样被人们接受。但当年 11 月，捷运公司遇到麻烦，其股市从每股 60 美元跌至 1964 年初的 35 美元。当华尔街的证券商齐声高喊"卖"时，巴菲特将自己 1/4 的资产投资在这个股票上。1967 年夏天，道—琼斯指数回升到 900 点左右，而且自 20 世纪 60 年代以来第一次出现成交量居高不下的情况，华尔街洋溢着空前的喜悦，证券商迅速地下着越来越多的赌注。巴菲特确信这种游戏非常有赚头，股市还会继续上涨，但他也"确信"自己不能把这些股票做好，于是他把击败道—琼斯指数的目标降低了 10 个百分点，即从现在起每年盈利 9%或超过道—琼斯指数 5 个百分点。而事实上，这一年他赢利了 30%，比道—琼斯指数多出了 17 个百分点，其中大部分来自美国捷运公司，它已狂涨到每股 180 美元。

习　题

1．试述债券的概念、类型及其特点。

2．简述债券的基本要素。

3．什么是股票？它有什么特点？

4．试述债券投资和股票投资各自的优缺点。

5．简述证券投资组合的意义。

6．证券投资组合的风险有哪些？

7．证券投资组合的策略和方法。

8．已知：A 公司拟购买某公司债权作为长期投资(打算持有至到期日)，要求的必要收益率为 6%。现已有三家公司同时发行 5 年期、面值为 1000 元的债券。其中：甲公司债券的票面利率为 8%，每年付息一次，到期还本，债券发行价格为 1041 元；乙公司债券的票面利率为 8%，单利计息，到期一次还本付息，债券发行价格为 1050 元；丙公司债券的票面利率为零，债券发行价格为 750 元，到期按面值还本。要求：

(1) 计算 A 公司购入甲公司债券的价值和收益率；

(2) 计算 A 公司购入乙公司债券的价值和收益率；

(3) 计算 A 公司购入丙公司债券的价值；

(4) 根据上述计算结果，评价甲、乙、丙三家公司的债券是否具有投资价值，并为 A 公司做出购买何种债券的决策；

(5) 若 A 公司购买并持有甲公司债券，1 年后将其以 1050 元的价格出售，计算该项投资的收益率。

9．某企业计划利用一笔长期资金投资购买股票，现有 M 公司股票和 N 公司股票可供选择，该企业只准备投资一家公司的股票。已知 M 公司股票现行市价为每股 9 元，上年每股股利为 0.15 元，预计以后每年以 6%的增长率增长。N 公司股票现行市价为每股 7 元，上年每股股利为 0.60 元，股利固定不变。该企业要求的投资必要报酬率为 8%。要求：

(1) 利用股票估价模型，分别计算 M 和 N 公司的股票价值。

(2) 为该企业做出股票投资决策。

10．甲企业持有 A、B 两种股票，投资额分别为 50 万元和 250 万元，期望收益率分别为 10%和 20%，β 系数分别为 1.2 和 0.35，公司拟将 B 证券投资额缩减 50 万元，另追加 150 万元用于 C 股票(期望收益率为 15%，β 系数为 1.57)。问这种调整是否有利？

第10章　营运资金管理

✦ 学习目标：
　　(1) 掌握营运资金的特点和管理政策；
　　(2) 掌握现金的管理方式，财务管理环境的分类及具体内容；
　　(3) 掌握应收账款的管理；
　　(4) 掌握存货的管理。
✦ 学习重点：
　　营运资金的管理政策；最佳现金持有量的确定；信用政策；存货的控制方法。

10.1　营运资金概述

10.1.1　营运资金的含义与特点

1. 营运资金的含义

　　营运资金有广义和狭义之分。广义的营运资金又称总营运资金，是指一个企业投放在流动资产上的所有资金，具体包括：现金、有价证券、应收账款、存货等占用的资金，主要用来研究企业资产的流动性和周转状况。狭义的营运资金是流动资产与流动负债的差额。这是一个抽象的概念，并不特指某项资产，但它是判断和分析企业流动资金运作状况和财务风险程度的重要依据，这个概念主要在研究企业的偿债能力和财务风险时使用。因此，企业营运资金的持有状况和管理水平直接关系到企业的盈利水平和财务风险两个方面。

2. 营运资金的特点

　　为了有效地管理企业的营运资金，必须研究营运资金的特点，有针对性地进行管理。
　　(1) 营运资金的周转具有短期性。企业投资于流动资产的资金一般在1年或超过1年的一个营业周期内收回，对企业影响的时间比较短。根据这一特点，流动资产投资所需要的资金一般可通过商业信用、短期银行借款等加以解决。
　　(2) 营运资金的流动性较强。流动资产在循环周转过程中，经过供产销三个阶段，其占用形态不断变化，即按现金—材料—在成品—产成品—应收账款—现金的次序转化。这种转化循环往复。流动资产的流动性与其变现能力相关，如遇意外情况，可迅速变卖流动资产，以获取现金。这对于财务上满足临时性资金需求具有重要意义。
　　(3) 营运资金不同形态的并存性。在流动资产的周转过程中，总是从货币资金形态开始，依次通过供应、生产、和销售三个阶段，分别表现为生产储备资金、未完工生产资金、成品资金等各种不同形态，然后通过应收账款又转化为货币资金形态。每天不断有资金流入，也有资金流出，流入和流出总要占用一定的时间，从供产销的某一瞬间看，各种不同形态的流动资产同时存在。因此合理的配置流动资产各项目的比例，是保证流动资产得以顺利周转的必要条件。

(4) 营运资金的实物形态具有波动性。流动资产在循环周转中，占用在流动资产上的投资并非一个常数，随着供产销的变化，其资金占用时高时低，起伏不定，季节性企业如此，非季节性企业也是如此。随着流动资产占用量的变动，流动负债的数量也会相应变化。

(5) 营运资金的来源具有便捷和灵活多样性。申请短期借款往往比申请长期借款更容易，更便捷，通常在较短时间内便可获得。长期借款的借款时间长，贷方风险大，贷款人需要对企业的财务状况评估后方能做出决定。因此，当企业急需资金时，首先寻求短期借款。同时长期债务的债权人给债务人的行为以种种限制，使债务人丧失某些经营决策权。而短期借款契约中的限制条件比较少，使企业有更大的行动自由。对于季节性企业，短期借款具有更大的灵活性。

10.1.2　营运资金管理政策

营运资金管理是财务管理中的一项重要内容。营运资金管理内容具体包括营运资金数量的确定、营运资金的筹措、流动资产与流动负债比例等。营运资金管理中形成的制度及方法，称为营运资金管理政策。具体来说，包括营运资金持有政策与营运资金筹资政策两个方面。

1．营运资金持有政策

一般来说，在其他条件不变的情况下，流动资产较多，将会使企业有足够的现金及现金等价物用来偿还到期债务，到期不能偿债的风险较小。然而，由于流动资产的获利能力低于长期资产，因而在流动资产上过多地占用资金，会使企业收益能力下降。反之流动资产较少，则企业的收益能力增强，而到期不能偿债的风险也会加大。因此，营运资金的持有政策，必须把它们放在风险与收益相权衡的模型中加以讨论。

营运资金的持有策略可以分为三种：保守策略、适中策略和激进策略。

(1) 保守策略。就是企业在安排流动资产数量时，在只安排正常生产经营需要量和正常保险储备量的基础上，再加上一部分额外储备量，以便降低营运资金不足可能带来的风险。在此政策下，营运资金投资收益低、风险小。

(2) 适中策略。就是在保证营运资金正常需要量的情况下，合理保留一定的保险储备，以防不测。在此政策下，流动资产持有量既不多也不少，收益与风险均适中。

(3) 激进策略。就是企业在安排流动资产数量时，只安排正常生产经营需要量，不考虑或仅安排少量保险储备量。在此政策下，企业营运资金投资收益高、风险大。

2．营运资金筹资政策

许多行业的企业生产经营过程具有波动性，并呈现出一定的周期性，因而导致企业对流动资产需求的波动性。在经营的旺季，企业会增加对流动资产的需求；而在生产经营的淡季，企业会减少对流动资产的需求。但是，流动资产不可能为零，总存在一个长期性的正常生产经营所需的最低限度的流动资产需要量。而受季节性变化影响的流动资产需要量即为临时性或波动性流动资产需要量。企业在筹集流动资金时，既要保证一部分稳定的资金来源，又要合理安排一些临时资金来源。

一般来说，长期资本的利率高，相应的利息成本高，由于资本到期时间较长(如权益资本无需归还)，其经营风险相对较低；短期资本的利率低，其利息成本低，而且使用短期资本比长期资本弹性大，但资本到期时间短，迫使企业不断举新债换旧债或将债务展期，倘若举新债失败或债务不能展期，企业将面临无力清偿债务的风险，因此经营风险相对较高。企业流动资产的筹资策略，实质上是对风险与成本之间的权衡。

营运资金的筹资政策同样也包括保守的、适中的和积极的营运资金筹资策略。

1) 保守型筹资政策

保守型筹资政策是指企业不仅以长期资本融通长期资产(如固定资产)和永久性流动资产，而且还通过长期资本来保证波动性流动资产中的一部分或全部临时性资金需要，同时，对临时性流动资产中的其他部分则由短期资本来供应，如图 10-1 所示。这种组合的好处是经营风险很小，但经营成本较高，是一种低风险、低报酬的政策。

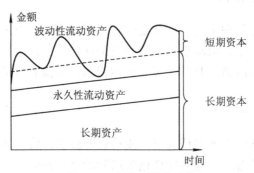

图 10-1　保守型筹资政策

2) 积极型筹资政策

积极型筹资政策是指长期资产通过长期资本来保证供应，同时，对波动性流动资产和永久性流动资产中的一部分则由短期资本来供应，如图 10-2 所示。这种组合的好处是可以降低经营成本，但经营风险却提高了，是一种高风险、高报酬的政策。

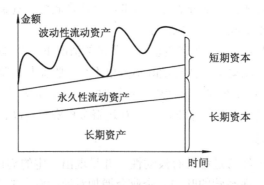

图 10-2　积极型筹资政策

3) 适中型筹资政策

适中型筹资政策是对上述两种融资策略的折中。适中型筹资政策是指长期资产和永久性流动资产通过长期资本来保证供应，同时，对波动性流动资产则由短期资金来供应，如图 10-3 所示。这种组合的好处是可使经营成本较低，而经营风险也不高，是一种中等风险、中等收益的政策。

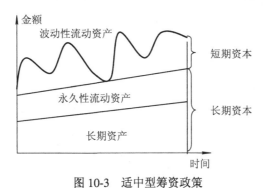

图 10-3　适中型筹资政策

10.2　现　金　管　理

现金的概念有广义和狭义之分。狭义的现金是指库存现金，是专门用于支付日常零星开支所必需的现金需要。这里所说的现金是广义的概念，是指企业在生产经营过程中以货币形态存在的资金，包括库存现金、银行存款和其他货币资金等。

现金是流动资产中流动性最强的资产，拥有大量的现金，企业就具有较强的偿债能力和抗风险能力，但同时现金也是一种非盈利性资产，即使把款项存入银行，其利息收入也是很低的，所以企业对现金的有效管理，对企业进行正常的生产经营活动具有重要的意义。

10.2.1　现金管理的目的和内容

1. 企业持有现金的动机

虽然现金是企业盈利能力最低的资产，但是，任何一个企业为保持其生产经营活动的正常进行，都必须持有一定数量的现金。企业持有一定数量现金的动机可归纳如下：

(1) 交易动机。交易动机又称支付动机，是指企业为满足正常生产经营活动中的日常支付需要而持有的现金。包括原材料的购买、支付工资、上交税收等。由于企业每天的现金收入和现金支出很少同时等额发生，因此，保留适当的现金可以避免企业的现金收支不平衡。企业所保持现金数量的多少，取决于其销售水平和应收账款的回收能力。

(2) 预防动机。预防动机是指企业为应付突发事件需要保持一定数量的现金。如应付自然灾害、生产事故、未能及时收回货款等。预防性现金量的多少主要取决于三个因素：一是企业现金流量预测的可靠性；二是企业临时举债能力的强弱；三是企业愿意承担现金短缺风险的程度。

(3) 投机动机。投机动机是指用于不寻常的购买机会而置存的现金。比如遇有廉价原材料或其他资产供应的机会，便可用手头现金大量购入。当然，除了金融和投资公司外，其他企业专为投机性需要而特殊置存的现金并不多，遇到不寻常的购买机会，也常设法临时筹集资金。但拥有相当数额的现金，也确实为突然的大批采购提供了方便。

2. 企业现金管理的目标

现金管理就是在现金的流动性与收益性之间进行权衡的选择。其管理目标是在保证企业生产经营活动所需要现金的同时，降低现金持有量，提高现金的使用效率。

10.2.2　现金管理的有关规定

按照现行制度，国家有关部门对企业使用现金有如下规定，企业必须严格遵守：

(1) 现金的使用范围。这里的现金，是指人民币现钞，即企业用现钞从事交易，只能在一定范围内进行。该范围包括：支付职工工资、津贴；支付个人劳务报酬；根据国家规定颁发给个人的科学技术、文化艺术、体育等各种奖金；支付各种劳保、福利费用以及国家规定的对个人的其他支出；向个人收购农副产品和其他物资的价款；出差人员必须随身携带的差旅费；结算起点(1000 元)以下的零星支出；中国人民银行规定需要支付现金的其他支出。

(2) 库存现金限额。企业库存现钞，由其开户银行根据企业的实际需要核定限额，一般以 3～5 天的零星开支额为限。

(3) 不得坐支现金。即企业不得从本单位的人民币现钞收入中直接支付交易款。现钞收入应于当日终了时送存开户银行。

(4) 不得出租、出借银行账户。

(5) 不得签发空头支票和远期支票。

(6) 不得套用银行信用。

(7) 不得保存账外公款，包括不得将公款以个人名义存入银行和保存账外现钞等各种形式的账外公款。

10.2.3　最佳现金持有量的确定

所谓最佳现金持有量，就是能使企业现金持有总成本最低的现金余额。确定最佳现金持有量的模式主要有现金周转模式、存货模式和随机模式三种。

1. 现金周转期模式

现金周转期模式是利用现金周转期求得最佳现金持有量。现金周转期是指从现金投入生产经营开始，到最终转化为现金的时间。它大致包括三个环节：一是存货周转期，即将原材料转化为产成品并出售所需要的时间；二是应收账款周转期，即从产品销售而形成的应收账款到收回现金所需要的时间；三是应付账款周转期，即从收到尚未付款的原材料到现金实际支出之间所用的时间。其计算步骤如下：

第一，计算现金周转期：现金周转期 = 平均存货期 + 平均收款期 − 平均付款期。

例 10-1　某企业的原材料购买和产品销售均采用信用的方式：经测算其应付账款的平均付款天数为 35 天，应收账款的平均收款天数为 75 天，平均存货期天数为 85 天，每年现金需要量预计为 1 800 000 元，则：

$$现金周转期 = 85 + 70 - 35 = 120(天)$$

第二，计算现金周转率：现金周转率 $= \dfrac{360}{现金周转期}$。

接上例：

$$现金周转率 = \frac{360}{120} = 3(次)$$

第三，计算最佳现金持有量。最佳现金持有量等于企业年总现金需求除以现金周转率，其计算公式：最佳现金使用量 $= \dfrac{一年中的总现金需求}{现金周转率}$。

接上例：

$$最佳现金持用量 = \frac{1800000}{3} = 600\,000\,(元)$$

2．存货模式

存货模式又称鲍莫模式(Baumol Model)，这一模型最早是由美国学者 William. J.Baumol 于 1952 年提出的。在存货模型中，假设收入是每间隔一定时期发生的，而支出是在一定时期内均衡发生的。在此时期内，企业可通过有价证券获得现金。可用图 10-4 加以说明。

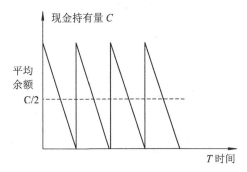

图 10-4　存货模型

在图 10-4 中，企业保持现金 C，当持有现金超过现金 C 时，可以把多余的现金购买有价证券，以获取较高的收益，当企业现金不足时，可以出售有价证券来补充。如此不断重复。

存货模式就是要确定企业最佳的现金持有量 C，使得企业持有现金的的总成本最低。

影响现金持有量的成本主要有两个：一是现金持有成本，二是现金转换成本。现金持有成本是企业由于持有现金而放弃了对外投资的收益，其实质是一种机会成本，其大小决定于机会成本率(通常可用证券利率来代替)。现金转换成本是现金转换成有价证券以及有价证券转换成现金的成本，如手续费、印花税以及其他费用等。这种费用只与交易次数有关，而与持有现金数量无关。

由于持有成本与持有量有关，在企业现金需要量一定时，现金持有量越大，持有成本越高，但转换次数就少，相应转换成本就低；如果降低现金持有量，持有成本可以降低，但转换次数就增多，转换成本就高。两者关系可用图 10-5 表示。

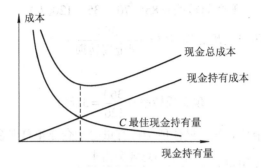

图 10-5　最佳现金持有量持有成本和转换成本的关系示意图

假设：T 为总成本，b 为每次转换费用，A 为一定时期现金需求总量，r 为机会成本率，C 为最佳现金持有量，则持有现金的总成本的计算公式为

总成本 ＝ 持有成本 ＋ 转换成本

$$T = \frac{C}{2} \times r + \frac{A}{C} \times b$$

为了求出总成本最低时的现金持有量，对上式中的 C 求导，并令其等于零，即可求得最佳现金持有量。公式为

$$C = \sqrt{\frac{2Ab}{r}}$$

最佳现金持有量下的最小现金持有成本为

$$T = \sqrt{2Abr}$$

例 10-2　某企业现金收支状况比较稳定，预计全年需要现金 1 800 000 元，现金与有价证券的转换成本每次为 800 元，有价证券的年利率为 5%。则该企业的最佳现金持有量为：

$$C = \sqrt{\frac{2 \times 1800000 \times 800}{5\%}} = 240\,000 (元)$$

$$T = \sqrt{2 \times 1800000 \times 5\%} = 12\,000 \ (元)$$

其中：

$$持有现金成本 = \frac{240000}{2} \times 5\% = 6000 \ (元)$$

$$有价证券转换次数 = \frac{1800000}{240000} = 7.5 \ (次)$$

$$转换成本 = \frac{1800000}{240000} \times 800 = 6000 \ (元)$$

存货模型可以精确计算出最佳现金持有量和变现次数，界定了现金管理中基本的成本结构，对企业加强现金管理有一定的作用。

3. 随机模式

随机模式认为：公司现金流量中存在着不确定性，并假定公司每日净现金流量几乎呈正态分布，每日净现金流量可以看作是正态分布的期望值，或者是围绕着正态分布的高值或低值。因此，公司每天净现金流量呈现一定趋势的随机状态。

根据现金收支遵循正态分布的原理，提出了上限(H) 和下限(L)控制线以及目标(E)控制线。如图 10-6 所示。

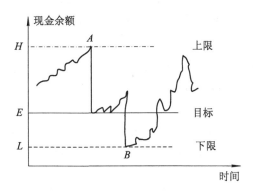

图 10-6 现金余额的随机波动示意图

当企业现金余额达到 H 时(由图中 A 点确定)，用($H-E$)的现金去购买有价证券，使现金余额降低到 E 线，当现金余额降至 L 时(图中 B 点)，企业即出售($E-L$) 金额的有价证券或从银行借入款项，使现金余额再回复到 E 线。

与存货模式相同的是，随机模式也依赖于转换成本和持有成本，且每次转换有价证券的成本是固定的，而每次持有现金的机会成本则是有价证券的日利率。所不同的是每次的交易次数是一个随机变量，且根据每次现金流入与流出量的不同而发生变化。

因而，对于 E 线目标现金余额的确定，仍是依据两种成本之和最低的原理，并考虑现金余额可能的波动幅度。其计算公式为

$$E = \sqrt[3]{\frac{3b\sigma^2}{4r}}$$

其中：b 代表变现成本；σ^2 代表每日净现金流量方差；r 代表有价证券的日利率。

最佳上限

$$H = 3E$$

由于本模式中，现金流量是随机的，平均现金余额无法事先精确决定，但可以估计平均现金余额。

$$\text{平均余额} = \frac{H+E}{3}$$

例 10-3 某企业每日净现金流量的标准差为 800 元， 有价证券的年利率为 9%，每次转换的固定成本为 75 元，要求计算最佳转换点、上限和平均现金余额。

$$E = \sqrt[3]{\frac{3 \times 75 \times 800^2}{(9\%/360) \times 4}} = 5241 \quad (\text{元})$$

$$H = 3E = 15\ 723\ (\text{元})$$

$$平均现金余额 = \frac{H + E}{3} = \frac{5241 + 15723}{3} = 6988 \ (\text{元})$$

10.2.4　现金的日常管理

在现金管理中，企业除了按照国家有关规定，在现金使用范围、库存现金限额等方面进行管理和控制外，还应当采取措施，加速现金周转，提高现金使用效益。

1．加速收款

现金回收管理的目的是尽快收回现金，加速现金的周转。为此，企业应建立销售与收款业务控制制度，并且根据成本与收益比较原则选用适当方法加速账款的收回。加速现金回收主要采用的方法有两种。

(1) 邮政信箱法。邮政信箱法又称锁箱法，客户将支票直接寄给客户所在地的邮箱而不是企业总部，不但缩短了支票邮寄时间，还免除了公司办理收账、货款存入银行等手续，因而缩短了支票邮寄以及在企业的停留时间。

(2) 银行业务集中法。企业指定一个主要开户行(通常是总部所在地)为集中银行，并在收款额较集中的若干地区设立若干个收款中心；客户收到账单后直接汇给当地收款中心，中心收款后立即存入当地银行；当地银行在进行票据交换后再转给企业总部所在地银行。这种方法可以缩短客户邮寄支票所需时间和支票托收所需时间，也就缩短了现金从客户到企业的中间周转时间。

2．控制支出

(1) 合理利用"浮游量"。现金的浮游量是指企业账户上现金余额与银行账户上所示的存款余额之间的差额。它是从企业开出支票，收款人收到支票存入银行至银行将款项划出企业账户的这段时间内企业可以利用的现金量。企业可以在这个时间差范围内，使用该笔现金。但必须控制好时间，防止发生透支。

(2) 推迟支付应付账款。可在不影响企业信誉的情况下，在信用期内，尽可能推迟应付账款的支付日。

(3) 力争现金流入与流出同步。所谓现金流入与流出同步就是指企业尽量使其现金流入和现金流出发生的时间趋于一致，使其所持有的现金余额降到最低水平。为此，企业应认真编制现金预算，合理安排现金支付时间与现金收入时间，尽量使其同步，以达到控制企业现金流量的目的。

10.3　应收账款管理

10.3.1　应收账款的功能与成本

应收账款是指企业对外销售产品、提供劳务而应向购买商品、接受劳务的单位收取的款项。应收账款的功能是指应收账款在企业生产经营过程中所具有的作用。

1．应收账款的功能

(1) 促进销售。在激烈竞争的市场经济中，采用赊销方式，为客户提供商业信用，可以扩大产品销售，提高产品的市场占有率。通常为客户提供的商业信用是不收利息的，所以，对于接受商业信用的企业来说，实际上等于得到一笔无息贷款，这对客户具有较大的吸引力。

(2) 减少存货。企业持有产成品存货，要追加管理费、仓储费和保险费用支出；相反，赊销促进了产品销售，自然就减少了企业库存产品的数量，加快了企业存货的周转速度。

2．应收账款的成本

(1) 机会成本。机会成本是指因资金投放在应收账款上而丧失的可能投资于其他项目所获得的收入。这一成本的大小通常与企业维持赊销业务所需要的资金数量、资金成本和有价值证券利息率有关。

(2) 管理成本。管理成本是指对应收账款进行日常管理而耗费的开支，主要包括对客户的资信调查费用、收集信息的费用、收账费用等。

(3) 坏账成本。坏账成本是指因客户破产、解散、财务状况恶化、拖欠时间较长等原因导致应收账款无法收回而给企业带来的损失。

提供商业信用可以扩大销售，增加利润，但也要付出一定的代价，因此，应收账款管理的目标就是通过应收账款的管理，发挥应收账款强化竞争，扩大销售的功能，同时，尽可能降低应收账款的成本，提高应收账款的投资效益。

10.3.2　信用政策

信用政策是指企业在采用信用销售方式时，为了对应收账款投资进行规划和控制而确定的基本原则与行为规范，包括信用标准、信用条件和收账政策三个方面。

1．信用标准

信用标准是指企业对客户提供商业信用时，对客户资信情况要求的最低评判标准，也是客户获得企业商业信用应具备的基本条件，通常以坏账损失率作为制定的依据。信用标准宽，可以扩大销售额，但会相应增加坏账损失和应收账款的机会成本。信用标准严，可以减少坏账损失，可以减少应收账款的机会成本，但不利于扩大销售额，甚至会减少销售额。因此，对信用标准的管理，就是对信用标准宽与紧的制定。

影响信用标准的因素：

(1) 同行业竞争对手的情况。在产品品种、质量、价格等因素基本相同的情况下，如果对手实力很强，就需采取较低(相对于竞争对手)的信用标准；反之，其信用标准可以相应严格一些。

(2) 企业承担违约风险能力。尽管宽松的信用标准能够扩大销售额，但带来的违约损失可能也较大。当企业具有较强的违约风险承担能力时，就可以以较低的信用标准提高竞争力，争取客户，扩大销售；反之，如果企业承担违约风险的能力比较弱，就只能选择严格的信用标准以尽可能降低违约风险的程度。

(3) 客户的资信程度。客户的资信程度高，信用标准可以低些；客户的资信程度低，信用标准就要高些。

在对客户信用进行评估时，通常采用 5C 评估法。所谓 5C 评估法是指重点分析影响信用的五个方面的一种方法。由于这五个方面英文的第一个字母都是 C，故称为 5C 评估法。具体包括：

(1) 品德(Character)。是指客户履行其偿债义务的态度。这是决定是否给予客户信用的首要因素。

(2) 能力(Capacity)。是指客户偿付能力。其高低取决于资产，特别是流动资产的数量、质量(变现能力)及其与流动负债的比率关系。

(3) 资本(Capital)。是指客户的经济实力与财务状况的优劣，是客户偿付债务的最终保证。表明客户可能偿还债务的背景。主要通过有关财务比率，如流动比率、负债比率、利息保障倍数等来分析。

(4) 抵押品(Collateral)。是指客户能否为获得商业信用提供可作为资信安全保证的资产。如有则对顺利收回账款比较有利。

(5) 条件(Conditions)。是指不利经济环境对客户偿付能力的影响及客户是否具有较强的应变能力。

通过以上五个方面的分析，可以综合判断客户的信用状况，为是否向客户提供商业信用提供依据。

2．信用条件

信用条件是指企业要求客户支付赊销款项的条件，包括信用期限、折扣期限和现金折扣。确定信用条件也要考虑成本与收益的关系，其评价标准一般是给予信用条件后，扩大销售收入所增加的收益大于所增加的成本即可。

1) 信用期限

信用期限是指企业为客户规定的最长付款期限，给予信用期限的目的在于扩大销售收入。信用期限越长，表明企业给予客户的信用条件越优越，它促使企业销售收入增长。但是，应收账款的成本和坏账损失也随着增加，必须将边际收益和边际成本两者加以比较，才能决定信用期限延长或缩短。合理的信用期限应视本身的生产能力和销售情况而定。

2) 折扣期限与现金折扣

折扣期限是指客户规定的可享受现金折扣的付款时间，现金折扣是在客户提前付款时给予的优惠。如(2/10, n/30)是一项信用条件，它规定如果在发票开出后 10 天内付款，可享受 2%的折扣；如果不想取得折扣，这笔货款必须在 30 天内付清。这里信用期是 30 天，折扣期是 10 天，折扣为 2%。企业给予折扣期和折扣率，其目的在于加速回收应收款项。企业在给予客户现金折扣时，如果折扣率过低，无法产生激励客户提早付款的效果。折扣率过高，企业成本过大。企业能否提供现金折扣，主要取决于提供现金折扣减少应收账款投资所带来的收益是否大于提供现金折扣所付出的代价。

例 10-4 某企业预测 2007 年度赊销额为 6000 万元，其信用条件为 n/30，变动成本率为 60%，资金成本率为 10%。假定企业收账政策不变，固定成本总额不变。企业准备了两个信用条件的备选方案：

A 方案：维持 n/30 的信用条件，此时，预计坏账损失率为 2%，收账费用为 200 万元。

B 方案：将信用条件放宽到 n/45。可以增加销售额 600 万元，同时，坏账损失率预计提高为 3%，收账费用将增加 80 万元。

计算如下：

A 方案：

信用成本前收益 = 6000 × (1 − 60%) = 2400 (万元)

信用成本：机会成本 = $\dfrac{6000}{360}$ × 30 × 60% × 10% = 30 (万元)

收账费用 = 200(万元)，坏账损失 = 6000 × 2% = 120 (万元)

信用成本总额 = 30 + 200 + 120 = 350 (万元)

信用成本后收益 = 2400 − 350 = 2050 (万元)

B 方案：

信用成本前收益 = (6000 + 600) × (1 − 60%) = 2640 (万元)

信用成本：

机会成本 = $\dfrac{6600}{360}$ × 45 × 60% × 10% = 49.5 (万元)

收账费用 = 200 + 80 = 280 (万元)

坏账损失 = 6600 × 3% = 198 万元)

信用成本总额 = 49.5 + 280 + 198 = 527.5 (万元)

信用成本后收益 = 2640 − 527.5 = 2112.5 (万元)

从上面计算结果得知，A 方案获利 2050 万元，B 方案获利 2112.5 万元。在这两个方案中 B 方案(n/45)获利最大，比 A 方案(n/30)增加收益 62.5 万元。因此，在其他条件不变的情况下，应选择 B 方案。

3. 应收账款的收账政策

收账政策是指企业信用条件被违反时，拖欠甚至拒付账款时所采取的收账策略与措施。正常情况下，客户应该按照信用条件中的规定期限及时付款，履行其购货时承诺的义务。但实际中由于种种原因，有的客户在期满后仍不能付清欠款。因此，企业将采取相应收账方式来收回账款。

企业在在制订和执行收账政策时应考虑以下几方面：

1) 收账成本

企业无论采取何种收账方式，都会发生相应的成本支出。通常，收账费用越高，收回的账款就越多，平均收款期也会相应缩短，应收账款投资额和坏账损失也就越小。但这两者之间并不一定是线性关系。通常，当企业开始花费一些收账费用时，应收账款和坏账损失有小部分降低；在收账费用继续增加时，应收账款和坏账损失会明显减少；而收账费用继续增加到某一额度以后，应收账款和坏账损失的减少就不再明显。如图 10-7 中的 P 点所示。

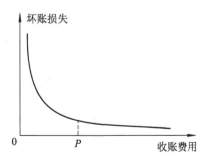

图 10-7　收账费用与坏账损失关系图

2) 收账程序

合理的收账程序，既能使应收账款及时、足额地收回，又能节约收款成本，同时还可以避免激怒对方而影响未来的销售工作。尽管现实生活中收款工作错综复杂，但还是有一个先礼后兵的基本程序，一般来说，应收账款的收款程序分为以下几个步骤：

(1) 信函通知。由于目前互联网非常发达，企业也可以通过发电子邮件提醒客户。由于这种方式是不见面的，企业与客户之间就没有面子上的尴尬，而且成本也非常低。一般针对应收账款马上到期，或已经到期的客户。

(2) 电话催收。在应收账款已经到期，或开始拖欠的客户，通过电话对话的方式提醒客户，也是一种比较温和的催讨方式，通过这种方式，虽然不见面，但却比较直接地提醒了对方。同时，也可以了解对方是什么原因造成的拖欠。从而有针对性地采取相应的对策。

(3) 派员面谈。在上述催讨无效的情况下，对方也没有合理的原因，企业就有必要派员上门催讨。

(4) 法律诉讼。收账到最后的措施是法律诉讼。一般情况下，企业尽量不要采用，主要是针对一些恶意拖欠，通过一般的收账程序已经无法正常收回账款的客户才采用。

10.4 存货管理

存货指企业在生产经营过程中为生产或销售而储备的物质，包括在产品、半成品、产成品等。存货管理在整个投资决策中居于举足轻重的主体地位。这是因为存货是联系产品生产和销售的重要环节，存货控制或管理效率的高低，直接反映并决定着企业收益、风险、流动性的综合水平。

10.4.1 存货的功能和成本

1. 存货的功能

存货的功能是指存货在生产经营过程中的作用，具体表现在：

(1) 保证正常生产经营活动。为了保证生产顺利进行，必须适当地储备一些生产所需的存货，从而有效防止停工待料事件的发生，维持生产的连续性。同时，在存货生产不均衡和商品供求波动时，可起到缓和矛盾的作用。

(2) 适应市场变化。由于市场的需求处于变化之中，适量的原材料存货和在产品、半成品存货是企业生产正常进行的前提和保障。所以适当储备存货能增强企业在生产和销售方面的机动性以及适应市场变化的能力。

(3) 降低进货成本。很多企业为扩大销售规模，对购货方提供较优厚的商业折扣待遇，在价格上给予相应的折扣优惠。企业采取批量集中进货，可获得较多的商业折扣。此外，通过增加每次购货数量，减少购货次数，可以降低采购费用支出。

2. 存货成本

在存货管理中，与存货相关的成本有很多，具体包括以下几种：

(1) 采购成本。采购成本又称进货成本，由买价和运杂费构成。存货买价是采购数量与出货单价的乘积。在存货单价稳定的情况下属于决策无关成本。

(2) 订货成本。订货成本是指企业为组织进货而开支的费用。订货成本一般与订货次数有关，如差旅费、邮资等，这类进货费用属于决策的相关成本。订货成本与数量无关，而与订货次数有关。采购批量越大，订货次数越少，订货成本越低。

(3) 储存成本。储存成本是企业持有存货而发生的费用，如仓储费、搬运费、保险费、占用资金支付的利息费等。采购批量越小，储存数量越小，储存成本越低。

(4) 缺货成本。缺货成本是由于存货数量短缺不能及时满足企业生产和销售的需要而给企业造成的损失。如由于原材料储备不足造成的停工损失，由于商品储存不足而造成销售中断、错过销售机会的损失等。

3．存货管理的目标

任何一个企业，原则上都需要有一定库存的存货，这是由存货所固有的存货功能决定的。但毕竟存货占用了企业流动资本中的大部分，流动性较差，会影响企业的资金周转和债务的偿还。因此存货管理的目的是在充分发挥存货功能的基础上，合理控制存货水平，提高资金流动性，降低存货成本。

10.4.2　存货的控制方法

1．ABC 分类控制法

ABC 分类控制又称帕累托分析法、重点管理法。它是按照一定的标准，将企业的各种存货按重要性程度分为 ABC 三类(或更多)，分别实行按品种重点管理、按类别一般控制和按总额灵活掌握的存货管理方法。其关键在于区别关键的少数和次要的多数。ABC 分类控制法的基本原理，可概括为"区别主次，分类管理"。

进行存货分类的标准有两个：一是金额标准；二是数量标准。其中金额标准是主要的，数量标准作为参考。A 类存货金额巨大，但品种数量较少；B 类存货金额一般，但品种数量较多；C 类存货品种数量繁多，但金额很少。

ABC 分类控制法的运用步骤如下：

(1) 收集数据。收集存货相关的销售量、物品单价等数据。

(2) 计算整理。对收集的数据进行加工，并按要求计算每种存货的价值总额及占全部存货金额的百分比。

(3) 绘制分析图。一般以累计品种数量百分数为横坐标，金额百分数为纵坐标，按 ABC 分析表所列示的对应关系，在坐标图上取点，并联结各点成曲线，绘制成 ABC 分析图，如图 10-8 所示。除利用直角坐标绘制曲线图外，也可绘制成直方图。

(4) 确定重点管理。在管理上对 A 类存货，企业应按每一个品种进行管理；对 B 类存货，企业可以通过划分类别的方式进行管理；对 C 类存货，企业一般只要把握一个总金额就可以了。这样通过对存货进行分类，可以使企业分清主次，

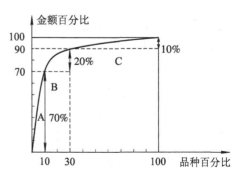

图 10-8　ABC 控制法分类图

对存货进行经济、有效的控制。

例 10-5　某企业共有 20 种材料，共占用资金 200 000 元，材料类别见表 10-1 所示。按占用资金多少的顺序排列，根据上述原则划分成 A、B、C 三类，各类存货资金额百分比用图形表示如图 10-8 所示。

表 10-1　××企业存货分类控制

材料编号	金额/元	金额比重	累计金额比重	类别	各类存货数量比重	各类存货金额比重
1	80 000	40%	40%	A	10%	70%
2	60 000	30%	70%			
3	15 000	7.5%	77.5%	B	20%	20%
4	12 000	6%	83.5%			
5	8 000	4%	87.5%			
6	5 000	2.5%	90%			
7	3 000	1.5%	91.5%	C	70%	10%
8	2 500	1.25%	92.75%			
9	2 299	1.1%	93.85%			
10	2 100	1.05%	94.9%			
11	2 000	1%	95.9%			
12	1 800	0.9%	96.8%			
13	1 350	0.675%	97.475%			
14	1 300	0.65%	98.125%			
15	1 050	0.525%	98.65%			
16	700	0.35%	99%			
17	600	0.3%	99.3%			
18	550	0.275%	99.575%			
19	450	0.225%	99.8%			
20	400	0.2%	100%			
合计	200 000	100%			100%	100%

企业存货通过上述划分后，A 类存货，品种两种，占总数量 10%，但金额却占到 70%；B 类存货四种，占总数量的 20%，金额占 20%；C 类存货十四种占总数量的 70%，金额占 10%。因此，企业可以对 A 类重点分别管理；对 B 类存货可采取大类的管理；对 C 类存货中的材料，由于所占金额比重不大，可以采取总金额控制的方法来管理。

2．经济订货量控制

订购批量是指企业每次订货的存货数量。经济订购批量是指能够使存货成本达到最低的订购批量。

1) 经济订货量基本模型

经济订购量基本模型的假设条件：

① 企业能够及时补充存货；

② 集中到货；

③ 不存在缺货现象；

④ 需求量确定；

⑤ 存货单价不变；

⑥ 所需存货市场供应充足。

由于模型假设中不允许缺货，即每当存货数量降至零时，下一批订货便会随即全部购入，同时存货单价不变，没有折扣，因此缺货成本和采购成本可以不考虑。这样，在影响存货的四个成本中，只需考虑储存成本和订购成本，其总成本计算公式为：

$$总成本 = 储存成本 + 订购成本$$

假设：Q 代表经济进货批量，A 代表某种存货年度计划进货总量，P 代表平均每次进货费用，C 代表单位存货年单位储存成本，N 代表进货次数。则：

$$T = \frac{Q}{2} \times C + \frac{A}{Q} \times P$$

使总成本 T 最小的订货批量即为经济订货批量 Q，求 T 对 Q 的导数，得：

经济批量
$$Q = \sqrt{\frac{2AP}{C}}$$

经济批次
$$N = \frac{A}{Q} = \sqrt{\frac{AC}{2P}}$$

经济批量下的总成本
$$T = \sqrt{2APC}$$

例 10-6　某企业每年耗用甲材料 3600 千克，该种材料单位成本 10 元，单位年储存成本 2 元，每次订货费用 25 元。则：

$$Q = \sqrt{\frac{2 \times 3600 \times 25}{2}} = 300 \ （千克）$$

$$N = \frac{3600}{300} = 12 \ （次）$$

$$T = \sqrt{2 \times 25 \times 3600 \times 2} = 600 \ （元）$$

上述计算表明，当进货批量为 300 千克时，进货成本与储存成本总额最低，此时，每次采购 300 千克的量，即为经济批量。

2) 订货提前期

一般情况下，企业的存货不能做到随时补充，因此不能等到存货用完再去订货，而需要在没有用完提前订货。订货需要有个提前期，即从发出订单到货物到库验收完毕为止的时间。在提前订货的情况下，企业再次发出订货单时，尚有存货的库存量，这个量称为再订货点，用 R 表示，它等于交货时间 L 和每日平均需要量 d 的乘积。再订货点如图10-9所示。其计算公式：

$$R = L \times d$$

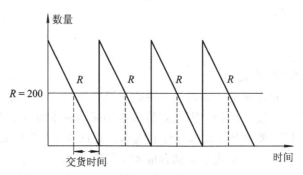

图 10-9　再订货点示意图

例 10-7　宏达公司每天正常耗用 A 材料为 20 件，企业订货至到货期的时间一般为 10 天，则再订货点为：

$$R = L \times d = 20 \times 10 = 200 \text{ (件)}$$

即企业在尚存 200 件存货时，就应当再次订货，等到下批订货到达时(再次发出订货单 10 天后)，原有库存刚好用完。此时，有关每次订货批量、订货次数、订货间隔时间等并无变化。仍然可以按照原经济订货批量进行采购。

3) 保险储备

保险储备是为防止存货短缺或供货中断造成损失而多储备一些存货，这个储备存货称为保险储备。保险储备的存在，可以减少供应短缺而造成的损失，但过多储备，势必造成资金的积压，增加储存费用；而储备量过少，又将延误生产。所以研究保险储备的目的，就是找出合理的保险储备数量，使缺货或供货中断损失和保险储备成本之和最少。

案例　四川长虹的应收账款危机案例

四川长虹电器股份有限公司 1994 年 3 月 11 日在上海证券交易所上市流通。该公司经营范围非常广，有视频产品、视听产品、空调产品、电池系列产品、网络产品、激光读写系列产品、电子医疗产品，电力设备、通信及计算机产品，电子产品及零配件的维修、销售等。

自 1996 年以来，四川长虹的应收账款迅速增加，从 1995 年的 1900 万元增长到 2003 年的近 50 亿元，应收账款占资产总额的比例从 1995 年的 0.3%上升到 2003 年的 23.3%。2004年，四川长虹计提坏账准备 3.1 亿美元，截至 2005 年第一季度，四川长虹的应收账款为 27.75 亿元，占资产总额的 18.6%。四川长虹不仅应收账款大幅度增加，而且应收账款周转率逐年下降，从 1999 年的 4.67% 下降到 2005 年一季度的 1.09 %，明显低于其他三家彩电业上市公司的同期应收账款周转率。巨额应收账款大幅度减少了经营活动产生的现金流量净额，从 1999 年的 30 亿元急剧下降到 2002 年的 −30 亿元。截至 2004 年年底，其经营活动产生的现金流量净额为 7.6 亿元。

2004 年 12 月底，长虹发布公告称，由于计划大额坏账准备，该公司今年将面临重大亏损，击晕了投资者以及中国家电业。受专利费、美国对中国彩电反倾销等因素影响，长虹的主要客户——美国进口商 APEX 公司出现了较大亏损，支付公司欠款存在较大困难。APEX 是四川长虹的最大债务人，应收账款欠款金额达到 38.38 亿元，占应收账款总额的 96.4%。因此，公司决定对该项应收账款计提坏账准备，当时预计最大计提坏账准备金额为 3.1 亿美元左右。另外，截至 2004 年 12 月 25 日，四川长虹对南方证券委托国债投资余额为 1.828 亿元，由于南方证券目前资不抵债，根据谨慎性原则，拟对委托国债投资余额计提全额减值准备。长虹 2003 年的净利润为 2.6 亿人民币，以此为标准，长虹至少需为此笔债务背上 10 年的包袱。上市 10 年的首次亏损，留下债务 10 年难偿。短短数日之内，长虹的股价跌幅近 30%，总市值损失 30 多亿元。2004 年上半年，长虹的净利润只有 6000 多万元。

"冰冻三尺，非一日之寒"。长虹受 APEX 所累，已非一朝一夕。早在 2003 年 3 月 5 日就有媒体报道，APEX 和长虹之间的业务往来可能让长虹蒙受巨大损失。可是长虹并未紧急刹车。APEX 应收账款事件后，不管是绵阳市政府还是接任长虹董事长半年的赵勇，都已经决心对长虹进行一场脱胎换骨的"甩包袱"，以便 2005 年轻装上阵，因此才会一年计提 26 亿元来自 APEX 应收账款的坏账，新管理者不希望这个包袱更持久地影响长虹。2004 后半年来，长虹在生死关头曾经谋划收购 APEX，重新启动国际化战略。而接收 APEX 的代价就是 APEX 的 4.7 亿美元货款。但这还只是一种设想，对于长虹而言，如何迫使 APEX 就范是当时最大的考验。当时长虹没有在美国对 APEX 提起诉讼，就是考虑到一场漫长的跨国诉讼对长虹是更大的风险。因为按照长虹与 APEX 所签署的协议，按照属地原则，所有诉讼必须在美国进行，而判决的执行也必须在美国执行。

通过长时间的调查，长虹方面否决了"收购 APEX 股权以承接 APEX 公司资产的方式进行追债"的计划，长虹在调查过程中发现，作为私营企业，APEX 在财务方面并不透明，很难判断 APEX 公布的财务状况与实际的财务状况之间有多大的差距，现在的问题不是 APEX 这部分资产抵押的比例有多大，而是除了这部分资产 APEX 还有多大的还债能力。

2005 年 9 月，长虹董事会公告显示，在对 APEX 4.675 亿美元的欠款中，长虹可能从 APEX 收回的欠款只有 1.5 亿美元，这意味着还有 3.175 亿美元（近 26 亿元人民币）的欠款面临无法收回的境地。这一数字高于自 1999～2004 年 6 年间长虹的利润之和。

案例分析点评：应收账款是反映上市公司经营管理能力和盈利真实状态的重要指标之一。应收账款有促进销售、扩大盈利、增强企业的竞争力和减少存货的功能。但应收账款也存在成本，主要包括：机会成本、管理成本、坏账成本和现金折扣。在当前我国上市公司治理方面还比较薄弱的情况下，不少上市公司的账面盈利与实际纳入囊中的盈利往往存在较大的差异，尤其是一旦应收账款中出现坏账、事先又计提不足时，当年的实际盈利常会因此出现大幅波动。

思考题：

1. 你认为长虹的财务管理存在哪些漏洞？

2. 你认为长虹衰败的根本原因是什么？

3. 长虹应收账款危机给我们带来什么启示？

习　题

1. 营运资金的含义是什么？它的特点有哪些？
2. 简述营运资金的管理政策。
3. 企业持有现金的动机是什么？
4. 企业现金管理的目的是什么？
5. 确定目标现金持有量的模式有哪些？
6. 企业信用政策包括哪些内容？如何制定企业信用政策？
7. 简述存货的功能和成本。
8. 简述 ABC 控制法采取的步骤。
9. 企业如何根据经济采购批量模型，确定订购批量

10. 某企业计划全年耗用甲材料 16 000 公斤，该材料购入单价为 600 元，每次订货的变动成本为 200 元，每公斤甲材料储存一个季度的变动储存成本为 10 元，假设不允许缺货且无数量折扣。要求：

(1) 填列表 10-2 中的各项目，并写出批量为 300 公斤时的填表计算过程。

(2) 每次购入甲材料多少公斤能使全年相关总成本达到最低？此时的相关总成本为多少？

表　10-2

项目 批量	平均储存量	储存成本	订货次数	订货成本	相关总成本
300 公斤					
500 公斤					

11. 某企业预测的年度赊销收入净额为 4800 万元，其信用条件是 N/30，变动成本率为 65%，机会成本率为 20%。假设企业收账政策不变，固定成本不变。该企业备有 A、B、C 三个备选方案，信用条件分别是：A：N/30；B：将信用条件放宽至 N/60；C：将信用条件放宽至 N/90。其赊销额分别为 4800 万元、5300 万元和 5600 万元；坏账损失率分别为 1.5%、3% 和 5%；收账费用分别为 26 万元、36 万元和 59 万元。

要求：

(1) 试选择最佳方案。

(2) 如果将最佳方案的信用条件改为 2/10，1/20，N/50(D 方案)，估计约有 50% 的客户利用 2% 的折扣，20% 的客户利用 1% 的折扣，其余客户放弃折扣于信用期限届满时付款。坏账损失率降为 1.2%，收账费降为 26 万元，其他不变。试比较后选择最佳方案。

12. 某企业 N 材料全年需要量为 8200 吨，每吨标准价格为 50 元，销售企业规定：客户每批购买量不足 500 吨，按标准价格计算；每批购买量在 500 吨以上 1000 吨以下的，价格优惠 5%；每批购买量 1000 吨以上，价格优惠 8%。已知每次订货的变动成本为 100 元，每吨材料年变动储存成本为 36 元。请计算最佳经济批量。

第11章 股利分配政策

✦ 学习目标：
    (1) 了解股利分配政策的基本观点及其影响股利分配政策的因素；
    (2) 掌握股利的支付程序和支付方式；
    (3) 掌握企业发放现金股利和股票股利的动机；
    (4) 理解和掌握股票回购和股票分割的异同。

✦ 学习重点：
    影响股利分配政策的因素；股利分配理论。

11.1 股利分配政策及其影响因素

    股利分配活动是企业筹资、投资活动的逻辑延续，是其理财行为的必然结果。恰当的股利分配政策，不仅可以树立良好的企业形象，而且能激发广大投资者对企业持续投资的热情，从而使企业获得长期、稳定的发展条件和机会。

11.1.1 股利与股利分配政策

    股利是指企业的股东从企业所取得的向投资人发放的利润。

1. 股利分配政策

    企业的税后利润主要有两个用途，或者作为股利发放给股东，或者留在企业进行再投资。股利分配政策是以企业发展为目标，以股价稳定为核心，在平衡企业内外部相关利益的基础上，对股利分配而采取的基本态度和方针政策。股利分配政策的内容主要包括 4 个方面：

    (1) 股利支付率的高低政策，即确定每股实际分配盈余与可分配盈余的比率。

    (2) 股利支付具体形式的政策，即确定合适的分红形式(现金股利、股票股利，或者其他形式)。

    (3) 股利支付率增长政策，即确定公司未来股利的增长速度，它将制约着某一时期股利支付率的高低。

    (4) 选择股利发放政策，即是采取剩余股利政策，还是固定股利政策。

    需要指出的是，股利分配与利润分配是两个不同的概念。利润分配是指企业缴纳所得税后的净利润的分配，它有法定程序，首先弥补亏损，补亏后仍有剩余，则必须计提法定公积金及公益金，结余部分企业才具有相对的自由决策权，可按企业章程计提任意盈余公积，送股或派现。股利分配是利润分配的核心。

2．股利分配政策与投资、筹资决策

由于股利支付会减少企业的留存收益从而影响其内部筹资额，因此，股利政策与企业的筹资决策、投资决策密切相关。一般而言，当企业有较多有利的投资机会，其经营资金又不足以满足投资需要时，企业就会减少向股东支付的股利，增加其内部筹资额；反之，如果企业有利可图的投资机会减少，筹资也就不重要了，则发放股利的数额就相对较多了。由此可见，股利政策实际上就是筹资决策与投资决策的综合。

11.1.2　股利分配政策的影响因素

股利分配政策的确定受到各方面因素的影响，一般说来，应考虑的主要因素有法律、股东、公司等方面。

1．法律因素

为了保护债权人和股东的利益，国家有关法律法规对企业股利分配予以一定的硬性限制。这些限制主要体现为以下几个方面：

(1) 资本保全。资本保全是企业财务管理应遵循的一项重要原则。它要求企业发放的股利或投资分红不得来源于原始投资(或股本)，只能来源于企业当期利润或留存收益。其目的是为了防止企业任意减少资本结构中所有者权益(股东权益)的比例，以维护债权人利益。

(2) 资本积累。它要求企业在分配收益时，必须按一定的比例和基数提取各种公积金。另外，它要求在具体的分配政策上，贯彻"无利不分"原则，即当企业出现年度亏损时，一般不得分配利润。

(3) 偿债能力。偿债能力是指企业按时足额偿付各种到期债务的能力。对股份公司而言，当其支付现金股利后会影响公司偿还债务和正常经营时，公司发放现金股利的数额就要受到限制。

(4) 超额累计利润。对于股份公司而言，由于投资者接受股利缴纳的所得税要高于进行股票交易的资本利得所缴纳的税金，因此许多企业通过积累利润使股价上涨方式来帮助股东避税。西方许多国家都注意到这一点，并在法律上明确规定企业不得超额累积利润，一旦企业留存收益超过法律认可的水平，将被加征额外税款。我国法律目前对此尚未做出规定。

2．股东因素

股东出于对自身利益的考虑，可能对企业的股利分配提出限制、稳定或提高股利发放率等不同意见。具体包括以下四个方面：

(1) 控制权考虑。企业的股利支付率高，必然导致保留盈余减少，这就意味着将来发行新股的可能性加大，而发行新股会稀释公司的控制权。因此，企业的老股东往往会主张限制股利的支付，较多地保留盈余，以防控制权旁落。

(2) 避税考虑。一些高收入的股东出于避税考虑(股利收入的所得税高于交易的资本利得税)，往往要求限制股利的支付，而较多地保留盈余，以便从股价上涨中获利。

(3) 稳定收入考虑。一些股东往往靠定期的股利维持生活，他们要求企业支付稳定的股利，反对留存较多的利润。

(4) 规避风险考虑。在某些股东看来，通过增加留存收益引起股价上涨而获得的资本利得是有风险的，而目前所得的股利是确定的，即便是现在较少的股利，也强于未来较多但存在较大风险的资本利得，因此他们往往要求较多地支付股利。

3. 公司因素

公司出于长期发展与短期经营考虑，需要综合考虑以下因素，并最终制定出切实可行的分配政策。这些因素主要有以下六个方面：

(1) 公司举债能力。如果一个公司举债能力强，能够及时地从资金市场筹措到所需的资金，则有可能采取较为宽松的利润分配政策；而对于一个举债能力较弱的公司，宜保留较多的盈余，因而往往采取较紧的利润分配政策。

(2) 未来投资机会。股利分配政策要受到企业未来投资机会的影响。主要表现在：当企业预计未来有较好的投资机会，且预期投资收益率大于投资者期望收益率时，企业经营者会首先考虑将实现的收益用于再投资，减少用于分配的收益金额。这样有利于企业的长期发展，同时也能被广大的投资者所理解；相反，如果企业缺乏良好的投资机会，保留大量盈余会造成资金的闲置，可适当增大分红数额。正因为如此，处于成长中的企业多采取少分多留的政策。

(3) 盈余稳定状况。企业盈余是否稳定，也将直接影响其收益分配。盈余相对稳定的企业对未来取得盈余的可能性预期良好，因此有可能比盈余不稳定的企业支付更高的股利；盈余不稳定的企业由于对未来盈余的把握小，不敢贸然采取多分政策，而较多采取低股利支付率政策。

(4) 资产流动状况。较多地支付现金股利会减少企业现金持有量，使资产的流动性降低，而保持一定的资产流动性是企业经营的基础和必备条件。因此，如果企业的资产流动性差，即使收益可观，也不宜分配过多的现金股利。

(5) 筹资成本。一般而言，将税后的收益用于再投资，有利于降低筹资的外在成本，包括再筹资费用和资本的实际支出成本。因此，很多企业在考虑投资分红时，首先将企业的净利润作为筹资的第一选择渠道，特别是在负债资金较多、资本结构欠佳的时期。

(6) 其他因素。比如，企业有意地多发股利使股价上涨，使已发行的可转化债券尽快地实现转换，从而达到调整资本结构的目的；再如，通过支付较高的股利，刺激企业股价上扬，从而达到反兼并、反收购目的等。

4. 其他因素

(1) 债务契约因素。企业的债务合同，特别是长期债务合同，往往有限制企业现金支付程度的条款，以保护债权人的利益。通常包括：未来的股利只能以签订合同之后的收益来发放，也就是说不能以过去的留存收益来发放；营运资金低于某一特定金额时不得发放股利；将利润的一部分以偿债基金的形式留存下来；利息保障倍数低于一定水平时不得支付股利。

(2) 通货膨胀。通货膨胀会带来货币购买力水平下降，固定资产重置资金来源不足，此时企业往往不得不考虑留用一定的利润，以便弥补由于货币购买力水平下降而造成的固定资产重置成本缺口。因此，在通货膨胀时期，企业一般采取偏紧的利润分配政策。

11.2　股 利 理 论

股利支付与股票价格(企业价值)有无关系，如何解释影响股利政策的诸因素间的相互作用，以及这种作用对企业的最佳股利政策的影响方式，是企业财务管理专家长期争论的问题，从而形成了不同的股利理论。

1. 股利无关理论

股利无关理论认为在完善的资本市场条件下，股利政策不会对企业的价值或股票价格产生任何影响。因此，单就股利政策而言，既无所谓最佳，又无所谓最差，它与企业价值不相关。一个企业的股价完全是由其投资决策所决定的获利能力影响的，而非决定于公司的股利分配政策。

股利无关理论认为，假如某一公司发放给股东较高的股利，那么他们就必须发行更多的股票，其数额正好等于公司的股利。也就是说，在不改变投资决策和目标资本结构的条件下，公司若要增发股利，唯一的方法是靠增发新股的方式筹得投资所需资金。在完善的市场条件下，新股东购买股票愿付的价格必须与企业价值相一致。因此，这一活动的结果是新老股东之间的价值转移，即老股东将自己拥有的一部分资产转让给新股东，新股东则把同等价值的现金交付给老股东，企业价值保持不变。

2. "一鸟在手"理论

"一鸟在手"理论源于谚语"双鸟在林不如一鸟在手"。该理论是流行最广泛和最持久的股利理论，主要代表人物是迈伦·戈登(M. Gordon)和约翰·林特纳(J. Lintner)。该理论认为，由于股票价格波动较大，在投资者眼里股利收益要比由留存收益再投资带来的资本利得更为可靠，又由于投资者一般均为风险厌恶型，宁可现在收到较少的股利，也不愿承担较大的风险等到将来收到金额较多的股利，故投资者将偏好股利而非资本利得。在这种思想影响下，当公司提高其股利支付率时，就会降低投资者的风险，投资者可要求较低的必要报酬率，使公司股票价格上升；如果公司降低其股利支付率或延付股利，则会增加投资者的风险，投资者必然要求较高的必要报酬率，以作为负担额外风险的补偿，从而导致公司股票价格下降。由此可见，"一鸟在手"理论认为股利政策与企业的价值息息相关，企业在制定股利政策时必须采取较高的股利支付率政策，才能使企业价值最大化。

3. 税差理论

研究表明，由于资本利得税率偏低，而且可以继续持有股票来延缓资本利得的实现，从而推迟纳税时间，享受递延纳税的好处。因此，在其他条件不变的情况下，投资者将偏好资本利得而反对派发现金股利。持有高股利支付率股票的投资者，为了取得与低股利支付率股票相同的税后净收益，必须要求有一个更高的税前回报预期。例如，如果资本利得税率为 20%，某投资者个人所得税率为 30%，公司留存 1 元利润产生 1 元资本利得，投资者出售股票在缴纳资本利得税后，实际收到现金 0.8 元($1 - 1 \times 20\%$)；如果公司决定支付现金股利，投资者为了获得同等税后净收益 0.8 元，则要求公司动用当期利润 1.14 元，即 $0.8/(1 - 30\%)$。这表明在税率存在差异的情况下，1 元资本利得比 1 元现金股利具有更高的价值。高股利将导致股价下跌，低股利反而造成股价上涨。这也就意味着公司可以通过削减股利来提高股票价值，当股利为零时，股票价值最大。

税差理论的结论主要有两点：一是股票价格与股利支付率成反比，二是权益资本成本与股利支付率成正比。按照税差理论，企业在制定股利政策时必须采取低股利支付率政策，才能使企业价值最大化。

4．股利分配的信号传递理论

信号传递理论认为，在信息不对称的情况下，公司可以通过股利政策向市场传递有关公司未来盈利能力的信息。一般来说，高质量的公司往往愿意通过相对较高的股利支付率把自己同低质量的公司区别开来，以吸引更多的投资者。对市场上的投资者来说，股利政策的差异或许是反映公司质量差异的极有价值的信号。如果公司连续保持较为稳定的股利支付率，那么投资者就可能对公司未来的盈利能力与现金流量抱有较为乐观的预期。不过，公司以支付现金股利的方式向市场传递信息，通常也要付出较为高昂的代价。这些代价主要包括三个方面。一是较高的所得税负担；二是一旦公司因分派现金股利造成现金流量短缺，就有可能被迫重返资本市场发行新股。而这样做的结果可能是，一方面随之产生必不可少的交易成本；另一方面又会扩大股本，摊薄每股的税后盈利，对公司的市场价值产生不利影响。三是如果公司因分派现金股利造成投资不足，并丧失有利的投资机会，还会产生一定的机会成本。

5．股利分配的代理理论

在完全合同的情况下，公司经理们与股东之间并不存在代理问题。即使双方产生了利益冲突，股东也可以通过强制履约的方式来迫使经理们遵循股东利益最大化的原则。但是，在不完全合同的情况下，公司经理们与股东之间的代理问题便应运而生。股利分配的代理理论认为，股利政策实际上体现的是公司内部人与外部股东之间的代理问题。在存在代理问题的前提下，适当的股利政策有助于保证经理们按照股东的利益行事。而所谓适当的股利政策，是指公司的利润应当更多的支付给股东；否则，这些利润就有可能被公司的内部人所滥用。较多地派发现金股利至少具有以下几点好处：一是公司管理者要将公司的很大一部分盈利返还给投资者，于是他自身可支配的"闲置现金流量"就相应减少了，这样又可在一定程度上抑制公司管理者为满足个人成为"帝国营造者"的野心，过度地扩大投资或进行特权消费，进而保护了外部股东的利益；二是较多地派发现金股利，可能迫使公司重返资本市场进行新的融资，如增资发行股票。这一方面使得公司更容易受到市场参与者的广泛监督；另一方面，增资发行股票不仅为外部投资者借股份结构的变化对"内部人"进行控制提供了可能，而且增资发行股票后，公司的每股税后盈利被摊薄，公司要维持较高的股利支付率，则需要付出更大的努力。这些均有助于缓解代理问题，并降低代理成本。

11.3　股利支付的程序和方式

11.3.1　股利支付程序

股份公司可以是一年派发一次股利，也可在年中派发中期股利，或是按季发放股利。

由于股票可以自由买卖，使公司的股东和股东的持股数量经常变化。因此，必须明确股利支付过程中经历的一些日期界限，以确保持股股东能顺利领到股利。股份公司分配股利必须遵循法定的程序，先由董事会提出分配预案，然后提交股东大会审议，股东大会决议通过分配预案之后，向股东宣布发放股利的方案，并确定股权登记日、除息日(或除权日)和股利支付日等。

(1) 股利宣告日：即公司的董事会将股利的发放情况予以公告的日期，并要在公告中公布股权登记日、除息日和股利发放日。

(2) 股权登记日：即有权领取股利的股东资格登记截止日期。只有在股权登记日在册的股东，才有资格领取股利，未登记的股东不能领取股利。

(3) 除息日：即除去股利的日期，也就是领取股利的权利与股票相互分离的日期。在除息日前，股利从属于股票，持有股票者即享有领取股利的权利，除息日开始，股利权与股票相分离，新购入股票的人不能分享股利。因为股票买卖的交接、过户需要一定时间，为避免股利在新老股东之间支付失误引起冲突，证券业一般规定在股权登记日的前 4 天为除息日。在股权登记日 4 个营业日之前，股利权附属于股票，而到了股权登记日前的第 4 天，股利权不再从属于股票。

(4) 股利支付日：即将股利正式发放给股东的日期。企业将通过邮寄支票等方式将股利支付给股东，或通过证券代理商发放。

例图 11-1 中，某公司 2008 年 11 月 15 日发布公告：本公司董事会在 2008 年 1 月 15 日的会议上决定，本年度发放每股为 5 元的现金股利；本公司将于 2009 年 1 月 2 日将上述股利支付给已在 2008 年 12 月 15 日登记为本公司股东的人士。

上例中，某公司 2008 年 11 月 15 日为该公司的股利宣告日；2008 年 12 月 15 日为其股权登记日；2008 年 12 月 9 日为除息日，因为 12 月 11 日和 12 日为非营业日；2009 年 1 月 2 日则为其股利支付日，如图 11-1 所示。

图 11-1　股利相关日期的时间线

11.3.2　股利支付的方式

股利支付的方式有多种，常见的主要有以下几种：

1. 实际收益式股利

实际收益式股利是指将企业的资产分配给股东，作为股东的投资回报。实际收益式股利又有两种主要形式。

1) 现金股利

现金股利即以现金形式发放的股利，我国通常称为"红利"、派现或分红。现金股利是从缴纳公司所得税和支付债券利息以后的利润中支付的。在西方，企业支付的现金股利可以分为 4 种类型。

(1) 固定现金股利。这是最普通的股利形式，通常按季支付，来源是当年的税后盈利。在正常的情况下，按季支付是不能间断的。

(2) 额外股利。这是在固定股利之外，企业根据本期盈余状况决定的额外支付的股利。它可以是连续的，也可以是不连续的。

(3) 特别股利。这是企业在某一特定时间一次性支付的股利，通常发生在企业决定减少保留利润时，以历年累积的保留利润支付。这种股利一般是一次性的。

(4) 清算股利。这是指企业以股本及发行溢价收入向股东支付的股利。这种股利的支付意味着企业在退回部分权益资本。

2) 财产股利

财产股利即现金以外的其他资产，如企业的产品、有价证券等发放给股东作为其股利收入。

2．股权式股利

股权式股利是指以企业的股权份额作为股东投资的报酬。股权式股利的基本形式是股票股利(我国通常称为"红股"、送股或送红股)，即以本企业的股票分配给股东作为股利的形式。股票股利虽然增加了股东持有的股票数量，但送股后企业股票的每股收益相应下降，因而它实际上并不影响企业的股东权益总额，只是股东权益的结构发生了变化，即从未分配利润或盈余公积转为股本。

3．负债式股利

负债式股利是指企业通过建立一项负债来发放股利，根据负债期限长短，可分为票据股利和债券股利。前者是企业以各种应付票据形式代替现金来分派股利，后者是用公司债券来支付股利，又称公司债券股利。负债式股利的形式在实践中不多见，一般是企业于无奈中所采取的权宜之计，通常是企业已经宣布发放股利但又面临现金不足，难以支付的窘境时的选择。

此外，有些学者将股票回购也作为股利的一种。股票回购是指股份公司出资将其发行的流通在外的股票以一定的价格购买回来予以注销或作为库存股的一种资本运作方式。股票回购产生于企业规避政府对现金股利的管制。股票回购使流通在外的股票数量减少，每股收益相应提高，市盈率降低，从而推动股价上升或维持合理价格。对于投资者来说，与现金股利相比，股票回购不仅可以节约税收，而且具有更大的灵活性，需要现金的股东可选择卖出股票，而不需要现金的股东可继续持有股票。对于企业管理层来说，股票回购有利于实现企业长期的股利政策目标，防止派发剩余现金造成的短期效应，因为一旦派发了现金股利就会对企业产生未来的派现压力。

但是，股票回购也可能对上市公司的经营造成以下负面影响：

(1) 回购股票需要大量的资金支付回购的成本，因此进行回购的上市公司首先要有资金实力这一前提条件。如果公司负债率较高，再举债进行回购，不仅公司资产流动性变差，而且将背负巨大的偿债压力，影响公司的正常生产经营和发展后劲。

(2) 股票回购还可能使企业的发起人股东更注重创业利润的兑现，而忽视公司的长远发展，损害公司的根本利益。

(3) 股票回购容易导致内幕操纵股价。股份公司拥有本公司最准确、最及时的信息，如果允许上市公司回购本公司股票易导致其利用内幕消息进行炒作，使大批普通投资者蒙受损失，甚至可能出现借回购为名做出操纵本公司股票的违规事件。

在国外成熟的证券市场，回购是一种合法化的企业行为。它不仅是一种盛行的反收购措施，而且还可以起到降低融资成本，提高剩余资金利用率的作用。但由于股票回购不可避免地会引起股票价格的波动，并涉及内幕交易，世界各国对上市公司回购股份都规定了十分严格的条件。我国的法律规定，除非企业因减少其注册资本的目的或谋求与持有本企业股票的企业合并，否则不得购回发行在外的股份，而且回购的股票必须注销，不得作为库藏股处理。

11.4　股利分配政策及其评价

支付给股东的股利与留在企业的保留盈余，存在着此消彼长的关系。所以，股利分配既决定给股东分配多少红利，也决定有多少净利留在企业。减少股利分配，会增加保留盈余，减少外部筹资需求。因此，股利决策也是内部筹资决策。

在进行股利分配的实务中，企业经常采用的股利政策如下所述。

11.4.1　剩余股利政策及其评价

剩余股利政策是指在企业有着良好的投资机会时，根据一定的目标资本构成，测量出投资所需的权益资本，先从盈余当中留用，然后将剩余的盈余作为股利予以分配。这是因为，企业的股利政策与企业的资本结构相关，而资本结构又是由投资所需资金构成的，因此，实际上股利政策要受到投资机会及其所需资金成本的双重影响。

采用剩余股利政策时，应遵循以下 4 个基本步骤：

(1) 设定目标资本结构，即确定权益资本与债务资本的比率，在此结构下，加权平均资本将达到最低水平；

(2) 确定目标资本结构下投资方案所需的权益资金数额；

(3) 最大限度地使用保留盈余来满足投资方案所需的权益资本数额；

(4) 投资方案所需权益资本已经满足后者，若有剩余盈余，再将其作为股利发放给股东。

剩余股利政策的优点是，留存收益优先保证再投资的需要，这有助于降低再投资的资金成本，保持企业合理的资金结构，实现企业价值的长期性和最大化。然而完全遵照执行剩余股利政策，将使股利发放额每年随投资机会和盈利水平而波动。即使在盈利水平不变的情况下，股利将与投资机会的多寡呈反方向变化：投资者机会越多，股利越少；反之，投资机会越少，股利发放越多。而在投资机会维持不变的情况下，股利发放额将因公司每年盈利的波动而同方向波动。这种股利发放的波动性将给投资者一种企业经营状况不稳定的感觉，因而影响股价上扬，导致企业市场价值被低估。所以，在现实生活中，很少有企业完全机械地采用剩余股利政策，而是在企业进行长期财务规划时，结合企业未来时期的资本投资机会，确定企业未来 5 年、10 年或更长时期内的股利分派比例。

11.4.2　固定股利支付率政策及其评价

固定股利支付率政策指企业将每年盈利的某一固定百分比作为股利分配给股东。固定股利支付率越高,公司留存的盈余越少。它与剩余股利政策的顺序相反,事先考虑派发股利,后考虑保留盈余。股利支付率一经确定,一般不得随意变更。在这一股利政策下,只要公司的税后利润一经计算确定,所派发的股利也就相应地确定了。各年股利支付额随企业经营状况的好坏而上下波动,盈利高的年份股利高,盈利低的年份股利低。

实行固定股利支付率的政策,使股利与企业盈余紧密地配合以体现多盈多分、少盈少分、不盈不分的原则,真正做到公平地对待每一位股东。但是,如果企业的盈利各年间波动不定,则其股利也会随之波动。由于股利通常被认为是公司未来前途信息来源,波动的股利向市场提供的信息使公司未来收益前景不明确、不可靠,容易给投资者带来经营不稳定、投资风险大的不良印象。在实际工作中,固定股利支付率政策还有以下不足。

(1) 财务压力大。股份公司实现的利润越多,派发的股利越多。然而,实现利润较多,只表明公司盈利状况较好,并不表明公司有充足的现金派发股利,而不论公司财务状况如何,均要派发股利,财务压力较大。

(2) 缺乏财务弹性。股利支付率是企业股利政策的主要内容,政策的选择、政策的制定是企业的财务手段和方法。在不同阶段,根据财务状况制定不同的股利政策,会更有效地实现企业的财务目标。但在固定股利支付率政策下,企业丧失了利用股利政策的财务方法,缺乏财务弹性。

(3) 确定固定股利支付率难度大。固定股利支付率确定得较低,不能满足投资者对现实股利的要求,反之,当企业发展需要大量资金时,又要受其制约。确定较优的股利支付率的难度较大。因此,固定股利支付率政策适用于企业稳定地发展且财务状况较稳定的阶段。

11.4.3　稳定增长股利政策及其评价

稳定增长股利政策是企业将每年派发的股利额固定在某一特定的水平上,然后在一段时间内不论企业的盈利情况和财务状况如何,派发的股利额均保持不变。只有当企业认为未来盈利的增加能够使企业将派发的股利额维持在一个更高的水平时,才会提高每股股利额。

稳定增长股利政策的主要优点有以下几个方面:

(1) 从股利含有的内部信息来说,稳定增长型股利政策向投资者传递了这样一个信号:经理人员对公司的未来充满信心,这有助于树立企业形象,增强投资者信心及稳定股价。

(2) 对那些依靠股利收入而生活的投资者来说,该政策可以满足其不断上涨的生活所需资金,有利于其计划安排收支。

(3) 避免股利支付的大幅度、无序性波动,有助于预测现金流出量,便于公司资金调度和财务安排。

但这种只升不降的股利政策会给企业的财务运行带来压力。

股利支付与企业盈利相脱离,不论企业盈利多少,均要按固定的乃至增长的方式派发股利。这在企业持续发展时期,不会出现问题。但公司在其发展过程中,难免会出现短暂的困难,如派发的股利金额大于实现的盈利,必将侵蚀企业的留存收益,影响企业的发展,甚至侵蚀企业的资本，影响企业的正常经营。因此，很难长期采用该政策。目前，在西方国家，有些企业为应付股利增长带来的压力，建立了所谓的"股利平衡准备金制度"，以保证在留存收益下降的年份也有能力维持股利支付的增长。

11.4.4　低正常股利加额外股利政策及其评价

低正常股利加额外股利政策是公司事先设定一个较低的经常性股利额，一般情况下，企业都按此金额发放股利，只有当累积的盈余和资金相当多时，除正常股利之外，加额外(通常较大金额)股利给股东。

低正常股利加额外股利政策吸收了稳定性股利的优点，同时又摒弃了其不足，使企业在股利发放上留有余地和具有较大的财务弹性，可以根据企业的具体情况，制定不同的股利政策，以实现财务目标最大化。对于股东而言，这种股利政策既保证了股东投资有一个起码的收益，又有使股东分享企业繁荣的好处。因此是一种颇受欢迎的股利政策。

低正常股利加额外股利政策的主要缺点是：

① 仍然缺乏稳定性，盈利的变化使得额外股利不断变化，或时有时无，给人漂浮不定的感觉；

② 当企业在较长时期一直发放额外股利后，股东可能误认为是"正常股利"，一旦取消额外股利，容易造成"企业财务状况恶化"的错误印象，也造成股价下跌。

如果企业盈余和现金流量经常变动，不易准确预测时，此种政策不失为一最佳选择。

11.4.5　股利分配政策类型的选择

通过上述分析可知，以上四种股利政策各有利弊，企业在分配股利时应借鉴其基本决策思想，综合考虑各种因素的影响，制定最适合企业实际情况的股利政策。其中居主导地位的影响因素是企业目前所处的发展阶段。因为对发展阶段的定位决定了企业未来的发展取向，并会间接地带动其他诸多因素相应地变化。因此，企业应根据自己所处的发展阶段选择相应的股利政策。

处于初始阶段的企业，经营风险高，融资能力差，同时该阶段是一个纯粹的现金流出阶段。因此，为降低财务风险，企业应贯彻先发展后分配的思想，剩余股利政策为最佳选择。

进入高速增长阶段后，企业的产品销量急剧上升，为防止其他竞争者进入，企业要迅速扩大生产能力，达到规模优势，这意味着企业要进行大量的投资，不宜宣派股利。同时由于企业已度过了创业阶段的艰难，并已有了某种竞争优势，投资者往往有分配股利的要求。因此，为平衡这两方面的要求，应采取低正常股利加额外股利型的股利政策，在支付方式上应尽可能采用股票股利的方式而避免现金支付。

该阶段的显著特征是，产品的市场容量，销售收入稳定增长，生产能力扩张的投资需求减少，广告费开支比例下降，现金流动表现为净现金流入量，每股收益呈上升趋势。这些均表明，企业已具备持续支付较高股利的能力。因此，该阶段中理想的股利政策应是持续增长型股利政策。

企业一旦进入成熟阶段，市场趋于饱和，销售收入不再增长，利润水平稳定。另外，企业发展至该阶段，通常已积累了相当的盈余和资金，这时企业可考虑由稳定增长型股利政策转为固定股利政策，以便与企业的整个发展阶段相适应。但在确定股利支付的起点标准时不宜过高，应留有余地。

有些企业经过成熟期后可能进入衰退阶段，尤其是产品单一的企业更是如此。此时，企业如果不被解散或被其他企业所重组与兼并，就要投资进入新的行业和领域，以求新生。这意味着企业的投资需求增加。另外，此时产品销售收入减少，因此企业已不具备支付股利的能力，应采用剩余股利政策。

这里需要指出的是，企业发展阶段的划分是相对的，有时企业经营阶段具有相互重叠和交叉的特性。另外，企业在某一个发展阶段上也可根据当时市场环境及企业自身特征采用两种以上的股利政策，相互交替使用而非择一而终。

11.5　股票股利和股票分割

11.5.1　股票股利

股票股利是指企业将应分给投资者的股利以股票的形式发放，我国通常称为"红股"。股票股利的历史可追溯到 1682 年的英国东印度公司，该公司由于在每次航海后都没有足够的现金向股东支付股利，于是便用下次航海的股份来代替现金。此后，股票股利在英、美等国的股份公司中十分普遍。

与现金股利相比，股票股利只是资金在股东权益账户之间的转移，它并不会导致企业现金的流出，也不增加公司的资产，股东权益账面价值的总额也不发生变化。但发放股票股利将增加发行在外的普通股股票数量，导致每股收益和每股市价的下降，而股东所持有的股票数量将相应增加，由于每位股东的持股比例不变，每位股东所持有股票市场总价值也不变。

因此，从理论上讲，股票股利对于股东而言，除多了几张证明其所有权的股票外，没有任何价值。当然如果公司在发放股票股利后，还能发放现金股利，且能维持每股现金股利不变，则股东因所持股数的增加而能得到更多的现金股利。此外，股票股利可以向股东传递某些信息。股票股利通常与成长中的公司有关。在这种情况下，股票股利对投资者而言，可能意味着公司管理当局预期盈利将继续增长，而且其盈利的增长足以抵消因总股本扩大所引起的每股收益的稀释。

对公司来说，发放股票股利既不需要向股东支付现金，又可以在心理上给股东已从公司取得了投资回报的印象，保持了股利的持续发放，是一个既不减少现金，又可使股东分享利润的两全其美的办法。因此，在公司资金紧张，无力发放现金股利的情况下，采取发放股票股利的做法不失为一种权宜之计。但如果公司长期不支付现金股利，仅靠发放股票股利是不能令公司股东信服的，公司股票的投资价值可能会受到不好的影响。

11.5.2　股票分割

股票分割是指将面额较高的股票交换成面额较低的股票的行为。例如，通过发行新股将原来的 1 股旧股交换成 2 股新股。从会计的角度来看，股票分割对公司的资本结构不会产生任何影响，一般只会使发行在外的股票总数增加，每股面值降低，并由此使每股市价下跌，而资产负债表中股东权益各账户(股本、资本公积、留存收益)的余额都保持不变，股东权益的总额维持不变。因此，股票分割与股票股利非常相似，都是在不增加股东权益的情况增加股票的数量。所不同的是，股票股利虽不会引起股东权益总额的改变，但股东权益构成项目的金额将发生变化，而股票分割后，股东权益总额及其构成项目的金额都不会发生任何变化。

例 11-1　某公司决定实施 2 股换 1 股的股票分割计划来代替 10% 的股票股利，股票的面值则从每股 1 元降到每股 0.5 元，每一位股东都会收到新的股票。见表 11-1 和 11-2，试分析公司实行股票分割前后的股东权益结构。

表 11-1　股票分割前股东利益　　　　　　单位：元

普通股(面额 1 元，已发行 1000 000 股)	1000 000
资本公积	500 000
未分配利润	6000 000
股东权益总计	7500 000

表 11-2　股票分割后的股东权益　　　　　　单位：元

普通股(面额 0.5 元，已发行 2000 000 股)	1000 000
资本公积	500 000
未分配利润	6000 000
股东权益总计	7500 000

由上表可知，除了在会计处理上有不同之外，股票分割对股东的影响同股票股利是一样的。它只是增加了股东手里持有的股票数量，而没有给股东增加任何财富。

对公司而言，实行股票分割的目的或动机主要在于以下几个方面：

其一，降低股票价格。如果股票的市场价格过高，股票交易就会因每手交易所需的资金量太大而受到影响，特别是许多小户、散户，因资金实力有限而难以入市交易，使这类股票的流通性降低，股东人数减少。因此，许多公司在其股价过高时采用股票分割的方法降低股票的交易价格，提高公司股票的流通性，使公司的股东更为分散，这样也可有力地防止少数小集团的股东通过委托代理权，实现对企业控制的企图。

其二，信号效应。向股票市场和广大投资者传递公司业绩好、利润高、增长潜力大的信息，从而提高投资者对公司的信心。

其三，促使企业兼并、合并政策的实施。当一个企业要兼并另一个企业时，如果将自己的股票进行分割，则会提高对被兼并企业股东的吸引力，促使企业兼并成功。例如，假设 A 企业打算通过股票交换实施对 B 企业的兼并，A、B 企业以目前的股票市价分别为 42 元和 3 元。如果 A 企业以 1 股交换 B 企业的 14 股，可能会使 B 企业的股东心理上难以接受。但是，如果 A 企业在实施兼并前先进行 7:1 的股票分割，则新股的每股价格为 6 元，然后再用 2:1 的比例换取 B 企业的股票，这样 B 企业的股东在心理上更容易接受，因此，有利于企业的兼并或合并。

对股东而言，股票分割与股票股利相同，使其持有的股数增加，但其持股比例则维持不变。由于股票的市价也会相应地按比例下降，故每位股东持有股票的总价值仍保持不变。至于现金股利方面，很少有公司在股票分割后仍维持与以前相同的现金股利，但只要每股现金股利的下降幅度小于股票分割幅度，那么股东实际收到的股利就有可能增加。

尽管股票分割与发放股票股利都能达到降低公司股价的目的，但一般地讲，只有在公司股价巨涨且预期难以下降时，才采用股票分割的办法降低股价；而在公司股价上涨幅度不大时，往往通过发放股票股利将股价维持在理想的范围之内。

有时，当公司认为自己股票的价格过低，为了提高股票价格，会采取反分割(也称股票合并)的措施。反分割是股票分割的相反行为，即将数额较低的股票合并为一股面额较高的股票。例如，原面额为 2 元、发行 100 000 股、市价 20 元的股票，按 2 股换成 1 股的比例进行反分割，该公司的股票面额将成为 4 元，股数将成为 50 000 股，市价也将上升。与股票股利和股票分割一样，反分割也可能向市场传递一定的信号，通常这种信号都是不利的，表示企业承认自己处于财务困境，国外的一些实证表明，在其他因素不变的条件下，股票反分割宣布日前后股票价格有大幅度的下跌。因此，对于财务健康的公司来说，应谨慎采取股票反分割政策。

习　　题

1．个人所得税对公司股利政策是否有影响？为什么？

2．在不同时期，我国上市公司的股利分配是否呈现不同的特点？对现金股利和股票股利的选择是否有变化？

3．经常变动正常股利会受欢迎吗？为什么？

4．你认为股票股利和现金股利的异同点是什么？是否可以相互替代？

5．对股东来说，股票股利和股票分割的价值如何？

6．回购股票对公司股利政策有何影响？

7．A 公司本年实现的净利润为 400 万元，年初未分配利润为 1200 万元，年末公司讨论决定现金股利分配的数额。预计明年需要增加投资资本 600 万元，公司的目标资本结构为权益资本占 60%，债务资本占 40%。上年实现净利润为 360 万元，分配的现金股利为 216 万元。

要求：计算回答下列互不关联的问题。

(1) 公司采用剩余股利政策，权益资金筹集优先使用留存收益，公司本年的股利支付率是多少？

(2) 公司采用固定股利政策，公司本年应发放多少现金股利？

(3) 公司采用固定股利支付率政策，公司本年应发放多少现金股利？

(4) 公司采用低正常股利加额外股利政策，规定每股最低现金股利为 0.1 元，按净利润超过最低股利部分的 25%发放额外现金股利，该公司目前普通股股数为 500 万股，公司本年应发放多少现金股利？

8．正保公司年终进行利润分配前的股东权益情况如下表所示：

股东权益情况　　　　　　　　　　　　单位：万元

股本(面值 3 元已发行 100 万股)	300
资本公积	300
未分配利润	600
股东权益合计	1200

回答下列互不关联的两个问题：

(1) 如果公司宣布发放 10%的股票股利，若当时该股票市价为 5 元，股票股利的金额按照当时的市价计算，并按发放股票股利后的股数发放现金股利每股 0.1 元。则计算发放股利后的股东权益各项目的数额；

(2) 如果按照 1 股换 3 股的比例进行股票分割，计算进行股票分割后股东权益各项目的数额。

第12章 财务管理专题

✦ 学习目标：

(1) 掌握企业兼并与收购的概念；

(2) 掌握企业并购的动因、类型和方法；

(3) 掌握企业价值评估的方法；熟悉财务重整的方式；

(4) 了解企业清算的程序。

✦ 学习重点：

企业并购的动因；企业价值的评估方法。

12.1　兼并与收购

12.1.1　企业兼并与收购的概念

企业兼并是指企业以现金、证券或其他形式购买取得其他企业的产权，使其他企业丧失法人资格或改变法人实体，并取得对这些企业决策控制权的经济行为。

企业收购是指企业用现金，债券或股票购买另一家企业的部分或全部资产或股权，以获得该企业控股权的经济行为。

企业兼并与收购的相同点主要表现在两个方面：

(1) 基本动因相似。企业兼并与收购的动因都是为了扩大经营规模，实现规模经济，拓宽企业经营范围，实现分散经营或综合化经营。总之，都是为了增强企业实力而采取的外部扩张策略或途径。

(2) 以企业产权为交易对象。企业兼并与收购都是通过资本运行以企业的产权作为交易对象的。

兼并与收购的区别在于：

(1) 在兼并中，被合并企业作为法人实体不复存在；而在收购中，被收购企业仍可以作为法律实体存在，其产权可以是部分转让。

(2) 兼并后，兼并企业成为被兼并企业新的所有者和债券债务的承担者，实际上是资产、债权和债务的一同转让。而在收购中，收购企业通常是被收购企业的新股东，他们以出资收购的股本为限承担被收购企业的风险。

由于兼并与收购的联系远远超过其区别，因此兼并与收购常常统称为"并购"或"购并"，泛指在市场机制作用下，企业为了获得其他企业的控制权而进行的产权交易活动。其中，并购一方称为"买方"或"并购企业"，被并购一方成为"卖方"或"目标企业"。

12.1.2　企业并购的分类

1．按并购双方产业的联系划分

(1) 横向并购。横向并购是处于同一行业，生产或经营同一产品的企业之间的并购。例如，两家汽车制造厂的合并。横向并购的目的在于扩大生产规模，提高行业的集中程度，确立或巩固企业在该行业的优势地位。

(2) 纵向并购。纵向并购是指生产或经营上有前后关联的企业进行的并购，如汽车制造商与其零部件供应商或汽车销售商之间的并购。纵向并购实质上是生产同一产品，不同生产阶段的企业间的并购，兼并双方往往是原材料供应者或产品购买者。纵向并购有利于组织专门化生产和实现产销一体化，加强企业对销售和采购的控制。

(3) 混合并购。混合并购是处于不同产业领域，产品属于不同市场且这些产品部门之间没有特殊的生产技术联系的企业之间的并购。通过混合并购，可以扩大企业自身的产业结构，从事多样化经营以减少经营风险，达到资源互补，优化组合，扩大市场活动范围的目的。

2．按企业并购支付方式和购买对象划分

(1) 承担债务式并购。承担债务式并购是指在目标企业资不抵债或资产负债相等的情况下，并购企业以承担目标企业全部或部分债务为条件来取得目标企业的资产所有权和经营权的并购方式。承担债务式并购可以减少并购企业的现金支出，但有可能影响并购企业的资本结构。

(2) 现金购买式并购。现金购买式并购，即并购企业用现金购买目标企业的资产或股权(股票)以实施控制的并购形式。现金购买式并购将加大并购企业的现金支出负担，但一般不会影响并购企业的资本结构。

(3) 股份交易式并购。股份交易式并购是指并购企业用自身的股权来换取目标公司的股权或资产。一般情况下，并购公司需要承担目标公司的全部债务责任或者有选择地承担部分债务责任。并购公司也会要求目标公司将其拥有的并购公司的股票分派给自己的股东，以免大量股份集中的少数股东手中。

3．按并购双方的意愿划分

(1) 善意并购。善意并购是指并购方事先与目标公司协商并征得其同意，再通过谈判达成收购条件的一致意见而完成收购活动的并购方式。善意并购有利于降低并购行动的风险与成本，使并购双方能够充分交流，沟通信息。

(2) 敌意并购。敌意并购是指友好协商遭拒绝时，并购企业不顾目标企业的意愿，采取非协商购买的手段，强行并购目标企业，或者并购企业事先并不与目标企业协商，而突然直接提出公开收购要约的并购行为。敌意并购是在目标公司不知情或持反对态度时强行实施的，所以无法取得目标公司的配合，甚至很可能遭到目标公司的反抗，并购风险较大。

12.1.3　企业并购的动因

市场经济环境下，企业作为独立的经济主体，其一切经济活动都是围绕其财务目标而进行的。并购也不例外。同时，企业并购的动力还来源于激烈的市场竞争。

1．财务性动机

(1) 实现多元化经营，降低投资风险。企业通过各种方式的并购，可以利用原有企业的管理经验、原料来源、销售渠道和已占有的市场，缓和商业周期的不利波动，减少企业经营的不稳定性，实现多元化经营以降低经营风险，使企业获得比较稳定的发展。

(2) 改善企业财务状况。由于现金收支或资本结构失衡及其他原因陷入财务困境的企业，如能与一个稳定的、有发展潜力的，资金充足、偿债能力强的企业合并，不仅可以改善财务状况，而且可增强其投资吸引力。

(3) 合理避税和避免破产。一个经营亏损、陷入困境但不愿破产的企业被一个财务状况极佳、获利水平很高的企业并购后，前者可以避免破产，继续生存；后者可以抵减利润，减少税负并扩充业务，增加未来的盈利能力。

2．非财务动机

(1) 提高发展速度。企业扩张主要有通过内部积累投资扩大生产能力和通过并购外部扩张两种方法。企业通过兼并可以以较小的投资获得较大的生产能力或经营能力，尽快占领市场，提高发展速度。而且并购可以使企业得到先进的管理、技术和优秀的人才，这些都是企业发展所必不可少的。

(2) 实现协同效果。协同效果是两个公司兼并后可以实现规模经济。兼并后，在生产经营、行政管理、调查研究、原料采购和产品推销等方面的活动，都可以统一协调组织，减少重复的固定成本，减少人财物的浪费。

12.1.4　并购目标企业的价值评估

所谓价值评估就是并购双方对目标公司的股权或资产价值做出估算。其中，支付的价格是并购双方都很关心的问题，它是决定并购能否顺利进行的关键。合理的价值评估是并购双方进行价格协商的基础。目标企业价值评估是遵循资产评估的基本原则和方法程序做出的估算。目标企业价值评估的方法主要有以下几种：

1) 资产价值基础法

资产价值基础法指通过对目标企业的资产进行评估来确定其价值的方法。确定目标企业资产的价值，关键是选择合适的资产评估标准。目前国际上通行的资产评估价值标准主要有账面价值、市场价值和清算价值三种。

(1) 账面价值。账面价值是指会计核算中账面记载的资产价值。例如，对于股票来说，资产负债所揭示的企业某时点所拥有的资产总额减去负债总额即为普通股价值。这种估计方法不考虑现时资产市场价格的波动，也不考虑资产的收益状况，因而是一种静态的估价标准。账面价值取值方便，但其缺点是只考虑了各种资产在入账时的价值而脱离了现实的市场价值。

(2) 市场价值。市场价值是指把该资产视为一种商品在市场上公开竞争，在供求关系平衡状态下确定的价值。市场价值法通常将股票市场上与企业经营业绩相似的类似企业最近的平均实际交易作为估算参照物，或以企业资产和其市值之间的关系为基础对企业估值。

(3) 清算价值。清算价值是指企业出现财务危机而破产或停业清算时，将企业中的实物资产逐个分离而单独出售的资产价值。清算价值是在企业作为一个整体已经丧失增值能力情况下的资产评估方法。

2) 市盈率法

市盈率法又称收益法，是根据目标企业的收益和市盈率确定其价值的方法。应用市盈率法对目标企业进行价值评估的步骤如下：

(1) 检查、调整目标企业近期的利润业绩。收益率法使用的收益指标在性质上是目标企业在被收购后持续经营可能取得的利润。对目标企业净利润的分析，应该考虑下列因素，并进行适当的调整：

① 并购企业必须仔细考虑目标企业所采用的会计政策。关注目标企业是否存在滥用会计政策操纵利润的行为，或者随意调整会计政策使企业净利润缺乏必要的可比性。若有必要，则需要调整目标企业所公布的利润。

② 剔除非常项目和特殊业务对净利润的影响。

③ 调整由于不合理的关联交易造成的利润增减金额。

(2) 选择、计算目标企业估价收益指标。最简单的估价收益指标可采用目标企业最近一年的税后利润。但是，考虑到企业经营的波动性，尤其是经营活动具有明显周期性的目标企业，采用其最近三年税后利润的平均值作为估价收益指标更为合适。

(3) 选择标准市盈率。通常可供选择的标准市盈率有以下几种：

① 并购时目标企业的市盈率；

② 与目标企业具有可比性的企业的市盈率；

③ 目标企业所处行业的平均市盈率。

在进行标准市盈率的选择时，必须确保其在风险和成长性方面的可比性，所选择的标准应当是目标企业并购后的风险——成长性结构，而不应仅仅是历史数据。在实际运用中，通常还需要依据预期的结构对上述标准加以调整。

(4) 计算目标企业的价值。利用选定的估价收益指标和标准市盈率，就可以计算出目标企业的价值，计算公式：

$$目标企业的价值 = 估价收益指标 \times 标准市盈率$$

例 12.1 A 公司横向兼并同行业的 B 公司，两公司的长期负债利率均为 10%，所得税税率均为 30%，按 A 公司现行会计政策对 B 公司的财务数据进行调整后，双方的基本情况如下：表 12-1 是 A、B 两公司 2010 年 12 月 31 日的简化资产负债表；表 12-2 是 A、B 两公司 2010 年度的经营业绩及其他指标。

表 12-1　A、B 两公司 2010 年 12 月 31 日的简化资产负债表　　单位：万元

资　　产	A 公司	B 公司	负债与股东权益	A 公司	B 公司
			流动负债	1200	500
流动资产	3200	1000	长期负债	1000	200
			股东权益		
			股本	2500	600
长期资产	2000	500	留存收益	500	200
			股东权益合计	3000	800
资产总计	5200	1500	负债与股东权益	5200	1500

表 12-2　A、B 两公司 2010 年度的经营业绩及其他指标　　　单位：万元

指　　标	A 公司	B 公司
2010 年度经营业绩：		
息税前利润	700	120
减：利息	100	20
税前利润	600	100
减：所得税	180	30
净利润	4200	70
其他指标：		
资本收益率 = 息税前利润/(长期负债 + 股东权益)	17.5%	12%
利润增长率	12%	10%
近 3 年平均净利润	300	64
市盈率	18	15

　　由于并购双方处于同一行业，从并购企业的角度出发，预期目标企业未来可达到同样的市盈率是合理的，因此 A 公司可以选择其自身的市盈率为准备市盈率，在其基础上，若选用不同的估计收益指标，运用公式可以分别计算目标企业的价值。

　　(1) 选用目标企业最近一年的税后利润作为估价收益指标：

$$B 公司最近一年的税后利润 = 70 (万元)$$
$$A 公司的市盈率 = 18$$
$$B 公司的价值 = 70 \times 18 = 1260 (万元)$$

　　(2) 选用目标企业近三年税后利润的平均值作为估价收益指标：

$$B 公司近三年税后利润的平均值 = 64 (万元)$$
$$A 公司的市盈率 = 18$$
$$B 公司的价值 = 64 \times 18 = 1152 (万元)$$

　　(3) 假设目标企业并购后能够获得与并购企业同样的资本收益率，以此计算出的目标企业并购后税后利润作为估价收益指标。

$$B 公司的资本额 = 长期负债 + 股东权益 = 200 + 800 = 1000 (万元)$$

并购后 B 公司：

$$资本收益 = 1000 \times 17.5\% = 175 (万元)$$
$$减：\quad 利息 = 200 \times 10\% = 20 (万元)$$
$$税前利润总额 = 175 - 20 = 155 (万元)$$
$$减：\quad 所得税 = 155 \times 30\% = 46.50 (万元)$$
$$净利润 = 155 - 46.50 = 108.5 (万元)$$
$$B 公司的价值 = 108.5 \times 18 = 1953 (万元)$$

　　采用市盈率法估算目标企业的价值，从证券市场投资平均收益水平、风险水平等角度评估目标企业价值，具有相对的客观性和可操纵性。需要注意的是，在确定目标企业的价值时，标准市盈率的选择至关重要，如果选择不当，则会对测算结果产生较大影响。

　　3) 贴现现金流量法

　　这是美国经济学家阿尔弗雷德·拉波特提出的。他认为企业收购是根据公司收购后预

期的自由现金流和贴现率确定并购可接受的最高价格。所谓自由现金流是目标公司扣除税收、偿付债务本息、支付优先股股息、支付增加的营运资本后能够支付给债权人或股东的现金流量。其计算公式如下：

$$自由现金流量 = 息税前利润 + 折旧 - 所得税 - 资本性支出 - 营运资本增加$$

贴现现金流量法充分考虑了目标公司未来创造现金流量能力对其价值的影响，能够通过现金流量和资本成本估算出目标公司的价值。因此合理的预测未来的现金流量以及选用恰当的贴现率尤为关键。

12.1.5　并购的风险分析

企业并购是高风险经营，任何并购交易中都可能存在着风险。财务分析应在关注并购的各种收益和成本的同时，更重视并购过程中的各种风险。

(1) 营运风险。营运风险是指并购方在并购完成后，可能无法使整个企业集团产生预期的规模效应，难以实现规模经济和经验共享互补，通过并购形成的新企业因规模过于庞大而产生经济不景气，甚至整个企业集团的经营业绩都被并购来的新企业拖累。

(2) 信息风险。通常在掌握信息方面被并购方处于有利地位。因为被并购方对被并购的资产了解得最清楚，并购方则知之甚少。双方信息的不对称必然给并购带来风险。被并购方会利用自身所处的有利地位损害重组双方利益以获取不正当的收益。

(3) 融资风险。与并购相关的融资风险具体包括资金是否可以保证需要(时间上与数量上)、融资方式是否适应并购动机(暂时持有或长期拥有)、现金支付是否会影响企业正常的生产经营、杠杆收购的偿债风险等。

(4) 反收购风险。在通常情况下，目标企业对收购行为往往持不欢迎或不合作的态度，特别是面临敌意并购时，他们会不惜一切代价布置反收购战役，这些反收购行动无疑会给收购方带来相当大的风险。

(5) 法律风险。各国的法律、法规一般都通过增加并购成本而提高并购难度。我国的收购法规规定：收购方持有一家上市公司 5% 股票后必须公告并暂停买卖，以后每增减 5% ，都要进行公告，持有 30% 后必须发出全面收购要约。复杂的程序给收购方带来了极大的风险。

总之，并购风险非常复杂和广泛，企业应慎重对待，多谋善选，尽量避免风险，将风险消除在并购的各个环节中，最终实现并购的成功。

12.2　企业财务重整

12.2.1　企业财务重整概述

企业财务重整，是指陷入财务失败，但仍有转机和重建价值的企业，根据一定的程序进行重新整顿，使企业得以维持和复兴的经济行为。企业失败是指企业无力偿还到期债务的困难和危机。每个企业在其经营过程中，随时都必须考虑企业一旦发生财务失败，如何处理企业的财务事宜，如何保护各相关主体的利益。

企业财务重整是对已经达到破产界限的企业实施的一种抢救措施，通过这一措施，使其中大部分企业能摆脱破产厄运，走上继续发展的正轨。企业财务重整能减少社会财富的损失和因破产而转为失业人员的数量，同时通过财务重整使濒临破产的企业复苏，能减少债权人和股东的损失。

12.2.2　企业财务重整方式

　　企业财务重整按是否通过法律程序，可分为非正式重整和正式重整两种。

1. 非正式财务重整

　　企业的非正式重整也称为非正式重组，准重组或重组。当企业面临暂时性的财务危机时，债权人通常更愿意直接与企业联系，帮助企业恢复和重新建立较坚实的财务基础，以避免进入正式法律诉讼程序，而浪费庞大的诉讼费用与冗长的诉讼时间。

　　1) 非正式财务重整的分类

　　非正式财务重整主要有债务展期与债务和解。

　　(1) 债务展期。债务展期是指债权人同意债务人延长已经到期债务的偿还时间，以使债务人有喘息的机会。这是因为有些企业的财务危机可能是暂时的，若能借入资金周转，企业就有可能从困境中解脱出来，偿还全部债务。对债权人来说，他们也比较喜欢采用债务的展期，因为这种解决办法能使他们获得全部债权额。但是债务展期必须得到所有债权人的同意。

　　(2) 债务和解。债务和解是指债权人自愿同意减少债务人的债务，包括同意减少债务人偿还的本金数额，同意降低利息率，同意将一部分债权转让为股权，或将上述几种方式混合使用。只要债权人认为债务减免所收回的款项高于或接近于其在清算中支付法律费用后的所得，债权人一般愿意接受债务减免。对债务人而言，这种解决方法不仅减免了债务，还可以节约破产清算相关的各种费用。

　　非正式重整在很大程度上是公司的一种自救行为，是与债权人协商的结果，而不是债权人施压的结果，它基本上不受法院的检查与监督。

　　2) 非正式财务重整应具备的条件

　　对于债务人应具备如下条件：

　　(1) 债务企业应有良好的商业道德与信誉。这就要求债务人在和解与整顿过程中，不能欺骗债权人，不得非法变卖企业财产而损坏债权人的利益。当重整初见成效时，应按和解协议的规定，及时清偿债务。

　　(2) 债务人能取得成功的可能性较大。这就要求债务人在和解协议签订之前，必须提供其和解整顿期间的营业计划，以表明有足够的把握使重整成功。

　　(3) 客观经济情况对企业整顿比较有利，便于企业摆脱困境，取得成功。

　　对于债权人应具备如下条件：

　　(1) 债权人必须同意进行自愿和解，这一般要经债权人会议讨论通过。

　　(2) 债权人必须为债务人摆脱困境提供有力的帮助，例如，在自愿和解与整顿的过程中，主动地实行展期和债权减免，使债务人摆脱暂时财务困难，继续进行正常的生产经营并取得成功。

3) 非正式财务重整的程序

非正式财务重整虽然不像经过法律程序进行的正式重整那样正规，但也必须遵循必要的程序，一般要经过如下几个步骤：

(1) 提出申请。由债务人向有关管理部门提出申请，召开由企业和其债权人参加的会议。

(2) 组成重整委员会。由债务人任命一个由 1～5 人组成的委员会，负责调查企业的资产、负债情况。

(3) 制定重整计划。由重整委员会制定出一项债权调整计划，就债务的展期或债务的和解作出具体安排。

(4) 组织实施。召开债权人、债务人会议，对委员会提出的债务展期、债务和解或债务展期与债务和解兼而有之的财务安排进行商讨并取得一致意见，达成最终协议，以便债权人、债务人共同遵循。

4) 非正式财务重整的优点和弊端

非正式财务重整的优点是：

① 可以避免履行正式手续所需发生的大量费用；

② 可以减少重整所需要的时间，使企业在较短的时间内重新进入正常经营的状态，避免了因冗长的正式程序使企业迟迟不能进入正常经营而造成的企业资产闲置和资金回收推迟等浪费现象。

③ 使谈判有更大的灵活性，更易达成协议。

非正式财务重整的主要弊端是：

① 当债权人人数很多时，可能难以达成意见一致；

② 没有法院的正式参与，协议的执行缺乏法律保障。

2．正式财务重整

正式财务重整又称正式财务重组，是在法院受理债权人申请破产案件的一定时期内，经债权人及其委托人申请，与债权人会议协商和解协议，对企业进行整顿、重组的一种制度。

1) 正式财务重整的程序

(1) 向法院提出重整申请。根据我国《破产法》规定，债务人不能清偿到期债务，并且资产不足以清偿全部债务或者明显缺乏清偿能力，或者有明显丧失清偿能力可能的，债务人或者债券人可以直接向法院申请对债务人进行重整；债权人申请对债务人进行破产清算的，在法院受理破产申请后，宣告债务人破产前，债务人或者出资额占债务人注册资本 10%以上的出资人，也可以向法院申请重整。法院经审查认为重整申请符合法律规定的，应当裁定债务人重整，并予以公告。

(2) 法院指定受托人。为保护企业和原有债务人的利益，企业权利机构的权利在重整期内被终止，由法院指定的管理人接管债务企业并处理重整事务。

(3) 指定企业重整计划。管理人应经常与债务企业的股东和债权人举行会议，了解其要求的大小和合法性，并结合企业的经营和财务状况，制定重整计划，并提交法院审批。债务人或管理人未按期提出重整计划草案的，法院应当裁定终止重整程序，并宣告债务人破产。

(4) 法院对重整计划进行审批。法院在正式重整中起着重要作用。法院受理了重整计划后，要对该计划的公平合理性和切实可行性进行审批，并作出批复。在法院批准重整计划后，要将计划提交债权人和股东，并得到他们的认可。经法院批准并由债权人和股东认可后的重整计划对企业本身、全体债权人及股东均有约束力。

(5) 执行重整计划。也就是逐项落实重整计划的具体措施，整顿原有企业。管理人应监督重整计划的执行，债务人应当向管理人报告重整计划执行情况和债务人的财务状况。监督期满，管理人应当向法院提交监督报告。

2) 重整程序的终止

重整程序的终止分为正常终止和失败终止两种。正常终止是指重整计划经过债权人会议通过，并经法院批准后，债务人成功执行了重整计划，债务问题得以解决，重整程序正常终止。

失败终止是指在重整期间，发生下列情形之一的，法院宣告终止重整，并宣告债务人破产：

① 债务人的经营状况和财产状况持续恶化，缺乏挽救的可能性；

② 债务人有欺诈、恶意减少债务人财产或者其他显著不利于债权人的行为；

③ 由于债务人的行为致使管理人无法执行职务；

④ 债务人或管理人未按期提出重整计划草案；

⑤ 重整计划草案未获得债权人会议通过，或者已获得债权人会议通过的重整计划未获得法院的批准；

⑥ 债权人不能执行或者不执行重整计划的。

3) 正式财务重整的优点和缺点

正式财务重整的优点：

① 对债务人企业而言，重整计划中规定的债务减免和展期为企业提供了较为宽松的外部环境，有利于企业摆脱困境走向成功；

② 对债权人，一旦企业重整成功，可能使债权人收回较破产清算更多的债权；

③ 由于有法院的参与，和解协议的实施更有法律保障，对债务人的行为更有约束力。

正式财务重整的主要缺点：

① 需要较长的诉讼时间；

② 需要大量的手续费；

③ 如果整顿不成功，债权人的利益将受到更大程度的损害。

12.3　企 业 清 算

12.3.1　企业清算的原因及类型

企业清算是指企业按照章程规定解散、破产或者因其他原因终止经营时，为结束债券、债务和其他各种经济关系，保护债权人、投资者等利益相关者的合法权益，由专门的工作机构依法对企业财产进行清查、估价、变现，清理债券、债务，分配剩余财产的行为。

1．企业清算的原因

在市场经济条件下，企业清算的原因很多，概括起来主要有以下几种：

(1) 企业解散。合资、合作、联营企业在经营期满后，不再继续经营而解散；合作企业的一方或多方违反合同、章程而提前终止合作关系的解散。无论何种形式的解散，都需要进行清算。

(2) 企业合并与兼并。因产业结构调整、产业布局变化而出现的兼并、合并等事项，均会造成两个或两个以上企业合并为一个企业，对被合并的企业应当在财务上进行清算，或者一个企业兼并其他企业，应当对被兼并的企业进行清算。

(3) 企业破产。企业不能清偿到期债务，或者企业法人已解散但未清算或者未清算完毕，资产不足以清偿债务的，债权人或者依法负有清算责任的人向人民法院申请破产清算。因不能清偿到期债务，并且资产不足以清偿全部债务或者明显缺乏清偿能力的，企业也可以主动向人民法院申请破产清算。

(4) 其他原因。企业因自然灾害、战争等遭受损失，无法经营下去，应进行清算；企业因违法经营，造成环境污染或危害社会公众利益，被停业、撤销，应进行清算。

2．企业清算的类型

企业清算按其原因不同，可分为解散清算和破产清算两种。

(1) 解散清算。它是指企业非财务失败、无力偿还债务等原因而进行的清算。导致企业解散清算的原因主要有：公司章程规定的营业期限届满或公司章程规定的其他解散事由出现(如经营目的已达到而不需要继续经营，或目的无法达到且公司无发展前途等)；公司的股东大会决定解散；企业合并或者分立需要解散；公司违反法律或者从事其他危害社会公众利益的活动而被依法撤销；发生严重亏损，或投资一方不履行合同、章程规定的义务，或因外部经营环境变化而无法继续经营。

(2) 破产清算。它是指企业因经营管理不善造成严重亏损，不能偿还到期债务而进行的清算。其情形有二：一是企业的债务总额大于其资产总值，事实上已不能支付到期债务；二是虽然企业的资产总额大于其负债总额，但因缺少偿付到期债务的现金资产，未能偿还到期债务，被迫依法宣传破产。

企业清算按其是否自行组织，可分为普通清算和特别清算。

(1) 普通清算。它是指企业自行组织的清算。普通清算按法律规定的一般程序进行，法院和债权人不直接干预。

(2) 特别清算。它是指企业依法院的命令开始，并且自始至终都在法院的严格监督之下进行的清算。特别清算不能由企业自行组织，而由法院出面直接干预并进行监督。如果企业不能清偿到期债务，企业有资产不足清偿到期债务的嫌疑，以及企业无力自行组织清算工作，或企业董事会中的任何一方提出申请等情况发生，就应采用特别清算程序。

在普通清算中，清算组一旦发现企业的清算资产不足清偿全部债务，清算组有责任立即向人民法院申请宣告企业破产，清算工作则由普通清算程序进入特别清算程序。

12.3.2　企业清算程序

企业清算是企业终止时的一项法律程序，一般按照以下步骤进行：

(1) 确定清算人。企业终止时，应当按照有关法律和企业章程的规定确定清算人，由清算人依法管理企业的各项资产。

(2) 发布清算公告。清算人应当在清算事项确定之日起 10 日内通知债权人，并依法在报纸等媒体上进行公告，要求债权人申报其债权。

(3) 清理财产，编制资产负债表和财产清单。清算人对清算企业拥有的债权要组织收回，确实不能收回的坏账要予以核销。在清查过程中发现不正当处理的财产，要依法收回，对不能直接以实物方式或者以权力方式偿付债权人或分配给投资者的财产，要组织变现。

(4) 处理未了结业务。在清算前已经发生的业务，清算人认为继续执行不会给企业带来损失，且在清算期间能够完成的，可以继续执行。否则，清算人可以终止合同，并将对方列入企业的债权人范围。

(5) 清缴所欠税款。清算前所欠税款和清算所得应缴的所得税，清算人应当在支付清算费用、拖欠职工的工资、医疗和伤残补助、抚恤费用、欠缴的基本社会保险费和住房公积金、经济补偿后的剩余财产中支付。

(6) 清偿债务。企业清算财产在支付清算费用、拖欠职工的工资、医疗和伤残补助、抚恤费用、欠缴的基本社会保险费、住房公积金、经济补偿金、所欠税款后，用于偿还其他债务。

(7) 分配剩余财产。企业清算终了，清算净收益归投资者所有，按照投资者出资比例或者合同、章程规定进行剩余财产的分配。如果是国有企业，子公司实施清算所得净收益，投资者按比例分享的份额扣除其对子公司投资的差额，做投资收益(损失)处理；对母公司实施的清算，所得净收益全部上缴主管财政机关。

(8) 提出清算报告。提出清算报告，造具清算的各种财务账册，办理注销登记，公告企业终止。

12.3.3 破产清算

1. 破产的界定

破产是指企业不能清偿到期债务，依法定程序被法院宣告终止经营活动的行为。从法律上理解，破产有两层含义：一是资不抵债时发生的实际上的破产，即债务人因负债超过资产，不能清偿到期债务而破产；二是指债务人因不能清偿到期债务而被法院依法宣告破产。此时债务人资产可能小于、等于或超过负债。债务人资产虽然超过负债，但如果无法获得足够的现金或无法以债权人同意的其他方式偿还到期债务，企业(债务人)也有可能破产。

对于破产界限的界定，各国在破产立法上主要采取两种方式：一是列举方式，即在法律中规定若干种表明债务人丧失清偿能力的具体行为，凡实施行为之一者便认定达到破产界限。二是概括方式，即对破产界限仅作抽象性的规定，着眼于破产发生的一般性原因，而不是具体行为。通常有三种概括：一是不能清偿或无力支付；二是债务超过资产，即资不抵债；三是停止支付。我国和世界上大多数国家均采用概括方式来规定企业破产的界限。我国的《破产法》规定"企业因经营管理不善造成严重亏损，不能清偿到期债务的，依照本法规定宣告破产。"

2．企业破产清算的一般程序

企业破产清算要经过破产申请阶段、和解与整顿阶段和破产清算阶段。

(1) 破产申请阶段。本阶段包括提出破产申请、法院受理申请和债权人申报债权三个过程。

① 提出破产申请。企业破产首先得提出申请，企业的债权人和债务人都可以作为企业破产的破产申请人。企业因经营管理不善、严重亏损，无力清偿到期债务，债权人可以向人民法院申请宣告债务人破产。债权人提出破产申请时，应当提供相关债权数额、财产担保以及债务人不能清偿到期债务的有关证据。债务人经上级主管部门同意后，也可以向人民法院申请宣告破产。债务人提出破产申请时，应当说明企业亏损的情况，并提交有关的会计报表、债务清册和债权清册。

② 法院受理申请。人民法院受理破产案件后，应在 10 日内通知债务人并且发布公告，在公告中应当规定第一次债权人会议召开的日期。如果破产申请是债权人提出来的，债务人应当在收到法院通知后的 15 日内，向法院说明企业亏损情况，并提交有关的会计报表、债务清册和债权清册。法院收到债务清册 10 日内，应当通知已知的债权人。

③ 债权人申报债权。收到通知的债权人应当在收到通知后一个月内，未收到通知的债权人应当自公告之日起 3 个月内向法院申报债权，说明债权的数额和有无财产担保，并提交有关证明材料。逾期未申报债权的，视为自动放弃债权。

(2) 和解与整顿阶段。企业由债权人申请破产的，在法院受理案件后 3 个月内，被申请破产企业的上级主管部门可以申请对该企业进行和解与整顿。和解与整顿申请提出后，企业应当向债权人会议提出和解协议草案，和解协议草案应当载有企业清偿债务的期限。整顿期限最长不超过 2 年。和解协议草案经债权人会议通过，并经法院认可后，由法院公告，中止破产程序。当和解与整顿期限届满，企业不能按照和解协议清偿债务的，法院将宣告企业破产。

(3) 破产清算阶段。本阶段得经过宣告企业破产，组建清算组，接管破产企业，编报、实施破产企业财产分配方案，报告清算工作和注销破产企业等六个过程。

① 宣告企业破产。人民法院对于企业的破产申请进行审理，对达到破产界限的企业做出宣告破产的裁定。

② 组建清算组。人民法院自宣告企业破产之日起 15 日内成立清算组，接管破产企业。清算组的成员由财政部门、企业主管部门、国有资产管理部门、审计部门、劳动部门、国土管理部门、社会保障部门、银行、工商管理部门等部门的人员组成。清算组可以依法进行必要的民事活动。

清算组成立后，一般都在法院的指导下，设立若干个小组，负责企业职工的思想工作、财务管理工作、债权债务清理工作、破产财务处置工作以及职工的安置工作等。

③ 接管破产企业。清算组成立后，应接管破产企业的一切财产、账册、文书、资料和印章等，并负责破产企业财产的清点、登记、造册、处理和分配等。

④ 编报、实施破产财产分配方案。清算组在清理、处置破产企业财产并验证破产企业债权后，应在确定破产企业财产的基础上拟订破产企业财产的分配方案，经债权人会议通过，并报请人民法院裁定后，按一定的债务清偿顺序进行比例分配。

⑤ 报告清算工作。清算组在破产企业财产分配完毕后，应编制有关清算工作的报告文件，向法院报告清算工作，并提请人民法院终结破产程序。破产程序的终结有两种情况：

第一种情况是破产企业财产不足以支付破产费用，人民法院应当宣布破产程序终结。

第二种情况是破产企业财产分配完毕，由清算组提请人民法院终结破产程序。清算组按照破产分配方案在破产企业财产分配完毕时，立即向人民法院提出关于破产企业财产分配完毕的报告，提请法院终结破产程序。法院接到此报告后，应及时作出破产程序的裁定，并公告此裁定，破产程序即为终结。

⑥ 注销破产企业。清算组在接到法院终结破产程序的裁定后，应及时办理破产企业的注销登记手续。

12.3.4　企业清算的实施

1．清算财产的界定和变现

(1) 清算财产的界定。清算财产包括企业在清算程序终结前拥有的全部财产以及应当由企业行使的其他财产权利。企业的下列财产计入清算财产：

① 宣告清算时，企业经营管理的全部财产，包括各种流动资产、固定资产、对外投资以及无形资产；

② 企业宣告清算后至清算程序终结前取得的财产，包括债权人放弃优先受偿权利、清算财产转让价值超过其账面净值的差额部分；

③ 投资方认缴的出资额未实际投入而应补足的部分；

④ 清算期间分得的投资收益和取得的其他收益、应当由破产企业行使的其他财产权利。

企业下列财产应区别情况处理：一是担保财产，依法生效的担保或抵押标的不属于清算财产，担保物的价款超过其所担保的债务数额的，超过部分属于清算财产。二是福利性设施，企业的职工住房、学校、托儿所、医院等福利性设施，原则上不计入清算财产，但无需续办并能整体出让的，可计入清算财产。三是职工集资款，属于借款性质的视为清算企业所欠职工工资处理，利息按中国人民银行同期存款利率计算；属于投资性质的视为清算财产，依法处理。四是党、团、工会等组织占用清算企业的财产，属于清算财产。

人民法院受理清算案件前 6 个月至破产宣告之日的期间内，清算企业的下列行为无效：隐匿、私分或者无偿转让财产；非正常压价出售财产；对原来没有财产担保的债务提供担保；对未到期的债务提前清偿；放弃自己的债权等。清算组有权向人民法院申请追回财产，将其并入清算财产。

(2) 清算财产的变现。清算财产需要变现以偿还债务。财产变现分为单项资产变现和综合资产"一揽子"变现。如果企业合同或章程规定或投资各方协商决定，企业解散时需要对现有财产物资、债权债务进行重新估价，并按重估价转移给某个投资方时，则清算组应按重估价值对企业财产作价。

2．清算债务的界定与清偿

(1) 清算债务的界定。清算债务是指经清算组确认的，至企业宣告破产或解散为止，清算企业的各项债务。企业清算债务主要包括下列各项：

① 清算宣告前发生的无财产担保的债务；

② 清算宣告前发生的虽有财产担保，但是债权人放弃优先受偿权的债务；

③ 清算宣告前发生的虽有财产担保，但是债务数额超过担保物价值部分的债务；

④ 票据出票人被宣告清算，付款人或者承兑人不知其事实而向持票人付款或者承兑所产生的债务；

⑤ 清算组解除合同，对方当事人依法或者依照合同约定产生的对企业可以用货币计算的债务；

⑥ 企业的受托人在企业清算后，为企业的利益处理委托事务所发生的债务；

⑦ 企业发行债券形式的债务；

⑧ 企业的保证人代替企业清偿债务后依法可以向企业追偿的债务；

⑨ 企业的保证人按照《担保法》的规定预先行使追偿权而申报的债务；

⑩ 企业作为担保人，在清算宣告前已经被生效的法律文书确定承担的保证责任；

⑪ 企业在清算宣告前因侵权、违约给他人财产损失而产生的赔偿责任；

⑫ 人民法院认可的其他债务。

下列债务不属于清算债务：

① 行政、司法机关对清算企业的罚款、罚金以及其他有关费用；

② 人民法院受理清算案件后企业为支付应付款项的滞纳金，包括企业为执行生效法律文书应当加倍支付的迟延利息和劳动保险金的滞纳金；

③ 清算宣告后的债务利息；

④ 债务人参加清算程序所支出的费用；

⑤ 清算企业的股权、股票持有人在股权、股票上的权利；

⑥ 清算财产分配开始后向清算组申报的债务；

⑦ 超过诉讼时效的债务；

⑧ 企业开办单位对企业未收取的管理费、承包费。

对于上述不属于清算债务的各项权利，人民法院或者清算组也应当对当事人的申报进行登记。此外，政府无偿拨付给企业的资金不属于清算债务。但财政、扶贫、科技管理等行政部门通过签订合同，按有偿使用、定期归还原则发放的款项，可以作为清算债务。

(2) 债务的清偿。企业清算变现后，先用于支付清算费用、应付未付的职工工资和劳动保险费，再支付各种税款，剩余部分用于偿还债务。如果清算财产不足以偿还全部债务，则按《破产法》规定的顺序进行清偿。

3. 清算费用与清算损益

(1) 清算费用。清算费用是指企业清算过程中发生的各项支出。清算费用应当从清算财产中优先拨付，一般随时发生随时支付。清算财产不足以支付清算费用的，清算程序相应终结，未清偿的债务不再清偿。

清算费用的开支范围包括：

① 清算财产的管理、变卖、分配所需要的费用；

② 清算案件的受理费；

③ 清算期间企业设施和设备的维护费用、审计评估费用；

④ 为债权人共同利益而支付的其他费用，包括债权人会议会务费、破产企业催收债务差旅费及其他费用。

企业清算组应严格按照经债务人会议审核的开支范围和标准拨付清算费用。

现行政策要求各级主管财政机关协助做好国有破产企业职工的生活救济和就业安置工作。破产企业被整体接收的，安置期间的职工生活费由接收方企业发放，从企业管理费用中开支，其标准应不低于试点城市规定的最低生活救济标准。破产企业职工的社会保险费由接收方企业从接收破产企业之日起缴纳。接收方企业收到的安置费在资本公积金中单独反映。

(2) 清算收益。企业清算中发生的财产盘盈、财产变价净收入、因债权人原因确定无法归还的债务，以及清算期间的经营收益等计入企业清算收益。

企业清算终了，清算收益大于清算损失、清算费用的部分，依法交纳所得税。

4. 剩余财产的分配

清算财产分配方案经债权人会议通过后，由清算组负责执行。财产分配可以一次分配，也可以多次分配。清算财产分配方案包括以下内容：

(1) 可供清算分配的财产种类、总值，已经变现的财产和未变现的财产；

(2) 债权清偿顺序、各顺序的种类与数额，包括清算企业所欠职工工资、劳动保险费用和清算企业所欠税款的数额以及计算依据，纳入国家计划调整的企业清算，还应当说明职工安置费的数额和计算依据；

(3) 清算债权总额和清偿比例；

(4) 清算分配的方式、时间；

(5) 对将来能够追回的财产拟进行追加分配的说明。

清算后各项剩余财产的净值，不论实物或现金，均应按投资各方的出资比例或者合同、章程的规定分配。其中，有限责任公司除公司章程另有规定外，按投资各方出资比例分配。股份有限公司按照优先股股份面值对优先股股东优先分配，其后的剩余部分再按照普通股股东的股份比例进行分配。如果企业剩余财产尚不足全额偿还优先股股金，则按照各优先股股东所持比例分配。如果是国有企业，则其剩余财产应全部上缴财政。

案例 海尔集团的发展与资本运营

海尔集团公司的前身青岛冰箱厂是于1984年在引进德国利勃海尔电冰箱生产技术的基础上成立的。1991年12月份，以青岛电冰箱厂为核心企业，以空调器厂、冷柜厂为紧密层企业，经过改制，组建了海尔集团公司。海尔集团通过技术开发、精细化管理、资本运营、兼并控股及国际化，使集团公司迅速成长。1992年到1996年五年间，海尔集团的销售收入从8亿元飙升至61.6亿元，1997年1~8月份的销售收入达66亿元。目前海尔集团的产品包括电冰箱、冷柜、空调器等13个门类的5000余个规模品种，并批量出口到欧美、日本等发达国家和地区。

海尔集团发展如此迅猛，完全得益于有效的资本运营模式，抓住了有利时机，实现了低成本的资本扩张，其中最显著的有两种方式，一是通过股权融资，发行海尔冰箱股票，募集社会资金；二是以无形资产兼并有形资产，进行兼并重组，实现高效率的规模扩张。

1993年国家发展资本市场，海尔集团抓住这个机遇，积极筹备冰箱公司上市，1993年11月份海尔冰箱股票上市，募集资金3.69亿元，1996年通过配股又募集资金1.43亿元，这些资金先后用于扩大冰箱产量及相关项目上，得到了最有效的运用。股票的上市也使企业面临了新的压力，由过去仅面对用户、员工，转变为要面对股东、用户、员工，形成一个股民、用户、员工互动的价值链，从而保证了资产质量的不断提高。

除了成功地利用资本市场促进企业的快速发展外，公司在企业兼并方面也取得了重大成功。在这方面，海尔提出了"吃休克鱼"的思路。所谓"休克鱼"是指硬件条件很好、管理却滞后的企业，由于经营不善落到了市场的后面，一旦有一套行之有效的管理制度，把握住市场就能重新站起来。在国内现行体制下，"活鱼"不让吃，吃"死鱼"会闹肚子，因此只有"吃休克鱼"，而海尔擅长的就是管理，还有手中的王牌——价值 77.36 亿元的海尔品牌，这样就找到了海尔与"休克鱼"的结合点。在资本运营的实践中海尔集团坚持"吃休克鱼"的策略。如海尔集团兼并原青岛红星电器公司。该公司原来在青岛是与青岛电冰箱厂齐名的企业，其生产的琴岛夏普洗衣机是国内三大名牌洗衣机之一，但由于该企业管理不善，企业缺乏凝聚力，致使企业效益连年滑坡。海尔集团接管红星电器公司后，将它改组为海尔洗衣机总公司，在输入成套管理模式的基础上，以对人的管理为重中之重，把海尔的"名牌战略"、"用户永远是对的"、"真诚到永远"、"向服务要市场"、"卖信誉不是卖产品"、"高标准、业绩化、零缺陷"、"创造市场"、"人人是人才"等一系列企业经营理念贯注于员工身心，由此来统一企业的思想，使企业获得了超常发展：三个月扭亏，第五个月赢利 150 万元，第二年一次通过了 ISO9001 国际质量体系认证，荣获中国洗衣机"十佳品牌"、消费者购物首选品牌、开箱合格率等 8 项第一；市场占有率到 1996 年底，在全国百家大商场的份额已上升到 22%，1997 年上半年又上升到 28.31%，比第二名高出 5 个百分点。

由此可以看出．在现代化生产运营中，企业兼并、重组使海尔的产品种类迅速增多，整体竞争力大大增强。海尔集团资本运营的模式就是"吃休克鱼"，兼并一个企业时主要考虑兼并之后能否带来效益，而不以该企业的财务报表为依据，为了"休克鱼"的复苏，有时需要付出资金，但如果可以很快在一个领域里占据较大的市场份额，这样就值得做。兼并红星电器公司时，它亏损了近 2 亿元，但比起重新建厂还是很划算的，而且红星的设备、销售网络还比较完善，这样只要把经营管理抓好，整个企业很快就能上去。

思考题：

1. 结合本案例请说明什么是资本市场？它有什么职能？它和企业的发展有何关系？
2. 海尔集团是如何进行企业兼并的？它有什么特点？

习　题

1. 什么是兼并？什么是收购？如何理解二者的区别？
2. 企业并购的动机有哪些？
3. 如何进行并购目标企业的价值评估？
4. 并购有哪些风险？
5. 企业财务重整有哪些具体形式？
6. 什么是企业清算？企业清算的原因有哪些？
7. 企业清算的步骤有哪些？
8. 破产清算的程序是怎样的？

附录 A 复利终值系数表($F/P, i, n$)

n	1%	2%	3%	4%	5%	6%	7%	8%	9%	10%	11%	12%	13%	14%	15%	16%	17%	18%	19%	20%	25%	30%
1	1.010	1.020	1.030	1.040	1.050	1.060	1.070	1.080	1.090	1.100	1.110	1.120	1.130	1.140	1.150	1.160	1.170	1.180	1.190	1.200	1.250	1.300
2	1.020	1.040	1.061	1.082	1.103	1.124	1.145	1.166	1.188	1.210	1.232	1.254	1.277	1.300	1.323	1.346	1.369	1.392	1.416	1.440	1.563	1.690
3	1.030	1.061	1.093	1.125	1.158	1.191	1.225	1.260	1.295	1.331	1.368	1.405	1.443	1.482	1.521	1.561	1.602	1.643	1.685	1.728	1.953	2.197
4	1.041	1.082	1.126	1.170	1.216	1.262	1.311	1.360	1.412	1.464	1.518	1.574	1.630	1.689	1.749	1.811	1.874	1.939	2.005	2.074	2.441	2.856
5	1.051	1.104	1.159	1.217	1.276	1.338	1.403	1.469	1.539	1.611	1.685	1.762	1.842	1.925	2.011	2.100	2.192	2.288	2.386	2.488	3.052	3.713
6	1.062	1.126	1.194	1.265	1.340	1.419	1.501	1.587	1.677	1.772	1.870	1.974	2.082	2.195	2.313	2.436	2.565	2.700	2.840	2.986	3.815	4.827
7	1.072	1.149	1.230	1.316	1.407	1.504	1.606	1.714	1.828	1.949	2.076	2.211	2.353	2.502	2.660	2.826	3.001	3.185	3.379	3.583	4.768	6.275
8	1.083	1.172	1.267	1.369	1.477	1.594	1.718	1.851	1.993	2.144	2.305	2.476	2.658	2.853	3.059	3.278	3.511	3.759	4.021	4.300	5.960	8.157
9	1.094	1.195	1.305	1.423	1.551	1.689	1.838	1.999	2.172	2.358	2.558	2.773	3.004	3.252	3.518	3.803	4.108	4.435	4.785	5.160	7.451	10.604
10	1.105	1.219	1.344	1.480	1.629	1.791	1.967	2.159	2.367	2.594	2.839	3.106	3.395	3.707	4.046	4.411	4.807	5.234	5.695	6.192	9.313	13.786
11	1.116	1.243	1.384	1.539	1.710	1.898	2.105	2.332	2.580	2.853	3.152	3.479	3.836	4.226	4.652	5.117	5.624	6.176	6.777	7.430	11.642	17.922
12	1.127	1.268	1.426	1.601	1.796	2.012	2.252	2.518	2.813	3.138	3.498	3.896	4.335	4.818	5.350	5.936	6.580	7.288	8.064	8.916	14.552	23.298
13	1.138	1.294	1.469	1.665	1.886	2.133	2.410	2.720	3.066	3.452	3.883	4.363	4.898	5.492	6.153	6.886	7.699	8.599	9.596	10.699	18.190	30.288
14	1.149	1.319	1.513	1.732	1.980	2.261	2.579	2.937	3.342	3.797	4.310	4.887	5.535	6.261	7.076	7.988	9.007	10.147	11.420	12.839	22.737	39.374
15	1.161	1.346	1.558	1.801	2.079	2.397	2.759	3.172	3.642	4.177	4.785	5.474	6.254	7.138	8.137	9.266	10.539	11.974	13.590	15.407	28.422	51.186
16	1.173	1.373	1.605	1.873	2.183	2.540	2.952	3.426	3.970	4.595	5.311	6.130	7.067	8.137	9.358	10.748	12.330	14.129	16.172	18.488	35.527	66.542
17	1.184	1.400	1.653	1.948	2.292	2.693	3.159	3.700	4.328	5.054	5.895	6.866	7.986	9.276	10.761	12.468	14.426	16.672	19.244	22.186	44.409	86.504
18	1.196	1.428	1.702	2.026	2.407	2.854	3.380	3.996	4.717	5.560	6.544	7.690	9.024	10.575	12.375	14.463	16.879	19.673	22.901	26.623	55.511	112.455
19	1.208	1.457	1.754	2.107	2.527	3.026	3.617	4.316	5.142	6.116	7.263	8.613	10.197	12.056	14.232	16.777	19.748	23.214	27.252	31.948	69.389	146.192
20	1.220	1.486	1.806	2.191	2.653	3.207	3.870	4.661	5.604	6.727	8.062	9.646	11.523	13.743	16.367	19.461	23.106	27.393	32.429	38.338	86.736	190.050
21	1.232	1.516	1.860	2.279	2.786	3.400	4.141	5.034	6.109	7.400	8.949	10.804	13.021	15.668	18.822	22.574	27.034	32.324	38.591	46.005	108.420	247.065
22	1.245	1.546	1.916	2.370	2.925	3.604	4.430	5.437	6.659	8.140	9.934	12.100	14.714	17.861	21.645	26.186	31.629	38.142	45.923	55.206	135.525	321.184
23	1.257	1.577	1.974	2.465	3.072	3.820	4.741	5.871	7.258	8.954	11.026	13.552	16.627	20.362	24.891	30.376	37.006	45.008	54.649	66.247	169.407	417.539
24	1.270	1.608	2.033	2.563	3.225	4.049	5.072	6.341	7.911	9.850	12.239	15.179	18.788	23.212	28.625	35.236	43.297	53.109	65.032	79.497	211.758	542.801
25	1.282	1.641	2.094	2.666	3.386	4.292	5.427	6.848	8.623	10.835	13.585	17.000	21.231	26.462	32.919	40.874	50.658	62.669	77.388	95.396	264.698	705.641
26	1.295	1.673	2.157	2.772	3.556	4.549	5.807	7.396	9.399	11.918	15.080	19.040	23.991	30.167	37.857	47.414	59.270	73.949	92.092	114.475	330.872	917.333
27	1.308	1.707	2.221	2.883	3.733	4.822	6.214	7.988	10.245	13.110	16.739	21.325	27.109	34.390	43.535	55.000	69.345	87.260	109.589	137.371	413.590	1192.533
28	1.321	1.741	2.288	2.999	3.920	5.112	6.649	8.627	11.167	14.421	18.580	23.884	30.633	39.204	50.066	63.800	81.134	102.967	130.411	164.845	516.988	1550.293
29	1.335	1.776	2.357	3.119	4.116	5.418	7.114	9.317	12.172	15.863	20.624	26.750	34.616	44.693	57.575	74.009	94.927	121.501	155.189	197.814	646.235	2015.381
30	1.348	1.811	2.427	3.243	4.322	5.743	7.612	10.063	13.268	17.449	22.892	29.960	39.116	50.950	66.212	85.850	111.065	143.371	184.675	237.376	807.794	2619.996
40	1.489	2.208	3.262	4.801	7.04	10.286	14.974	21.725	31.409	45.259	65.001	93.051	132.78	188.88	267.86	378.72	533.87	750.38	1051.7	1469.8	7523.2	36119
50	1.654	2.692	4.384	7.107	11.467	18.42	29.457	46.902	74.358	117.39	184.57	289	450.74	700.23	1083.7	1670.7	2566.2	3927.4	5988.9	9100.4	70065	497929

附录 B 复利现值系数表（P/F, i, n）

期数	1%	2%	3%	4%	5%	6%	7%	8%	9%	10%	11%	12%	13%	14%	15%	16%	17%	18%	19%	20%	21%	22%	23%	24%	25%	26%	27%	28%	29%	30%
1	0.9901	0.9804	0.9709	0.9615	0.9524	0.9434	0.9346	0.9259	0.9174	0.9091	0.9009	0.8929	0.8850	0.8772	0.8696	0.8621	0.8547	0.8475	0.8403	0.8333	0.8264	0.8197	0.8130	0.8065	0.8000	0.7937	0.7874	0.7813	0.7752	0.7692
2	0.9803	0.9612	0.9426	0.9246	0.9070	0.8900	0.8734	0.8573	0.8417	0.8264	0.8116	0.7972	0.7831	0.7695	0.7561	0.7432	0.7305	0.7182	0.7062	0.6944	0.6830	0.6719	0.6610	0.6504	0.6400	0.6299	0.6200	0.6104	0.6009	0.5917
3	0.9706	0.9423	0.9151	0.8890	0.8638	0.8396	0.8163	0.7938	0.7722	0.7513	0.7312	0.7118	0.6931	0.6750	0.6575	0.6407	0.6244	0.6086	0.5934	0.5787	0.5645	0.5507	0.5374	0.5245	0.5120	0.4999	0.4882	0.4768	0.4658	0.4552
4	0.9610	0.9238	0.8885	0.8548	0.8227	0.7921	0.7629	0.7350	0.7084	0.6830	0.6587	0.6355	0.6133	0.5921	0.5718	0.5523	0.5337	0.5158	0.4987	0.4823	0.4665	0.4514	0.4369	0.4230	0.4096	0.3968	0.3844	0.3725	0.3611	0.3501
5	0.9515	0.9057	0.8626	0.8219	0.7835	0.7473	0.7130	0.6806	0.6499	0.6209	0.5935	0.5674	0.5428	0.5194	0.4972	0.4761	0.4561	0.4371	0.4190	0.4019	0.3855	0.3700	0.3552	0.3411	0.3277	0.3149	0.3027	0.2910	0.2799	0.2693
6	0.9420	0.8880	0.8375	0.7903	0.7462	0.7050	0.6663	0.6302	0.5963	0.5645	0.5346	0.5066	0.4803	0.4556	0.4323	0.4104	0.3898	0.3704	0.3521	0.3349	0.3186	0.3033	0.2888	0.2751	0.2621	0.2499	0.2383	0.2274	0.2170	0.2072
7	0.9327	0.8706	0.8131	0.7599	0.7107	0.6651	0.6227	0.5835	0.5470	0.5132	0.4817	0.4523	0.4251	0.3996	0.3759	0.3538	0.3332	0.3139	0.2959	0.2791	0.2633	0.2486	0.2348	0.2218	0.2097	0.1983	0.1877	0.1776	0.1682	0.1594
8	0.9235	0.8535	0.7894	0.7307	0.6768	0.6274	0.5820	0.5403	0.5019	0.4665	0.4339	0.4039	0.3762	0.3506	0.3269	0.3050	0.2848	0.2660	0.2487	0.2326	0.2176	0.2038	0.1909	0.1789	0.1678	0.1574	0.1478	0.1388	0.1304	0.1226
9	0.9143	0.8368	0.7664	0.7026	0.6446	0.5919	0.5439	0.5002	0.4604	0.4241	0.3909	0.3606	0.3329	0.3075	0.2843	0.2630	0.2434	0.2255	0.2090	0.1938	0.1799	0.1670	0.1552	0.1443	0.1342	0.1249	0.1164	0.1084	0.1011	0.0943
10	0.9053	0.8203	0.7441	0.6756	0.6139	0.5584	0.5083	0.4632	0.4224	0.3855	0.3522	0.3220	0.2946	0.2697	0.2472	0.2267	0.2080	0.1911	0.1756	0.1615	0.1486	0.1369	0.1262	0.1164	0.1074	0.0992	0.0916	0.0847	0.0784	0.0725
11	0.8963	0.8043	0.7224	0.6496	0.5847	0.5268	0.4751	0.4289	0.3875	0.3505	0.3173	0.2875	0.2607	0.2366	0.2149	0.1954	0.1778	0.1619	0.1476	0.1346	0.1228	0.1122	0.1026	0.0938	0.0859	0.0787	0.0721	0.0662	0.0607	0.0558
12	0.8874	0.7885	0.7014	0.6246	0.5568	0.4970	0.4440	0.3971	0.3555	0.3186	0.2858	0.2567	0.2307	0.2076	0.1869	0.1685	0.1520	0.1372	0.1240	0.1122	0.1015	0.0920	0.0834	0.0757	0.0687	0.0625	0.0568	0.0517	0.0471	0.0429
13	0.8787	0.7730	0.6810	0.6006	0.5303	0.4688	0.4150	0.3677	0.3262	0.2897	0.2575	0.2292	0.2042	0.1821	0.1625	0.1452	0.1299	0.1163	0.1042	0.0935	0.0839	0.0754	0.0678	0.0610	0.0550	0.0496	0.0447	0.0404	0.0365	0.0330
14	0.8700	0.7579	0.6611	0.5775	0.5051	0.4423	0.3878	0.3405	0.2992	0.2633	0.2320	0.2046	0.1807	0.1597	0.1413	0.1252	0.1110	0.0985	0.0876	0.0779	0.0693	0.0618	0.0551	0.0492	0.0440	0.0393	0.0352	0.0316	0.0283	0.0254
15	0.8613	0.7430	0.6419	0.5553	0.4810	0.4173	0.3624	0.3152	0.2745	0.2394	0.2090	0.1827	0.1599	0.1401	0.1229	0.1079	0.0949	0.0835	0.0736	0.0649	0.0573	0.0507	0.0448	0.0397	0.0352	0.0312	0.0277	0.0247	0.0219	0.0195

续表

16	0.8528	0.7284	0.6232	0.5339	0.4581	0.3936	0.3387	0.2919	0.2519	0.2176	0.1883	0.1631	0.1415	0.1229	0.1069	0.0930	0.0811	0.0708	0.0618	0.0541	0.0474	0.0415	0.0364	0.0320	0.0281	0.0248	0.0218	0.0193	0.0170	0.0150
17	0.8444	0.7142	0.6050	0.5134	0.4363	0.3714	0.3166	0.2703	0.2311	0.1978	0.1696	0.1456	0.1252	0.1078	0.0929	0.0802	0.0693	0.0600	0.0520	0.0451	0.0391	0.0340	0.0296	0.0258	0.0225	0.0197	0.0172	0.0150	0.0132	0.0116
18	0.8360	0.7002	0.5874	0.4936	0.4155	0.3503	0.2959	0.2502	0.2120	0.1799	0.1528	0.1300	0.1108	0.0946	0.0808	0.0691	0.0592	0.0508	0.0437	0.0376	0.0323	0.0279	0.0241	0.0208	0.0180	0.0156	0.0135	0.0118	0.0102	0.0089
19	0.8277	0.6864	0.5703	0.4746	0.3957	0.3305	0.2765	0.2317	0.1945	0.1635	0.1377	0.1161	0.0981	0.0829	0.0703	0.0596	0.0506	0.0431	0.0367	0.0313	0.0267	0.0229	0.0196	0.0168	0.0144	0.0124	0.0107	0.0092	0.0079	0.0068
20	0.8195	0.6730	0.5537	0.4564	0.3769	0.3118	0.2584	0.2145	0.1784	0.1486	0.1240	0.1037	0.0868	0.0728	0.0611	0.0514	0.0433	0.0365	0.0308	0.0261	0.0221	0.0187	0.0159	0.0135	0.0115	0.0098	0.0084	0.0072	0.0061	0.0053
21	0.8114	0.6598	0.5375	0.4388	0.3589	0.2942	0.2415	0.1987	0.1637	0.1351	0.1117	0.0926	0.0768	0.0638	0.0531	0.0443	0.0370	0.0309	0.0259	0.0217	0.0183	0.0154	0.0129	0.0109	0.0092	0.0078	0.0066	0.0056	0.0048	0.0040
22	0.8034	0.6468	0.5219	0.4220	0.3418	0.2775	0.2257	0.1839	0.1502	0.1228	0.1007	0.0826	0.0680	0.0560	0.0462	0.0382	0.0316	0.0262	0.0218	0.0181	0.0151	0.0126	0.0105	0.0088	0.0074	0.0062	0.0052	0.0044	0.0037	0.0031
23	0.7954	0.6342	0.5067	0.4057	0.3256	0.2618	0.2109	0.1703	0.1378	0.1117	0.0907	0.0738	0.0601	0.0491	0.0402	0.0329	0.0270	0.0222	0.0183	0.0151	0.0125	0.0103	0.0086	0.0071	0.0059	0.0049	0.0041	0.0034	0.0029	0.0024
24	0.7876	0.6217	0.4919	0.3901	0.3101	0.2470	0.1971	0.1577	0.1264	0.1015	0.0817	0.0659	0.0532	0.0431	0.0349	0.0284	0.0231	0.0188	0.0154	0.0126	0.0103	0.0085	0.0070	0.0057	0.0047	0.0039	0.0032	0.0027	0.0022	0.0018
25	0.7798	0.6095	0.4776	0.3751	0.2953	0.2330	0.1842	0.1460	0.1160	0.0923	0.0736	0.0588	0.0471	0.0378	0.0304	0.0245	0.0197	0.0160	0.0129	0.0105	0.0085	0.0069	0.0057	0.0046	0.0038	0.0031	0.0025	0.0021	0.0017	0.0014
26	0.7720	0.5976	0.4637	0.3607	0.2812	0.2198	0.1722	0.1352	0.1064	0.0839	0.0663	0.0525	0.0417	0.0331	0.0264	0.0211	0.0169	0.0135	0.0109	0.0087	0.0070	0.0057	0.0046	0.0037	0.0030	0.0025	0.0020	0.0016	0.0013	0.0011
27	0.7644	0.5859	0.4502	0.3468	0.2678	0.2074	0.1609	0.1252	0.0976	0.0763	0.0597	0.0469	0.0369	0.0291	0.0230	0.0182	0.0144	0.0115	0.0091	0.0073	0.0058	0.0047	0.0037	0.0030	0.0024	0.0019	0.0016	0.0013	0.0010	0.0008
28	0.7568	0.5744	0.4371	0.3335	0.2551	0.1956	0.1504	0.1159	0.0895	0.0693	0.0538	0.0419	0.0326	0.0255	0.0200	0.0157	0.0123	0.0097	0.0077	0.0061	0.0048	0.0038	0.0030	0.0024	0.0019	0.0015	0.0012	0.0010	0.0008	0.0006
29	0.7493	0.5631	0.4243	0.3207	0.2429	0.1846	0.1406	0.1073	0.0822	0.0630	0.0485	0.0374	0.0289	0.0224	0.0174	0.0135	0.0105	0.0082	0.0064	0.0051	0.0040	0.0031	0.0025	0.0020	0.0015	0.0012	0.0010	0.0008	0.0006	0.0005
30	0.7419	0.5521	0.4120	0.3083	0.2314	0.1741	0.1314	0.0994	0.0754	0.0573	0.0437	0.0334	0.0256	0.0196	0.0151	0.0116	0.0090	0.0070	0.0054	0.0042	0.0033	0.0026	0.0020	0.0016	0.0012	0.0010	0.0008	0.0006	0.0005	0.0004

附录 C　年金终值系数表 $(F/A, i, n)$

期数	1%	2%	3%	4%	5%	6%	7%	8%	9%	10%	11%	12%	13%	14%	15%	16%	17%	18%	19%	20%	21%	22%	23%	24%	25%	26%	27%	28%	29%	30%
1	1.0000	1.0000	1.0000	1.0000	1.0000	1.0000	1.0000	1.0000	1.0000	1.0000	1.0000	1.0000	1.0000	1.0000	1.0000	1.0000	1.0000	1.0000	1.0000	1.0000	1.0000	1.0000	1.0000	1.0000	1.0000	1.0000	1.0000	1.0000	1.0000	1.0000
2	2.0100	2.0200	2.0300	2.0400	2.0500	2.0600	2.0700	2.0800	2.0900	2.1000	2.1100	2.1200	2.1300	2.1400	2.1500	2.1600	2.1700	2.1800	2.1900	2.2000	2.2100	2.2200	2.2300	2.2400	2.2500	2.2600	2.2700	2.2800	2.2900	2.3000
3	3.0301	3.0604	3.0909	3.1216	3.1525	3.1836	3.2149	3.2464	3.2781	3.3100	3.3421	3.3744	3.4069	3.4396	3.4725	3.5056	3.5389	3.5724	3.6061	3.6400	3.6741	3.7084	3.7429	3.7776	3.8125	3.8476	3.8829	3.9184	3.9541	3.9900
4	4.0604	4.1216	4.1836	4.2465	4.3101	4.3746	4.4399	4.5061	4.5731	4.6410	4.7097	4.7793	4.8498	4.9211	4.9934	5.0665	5.1405	5.2154	5.2913	5.3680	5.4457	5.5242	5.6038	5.6842	5.7656	5.8480	5.9313	6.0156	6.1008	6.1870
5	5.1010	5.2040	5.3091	5.4163	5.5256	5.6371	5.7507	5.8666	5.9847	6.1051	6.2278	6.3528	6.4803	6.6101	6.7424	6.8771	7.0144	7.1542	7.2966	7.4416	7.5892	7.7396	7.8926	8.0484	8.2070	8.3684	8.5327	8.6999	8.8700	9.0431
6	6.1520	6.3081	6.4684	6.6330	6.8019	6.9753	7.1533	7.3359	7.5233	7.7156	7.9129	8.1152	8.3227	8.5355	8.7537	8.9775	9.2068	9.4420	9.6830	9.9299	10.1830	10.4423	10.7079	10.9801	11.2588	11.5442	11.8366	12.1359	12.4423	12.7560
7	7.2135	7.4343	7.6625	7.8983	8.1420	8.3938	8.6540	8.9228	9.2004	9.4872	9.7833	10.0890	10.4047	10.7305	11.0668	11.4139	11.7720	12.1415	12.5227	12.9159	13.3214	13.7396	14.1708	14.6153	15.0735	15.5458	16.0324	16.5339	17.0506	17.5828
8	8.2857	8.5830	8.8923	9.2142	9.5491	9.8975	10.2598	10.6366	11.0285	11.4359	11.8594	12.2997	12.7573	13.2328	13.7268	14.2401	14.7733	15.3270	15.9020	16.4991	17.1189	17.7623	18.4300	19.1229	19.8419	20.5876	21.3612	22.1634	22.9953	23.8577
9	9.3685	9.7546	10.1591	10.5828	11.0266	11.4913	11.9780	12.4876	13.0210	13.5795	14.1640	14.7757	15.4157	16.0853	16.7858	17.5185	18.2847	19.0859	19.9234	20.7989	21.7139	22.6700	23.6690	24.7125	25.8023	26.9404	28.1287	29.3692	30.6639	32.0150
10	10.4622	10.9497	11.4639	12.0061	12.5779	13.1808	13.8164	14.4866	15.1929	15.9374	16.7220	17.5487	18.4197	19.3373	20.3037	21.3215	22.3931	23.5213	24.7089	25.9587	27.2738	28.6574	30.1128	31.6434	33.2529	34.9449	36.7235	38.5926	40.5564	42.6195
11	11.5668	12.1687	12.8078	13.4864	14.2068	14.9716	15.7836	16.6455	17.5603	18.5312	19.5614	20.6546	21.8143	23.0445	24.3493	25.7329	27.1999	28.7551	30.4035	32.1504	34.0013	35.9620	38.0388	40.2379	42.5661	45.0306	47.6388	50.3985	53.3178	56.4053
12	12.6825	13.4121	14.1920	15.0258	15.9171	16.8699	17.8885	18.9771	20.1407	21.3843	22.7132	24.1331	25.6502	27.2707	29.0017	30.8502	32.8239	34.9311	37.1802	39.5805	42.1416	44.8737	47.7877	50.8950	54.2077	57.7386	61.5013	65.5100	69.7800	74.3270
13	13.8093	14.6803	15.6178	16.6268	17.7130	18.8821	20.1406	21.4953	22.9534	24.5227	26.2116	28.0291	29.9847	32.0887	34.3519	36.7862	39.4040	42.2187	45.2445	48.4966	51.9913	55.7459	59.7788	64.1097	68.7596	73.7506	79.1066	84.8529	91.0161	97.6250
14	14.9474	15.9739	17.0863	18.2919	19.5986	21.0151	22.5505	24.2149	26.0192	27.9750	30.0949	32.3926	34.8827	37.5811	40.5047	43.6720	47.1027	50.8180	54.8409	59.1959	63.9095	69.0100	74.5280	80.4961	86.9495	93.9258	101.4654	109.6117	118.4108	127.9125
15	16.0969	17.2934	18.5989	20.0236	21.5786	23.2760	25.1290	27.1521	29.3609	31.7725	34.4054	37.2797	40.4175	43.8424	47.5804	51.6595	56.1101	60.9653	66.2607	72.0351	78.3305	85.1922	92.6694	100.8151	109.6868	119.3465	129.8611	141.3029	153.7500	167.2863

续表

16	17.2579	18.6993	20.1569	21.8245	23.6575	25.6725	27.8881	30.3243	33.0034	35.9497	39.1899	42.7533	46.6717	50.9804	55.7175	60.9250	66.6488	72.9390	79.8502	87.4421	95.7799	104.9345	114.9834	126.0108	138.1085	151.3766	165.9236	181.8677	199.3374	218.4722
17	18.4304	20.0121	21.7616	23.6975	25.8404	28.2129	30.8402	33.7502	36.9737	40.5447	44.5008	48.8837	53.7391	59.1176	65.0751	71.6730	78.9792	87.0680	96.0218	105.9306	116.8937	129.0201	142.4295	157.2534	173.6357	191.7345	211.7230	233.7907	258.1453	285.0139
18	19.6147	21.4123	23.4144	25.6454	28.1324	30.9057	33.9990	37.4502	41.3013	45.5992	50.3959	55.7497	61.7251	68.3941	75.8354	84.1407	93.4056	103.7403	115.2659	128.1167	142.4413	158.4045	176.1883	195.9942	218.0446	242.5855	269.8882	300.2521	334.0074	371.5180
19	20.8109	22.8406	25.1169	27.6712	30.5390	33.7600	37.3790	41.4463	46.0185	51.1591	56.9395	63.4397	70.7494	78.9692	88.2118	98.6032	110.2846	123.4135	138.1664	154.7400	173.3540	194.2535	217.7116	244.0328	273.5558	306.6577	343.7580	385.3227	431.8696	483.9734
20	22.0190	24.2974	26.8704	29.7781	33.0660	36.7856	40.9955	45.7620	51.1601	57.2750	64.2028	72.0524	80.9468	91.0249	102.4436	115.3797	130.0329	146.6280	165.4180	186.6880	210.7584	237.9893	268.7853	303.6006	342.9947	387.3887	437.5726	494.2131	558.1118	630.1655
21	23.2392	25.7833	28.6765	31.9692	35.7193	39.9927	44.8652	50.4229	56.7645	64.0025	72.2651	81.6987	92.4699	104.7684	118.8101	134.8405	153.1385	174.0210	197.8474	225.0256	256.0176	291.3469	331.6059	377.4648	429.6809	489.1098	556.7173	633.5927	720.9642	820.2151
22	24.4716	27.2990	30.5368	34.2480	38.5052	43.3923	49.0057	55.4568	62.8733	71.4027	81.2143	92.5026	105.4910	120.4360	138.2970	157.6316	180.1721	206.3448	236.4385	271.0307	310.7813	356.4432	408.8753	469.0563	538.1011	617.2783	708.0309	811.9987	931.0438	1067.2796
23	25.7163	28.8450	32.4529	36.6179	41.4305	46.9958	53.4361	60.8933	69.5319	79.5430	91.1479	104.6029	120.2048	138.2970	159.2764	183.6014	211.8013	244.4868	282.3618	326.2369	377.0454	435.8607	503.9166	582.6298	673.6264	778.7707	900.1993	1040.3583	1202.0465	1388.4635
24	26.9735	30.4219	34.4265	39.0826	44.5020	50.8156	58.1767	66.7648	76.7898	88.4973	102.1742	118.1552	136.8315	158.6586	184.1678	213.9776	248.8076	289.4945	337.0105	392.4842	457.2249	532.7501	620.8174	723.4610	843.0329	982.2511	1144.2531	1332.6586	1551.6400	1806.0026
25	28.2432	32.0303	36.4593	41.6459	47.7271	54.8645	63.2490	73.1059	84.7009	98.3471	114.4133	133.3339	155.6196	181.8708	212.7930	249.2140	292.1049	342.6035	402.0425	471.9811	554.2422	650.9551	764.6054	898.0916	1054.7912	1238.6363	1454.2014	1706.8031	2002.6156	2348.8033
26	29.5256	33.6709	38.5530	44.3117	51.1135	59.1564	68.6765	79.9544	93.3240	109.1818	127.9988	150.3339	176.8501	208.3327	245.7120	290.0883	342.7627	405.2721	479.4306	567.3773	671.6330	795.1653	941.4647	1114.6336	1319.4890	1561.6818	1847.8358	2185.7079	2584.3741	3054.4443
27	30.8209	35.3443	40.7096	47.0842	54.6691	63.7058	74.4838	87.3508	102.7231	121.0999	143.0786	169.3740	200.8406	238.4995	283.5688	337.5024	402.0323	479.2211	571.5224	681.8528	813.6759	971.1016	1159.0016	1383.1457	1650.3612	1968.7191	2347.7515	2798.7061	3334.8426	3971.7776
28	32.1291	37.0051	42.9309	49.9676	58.4026	68.5281	80.6977	95.5388	112.9682	134.2069	159.8173	190.6989	227.9499	272.8892	327.1041	392.5028	471.3778	566.4809	681.1116	819.2233	985.5479	1185.7440	1426.5719	1716.1007	2063.9515	2481.5860	2982.6444	3583.3438	4302.9470	5164.3109
29	33.4504	38.7922	45.2189	52.9663	62.3227	73.6398	87.3465	103.9659	124.1354	148.6309	178.3972	214.5828	258.5834	312.0937	377.1697	456.3032	552.5121	669.4475	811.5228	984.0680	1193.5129	1447.6077	1755.6835	2128.9648	2580.9394	3127.7984	3788.9583	4587.6801	5551.8016	6714.6042
30	34.7849	40.5681	47.5754	56.0849	66.4388	79.0582	94.4608	113.2832	136.3075	164.3075	199.0209	241.3327	293.1992	356.7868	434.7451	530.3117	647.4391	790.9480	966.7122	1181.8816	1445.1507	1767.0813	2160.4907	2640.9164	3227.1743	3942.0260	4812.9771	5873.2306	7162.8241	8729.9855

附录 D　年金现值系数表(P/A, i, n)

n	1%	2%	3%	4%	5%	6%	8%	10%	12%	14%	15%	16%	18%	20%	22%	24%	25%	30%	35%	40%	45%	50%
1	0.99	0.98	0.97	0.961	0.952	0.943	0.925	0.909	0.892	0.877	0.869	0.862	0.847	0.833	0.819	0.806	0.799	0.769	0.74	0.714	0.689	0.666
2	1.97	1.941	1.913	1.886	1.859	1.833	1.783	1.735	1.69	1.646	1.625	1.605	1.565	1.527	1.491	1.456	1.44	1.36	1.289	1.224	1.165	1.111
3	2.94	2.883	2.828	2.775	2.723	2.673	2.577	2.486	2.401	2.321	2.283	2.245	2.174	2.106	2.042	1.981	1.952	1.816	1.695	1.588	1.493	1.407
4	3.901	3.807	3.717	3.629	3.545	3.465	3.312	3.169	3.037	2.913	2.854	2.798	2.69	2.588	2.493	2.404	2.361	2.166	1.996	1.849	1.719	1.604
5	4.853	4.713	4.579	4.451	4.329	4.212	3.992	3.79	3.604	3.433	3.352	3.274	3.127	2.99	2.863	2.745	2.689	2.435	2.219	2.035	1.875	1.736
6	5.795	5.601	5.417	5.242	5.075	4.917	4.622	4.355	4.111	3.888	3.784	3.684	3.497	3.325	3.166	3.02	2.951	2.642	2.385	2.167	1.983	1.824
7	6.728	6.471	6.23	6.002	5.786	5.582	5.206	4.868	4.563	4.288	4.16	4.038	3.811	3.604	3.415	3.242	3.161	2.802	2.507	2.262	2.057	1.882
8	7.651	7.325	7.019	6.732	6.463	6.209	5.746	5.334	4.967	4.638	4.487	4.343	4.077	3.837	3.619	3.421	3.328	2.924	2.598	2.33	2.108	1.921
9	8.566	8.162	7.786	7.435	7.107	6.801	6.246	5.759	5.328	4.946	4.771	4.606	4.303	4.03	3.786	3.565	3.463	3.019	2.665	2.378	2.143	1.947
10	9.471	8.982	8.53	8.11	7.721	7.36	6.71	6.144	5.65	5.216	5.018	4.833	4.494	4.192	3.923	3.681	3.57	3.091	2.715	2.413	2.168	1.965
11	10.367	9.786	9.252	8.76	8.306	7.886	7.138	6.495	5.937	5.452	5.233	5.028	4.656	4.327	4.035	3.775	3.656	3.147	2.751	2.438	2.184	1.976
12	11.255	10.575	9.954	9.385	8.863	8.383	7.536	6.813	6.194	5.66	5.42	5.197	4.793	4.439	4.127	3.851	3.725	3.19	2.779	2.455	2.196	1.984
13	12.133	11.348	10.634	9.985	9.393	8.852	7.903	7.103	6.423	5.842	5.583	5.342	4.909	4.532	4.202	3.912	3.78	3.223	2.799	2.468	2.204	1.989
14	13.003	12.106	11.296	10.563	9.898	9.294	8.244	7.366	6.628	6.002	5.724	5.467	5.008	4.61	4.264	3.961	3.824	3.248	2.814	2.477	2.209	1.993
15	13.865	12.849	11.937	11.118	10.379	9.712	8.559	7.606	6.81	6.142	5.847	5.575	5.091	4.675	4.315	4.001	3.859	3.268	2.825	2.483	2.213	1.995
16	14.717	13.577	12.561	11.652	10.837	10.105	8.851	7.823	6.973	6.265	5.954	5.668	5.162	4.729	4.356	4.033	3.887	3.283	2.833	2.488	2.216	1.996
17	15.562	14.291	13.166	12.165	11.274	10.477	9.121	8.021	7.119	6.372	6.047	5.748	5.222	4.774	4.39	4.059	3.909	3.294	2.839	2.491	2.218	1.997
18	16.398	14.992	13.753	12.659	11.689	10.827	9.371	8.201	7.249	6.467	6.127	5.818	5.273	4.812	4.418	4.079	3.927	3.303	2.844	2.494	2.219	1.998
19	17.226	15.678	14.323	13.133	12.085	11.158	9.603	8.364	7.365	6.55	6.198	5.877	5.316	4.843	4.441	4.096	3.942	3.31	2.847	2.495	2.22	1.999
20	18.045	16.351	14.877	13.59	12.462	11.469	9.818	8.513	7.469	6.623	6.259	5.928	5.352	4.869	4.46	4.11	3.953	3.315	2.85	2.497	2.22	1.999
21	18.856	17.011	15.415	14.029	12.821	11.764	10.016	8.648	7.562	6.686	6.312	5.973	5.383	4.891	4.475	4.121	3.963	3.319	2.851	2.498	2.221	1.999
22	19.66	17.658	15.936	14.451	13.163	12.041	10.2	8.771	7.644	6.742	6.358	6.011	5.409	4.909	4.488	4.129	3.97	3.322	2.853	2.498	2.221	1.999
23	20.455	18.292	16.443	14.856	13.488	12.303	10.371	8.883	7.718	6.792	6.398	6.044	5.432	4.924	4.498	4.137	3.976	3.325	2.854	2.498	2.221	1.999
24	21.243	18.913	16.935	15.246	13.798	12.55	10.528	8.984	7.784	6.835	6.433	6.072	5.45	4.937	4.507	4.142	3.981	3.327	2.855	2.499	2.221	1.999
25	22.023	19.523	17.413	15.622	14.093	12.783	10.674	9.077	7.843	6.872	6.464	6.097	5.466	4.947	4.513	4.147	3.984	3.328	2.855	2.499	2.222	1.999
26	22.795	20.121	17.876	15.982	14.375	13.003	10.809	9.16	7.895	6.906	6.49	6.118	5.48	4.956	4.519	4.151	3.987	3.329	2.855	2.499	2.222	1.999
27	23.559	20.706	18.327	16.329	14.643	13.21	10.935	9.237	7.942	6.935	6.513	6.136	5.491	4.963	4.524	4.154	3.99	3.33	2.856	2.499	2.222	1.999
28	24.316	21.281	18.764	16.663	14.898	13.406	11.051	9.306	7.984	6.96	6.533	6.152	5.501	4.969	4.528	4.156	3.992	3.331	2.856	2.499	2.222	1.999
29	25.065	21.844	19.188	16.983	15.141	13.59	11.158	9.369	8.021	6.983	6.55	6.165	5.509	4.974	4.531	4.158	3.993	3.331	2.856	2.499	2.222	1.999
30	25.807	22.396	19.6	17.292	15.372	13.764	11.257	9.426	8.055	7.002	6.565	6.177	5.516	4.978	4.533	4.16	3.995	3.332	2.856	2.499	2.222	1.999
40	32.834	27.355	23.114	19.792	17.159	15.046	11.924	9.779	8.243	7.105	6.641	6.233	5.548	4.996	4.543	4.165	3.999	3.333	2.857	2.499	2.222	1.999
50	39.196	31.423	25.729	21.482	18.255	15.761	12.233	9.914	8.304	7.132	6.66	6.246	5.554	4.999	4.545	4.166	3.999	3.333	2.857	2.499	2.222	1.999

参 考 文 献

[1] 王欣兰. 财务管理学. 2 版. 北京：清华大学出版社，北京交通大学出版社，2010.

[2] 安庆钊. 财务管理. 上海：立信会计出版社，2005.

[3] 徐焕章，夏斌. 中级财务管理. 西安：西安交通大学出版社，2008.

[4] 端木青. 财务管理学. 杭州：浙江大学出版社，2006.

[5] 王义华，薛芳. 财务管理学. 武汉：武汉理工大学出版社，2007.

[6] 丁元霖. 财务管理. 上海：立信会计出版社，2005.

[7] 谷祺，刘淑莲. 财务管理. 大连：东北财经大学出版社，2003.

[8] 沈洪涛，樊莹，罗淑贞. 初级财务管理. 大连：东北财经大学出版社，2008.

[9] 王庆成，郭复初. 财务管理学. 北京：高等教育出版社，2002.

[10] 陈余有，张传明. 企业财务管理学. 北京：中国财政经济出版社，2001.

[11] 刘玉平. 财务管理学. 北京：中国人民大学出版社，2004.

[12] 陈玉菁，宋良荣. 财务管理. 北京：清华大学出版社，2005.

[13] 杨淑君，谢振莲. 财务管理学. 北京：科学出版社，2009.

[14] 卢家仪，蒋冀. 财务管理. 北京：清华大学出版社，2001.

[15] 张鸣，陈文浩. 财务管理. 北京：高等教育出版社，2000.

[16] 祝锡萍. 财务管理基础. 北京：人民邮电出版社，2005.

[17] 陆正飞. 财务报表分析. 北京：中信出版社，2006.

[18] 夏乐书. 财务管理学原理. 北京：中国财政经济出版社，1993.

[19] 刘方乐. 财务管理理论与实务. 北京：清华大学出版社，2009.

[20] 欧阳令南. 公司财务. 大连：东北财经大学出版社，2002.

[21] 王化成. 财务管理教学案例. 北京：中国人民大学出版社，2001.

[22] 布雷利，迈尔斯. 公司财务原理. 方曙红，译. 北京：机械工业出版社，2004.

[23] 詹姆斯 C，范霍恩，小约翰 M，瓦霍维奇. 财务管理基础. 北京：清华大学出版社，2009.